中国社会科学院创新工程学术出版资助项目

结果加重犯研究

田 坤 著

中国社会科学出版社

图书在版编目（CIP）数据

结果加重犯研究／田坤著 . —北京：中国社会科学出版社，2016.3
ISBN 978 - 7 - 5161 - 7981 - 9

Ⅰ . ①结…　Ⅱ . ①田…　Ⅲ . ①刑事犯罪—研究　Ⅳ . ①D914.04

中国版本图书馆 CIP 数据核字（2016）第 074843 号

出 版 人	赵剑英
责任编辑	田　文
特约编辑	陈　琳
责任校对	张爱华
责任印制	王　超

出　　版	中国社会科学出版社
社　　址	北京鼓楼西大街甲 158 号
邮　　编	100720
网　　址	http://www.csspw.cn
发 行 部	010 - 84083685
门 市 部	010 - 84029450
经　　销	新华书店及其他书店

印刷装订	北京君升印刷有限公司
版　　次	2016 年 3 月第 1 版
印　　次	2016 年 3 月第 1 次印刷

开　　本	710 × 1000　1/16
印　　张	18.25
字　　数	262 千字
定　　价	68.00 元

凡购买中国社会科学出版社图书，如有质量问题请与本社营销中心联系调换
电话：010 - 84083683

目　　录

第一章

结果加重犯概说

第一节　结果加重犯的概念

结果加重犯（erfolgsqualifizierte Delikte）又被称为加重结果犯、加重处罚之结果犯、狭义的结果犯，字面意思为：因结果而加重处罚之犯罪形态。[①]《中华人民共和国刑法》第 236 条第 1 款、第 3 款第 5 项规定[②]，行为人以暴力、胁迫或者其他手段强奸妇女（基本犯罪行为），致使被害人重伤、死亡或者造成其他严重后果（加重结果）的，处十年以上有期徒刑、无期徒刑或者死刑（加重的法定刑），即为适例。强奸罪的基本法定刑为"三年以上十年以下有期徒刑"，因强奸导致被害人重伤、死亡或者造成其他严重后果的，法定刑升高为"十年以上有期徒刑、无期徒刑或者死刑"。

一　结果加重犯的定义聚讼

各国刑事实体法普遍没有规定结果加重犯的概念，对其界定一般委诸学理解释。我国有学者梳理了有关结果加重犯概念的学说，概括为广义说、狭义说和折中说：广义上的结果加重犯是指实施基本构成

[①]　还有学者称之为"结果转化犯"（I reati qualiticati dall'evento）（参见［意］杜里奥·帕多瓦尼《意大利刑法学原理》，陈忠林译评，中国人民大学出版社 2004 年版，第 205 页）。如无特别说明，本书在相同意义上使用上述概念。

[②]　如无特别说明，本书中"刑法第×条"均指"《中华人民共和国刑法》（1997 年）第×条"。

要件行为，发生基本构成要件以外的重结果，因而刑罚被加重的犯罪；狭义上的结果加重犯是指因实施基本犯的故意行为，发生了超过其故意的重结果时，刑罚被加重的犯罪；折中的结果加重犯是指实施基本犯罪构成要件行为，过失致发生基本构成要件以外的重结果，刑法规定较重刑罚处罚的犯罪。①

学界对结果加重犯的定义，还可分为客观模式和主观模式。采客观模式的学者在阐释结果加重犯的概念时，没有指出行为人对基本犯罪及加重结果的罪过形态，仅从行为的客观方面对之进行形式上定义。拉德布鲁赫（Radbruch）认为，结果加重犯是指"对一定结果的发生，（刑法）以规定加重刑罚来实施威吓的犯罪群"②。我国内地不少学者采用了此种定义方式，认为结果加重犯是指法律规定的一个犯罪行为（基本犯罪），由于发生了严重结果而加重其法定刑的犯罪类型。③我国台湾地区有学者认为："加重结果犯，即犯基本犯罪行为，而发生较重之结果时，则将基本犯罪与加重之结果视为一个犯罪，并处以加重刑罚之谓。"④

采主观模式的学者通过限定行为人对基本犯罪或（和）加重结果的主观方面限定结果加重犯的范围：

（1）一些学者在定义结果加重犯时，明确了行为人对基本犯罪的主观方面，而没有言明行为人对加重结果的主观方面。例如，有学者认为，结果加重犯是指"行为人出于基本构成要件故意，而实行基本构成要件该当之行为，竟生加重结果，致该当加重构成要件"的犯罪

---

① 参见马克昌《结果加重犯比较研究》，载《武汉大学学报》（社会科学版）1993年第6期，第117页。

② G. Radbruch, Erfolghaftung, VDA Bd. 2, 1908, S. 227. 转引自［日］丸山雅夫《结果加重犯论》，成文堂1990年版，第9页。

③ 参见张明楷《刑法学》（第三版），法律出版社2007年版，第155页；陈兴良：《刑法哲学》，中国政法大学出版社1992年版，第218页；姜伟：《犯罪形态通论》，法律出版社1994年版，第363页；李邦友：《结果加重犯基本理论研究》，武汉大学出版社2001年版，第6页；高铭暄：《新中国刑法学研究综述》，河南人民出版社1986年版，第383页。

④ 谢瑞智：《法律百科全书——刑法》，作者本人发行2008年版，第69页。

形态。① 又如，有学者认为结果加重犯"是指行为人在故意实施某种犯罪行为的过程中，发生了超出其故意内容的严重结果，刑法规定加重其法定刑的情况"②。再如，有学者认为："结果加重犯是指因基本的故意行为而发生超过其故意的加重结果时，刑法规定了加重其法定刑的情况。"③ 采用该定义方式的学者往往仅承认行为人对基本犯罪持故意心态的结果加重犯。

（2）一些学者在定义结果加重犯时，仅限定行为人对加重结果持过失心态或"没有预见"加重结果，对基本犯罪的主观方面则不作限制。例如，有学者认为："结果加重犯，是指实施基本犯罪构成要件的行为，过失致发基本构成要件以外的重结果，刑法规定较重刑罚的犯罪。"④ 再如，日本学者齐藤信宰认为，结果加重犯是指行为人实施基本犯罪行为而发生其没有预见的重结果的场合，对重的结果承担责任的犯罪形态。⑤

（3）一些学者在定义结果加重犯时，同时明确行为人对基本犯罪和加重结果的主观方面。例如，我国内地有学者认为："结果加重犯，是指刑法分则条文规定的，行为人故意或过失地实施符合基本犯罪构成的行为，因故意或过失地引致超出作为基本构成要件的危害结果以外的法定重结果而被加重法定刑的犯罪形态。"⑥ 又如，日本学者野村稔认为："结果加重犯……是作为故意犯的基本犯与作为过失犯的重结果的结合犯，是由于其重结果刑罚被加重的犯罪。"⑦ 再如，我国台湾学者蔡圣伟认为："结果加重犯系指行为人故意地违犯基本犯，该

---

① 张丽卿：《刑法总则理论与运用》，五南图书出版股份有限公司 2007 年版，第 106 页。另参见余振华《刑法深思·深思刑法》，元照出版有限公司 2005 年版，第 248 页。

② 邵晏生：《中国刑法通论（上册）》，陕西人民出版社 1994 年版，第 300 页。

③ 顾肖荣：《刑法中的一罪与数罪问题》，学林出版社 1986 年版，第 41 页；蔡蕙芳：《结果加重犯之共犯问题》，载《月旦法学杂志》2005 年第 3 期，第 18 页。

④ 马克昌：《结果加重犯比较研究》，载《武汉大学学报》（社会科学版）1993 年第 6 期，第 118 页。

⑤ ［日］齐藤信宰：《刑法讲义（总论）》，成文堂 2001 年版，第 202 页。

⑥ 王作富、党剑军：《论我国刑法中结果加重犯的结构》，载《政法论坛》1995 年第 2 期，第 1 页。

⑦ ［日］野村稔：《未遂犯的研究》，成文堂 1984 年版，第 96 页。

故意行为却进一步过失地引发了加重的结果，而立法者在分则中对之特别设有明文将基本犯与加重结果规定成一个独立的犯罪类型，科以较重之处罚。"①

二 结果加重犯的基本要素

根据前文对结果加重犯定义的梳理，结果加重犯的可能类型有：②

（1）故意＋过失（V—F型）；

（2）过失＋过失（F—F型）；

（3）故意＋故意（V—V型）；③

（4）过失＋故意（F—V型）；④

（5）故意＋客观处罚条件；⑤

（6）过失＋客观处罚条件。

论者往往在前述6种可能类型中进行取舍，框定结果加重犯的范围。在对结果加重犯的结构进行进一步的剖析之前，不便给结果加重犯下一个精确的定义。为方便讨论，笔者暂时抽取6种类型的共同要素，给结果加重犯下一个初步的定义：结果加重犯是指行为人实施基本犯罪行为，因发生法定的重结果，刑法规定较重法定刑的犯罪类型。

---

① 蔡圣伟：《刑法问题研究（一）》，元照出版有限公司 2008 年版，第 438 页。

② V＝Vorsatz（故意）；F＝Fahrlässigkeit（过失）；V—F 型表示"故意＋过失"型，即基本犯罪主观方面为故意，对加重结果持过失的结果加重犯的类型，其他依此类推。

③ 可以继续划分出"故意＋直接故意"和"故意＋间接故意"两种类型。

④ 对于该类型的结果加重犯，有的学者认为这仅仅是根据逻辑推演得出来的，"在现实生活中不可能存在"〔参见马克昌《结果加重犯比较研究》，载《武汉大学学报》（社会科学版）1993 年第 6 期，第 117 页〕。但有学者明确主张结果加重犯的类型应当包括"过失＋故意"的类型（参见许玉秀《当代刑法思潮》，中国民主法制出版社 2005 年版，第 700页）。笔者将该类型的结果加重犯暂列于此，后文将详细评析。

⑤ 日本学者牧野英一认为，结果加重犯有三种：（1）行为人对加重结果持故意的结果加重犯（故意的结果加重犯）；（2）行为人对加重结果持过失的结果加重犯（过失的结果加重犯）；（3）行为人对加重结果既没有过失也没有故意的结果加重犯（偶然的结果加重犯）（参见张明楷《未遂犯论》，法律出版社和日本成文堂联合出版 1997 年版，第 17 页）。偶然的结果加重犯将加重结果作为客观的处罚条件。正如后文所述，司法实践曾广泛采纳结果加重犯之客观的处罚条件说。

（一）行为人实施了基本犯罪构成行为

基本犯罪构成是指刑法分则所规定的构成某罪所必需的诸基本要件，是与加重构成、减轻构成相对而言的。譬如，"使用暴力、胁迫或者其他手段强奸妇女"是强奸罪的基本犯罪行为，"以暴力、胁迫或者其他方法抢劫公私财物"是抢劫罪的基本犯罪行为。以"故意伤害致死"为例：

例1：2001年9月27日，龚某看到张某驾驶汽车向其方向开来，便叫张下车，并对张说："你到处去讲我欠你的钱，把贵子的钱拨给你不就够了。"张某说："你欠的钱就你自己还"，不同意拨。龚某听后，便用手推了张某胸前一下，随后两人发生短时互殴，经他人劝阻分开。张某退回其货车驾驶室后，口吐白沫，趴在方向盘上。当晚，经医院抢救无效，张某死亡。经法医鉴定，张某右前臂擦伤，左大腿根部挫伤，其损伤轻微，死亡原因系蛛网膜下腔出血。[①]

本案中，龚某与张某因还钱琐事而生争执，继而相互扭打，相互之间并没有造成对方身体生理机能损伤的故意，不构成故意伤害罪。因此，张某的死亡结果不能与殴打行为结合为故意伤害罪的结果加重犯。即，由于不存在基本犯罪而无法成立结果加重犯。应根据龚某对被害人死亡的结果是否具有过失，认定其是否构成过失致人死亡罪。

例2：2007年6月27日，被告人季洪明发现自己家的鸭子少了一只，便怀疑季洪仁偷了其鸭子。两人因之发生争吵、纠缠，在此过程中，季洪明将季洪仁推倒在玉米梗堆上。被害人季立艾（季洪仁之子）见状上前向季洪明胸部打了一拳。季洪明用手里所拎的鸭子向季立艾的背部摔打了一下，季立艾当时就感觉身体不适，后经抢救无效死亡。经法医检验，季立艾生前患有较严重肝硬化（失代偿期）疾

---

① 国家法官学院、中国人民大学法学院编：《中国审判案例要览2003年刑事审判案例卷》，人民法院出版社、中国人民大学出版社2004年版，第183页。

病，遭受相同外力下较常人容易发生出血。被害人因失血性休克死亡。①

本案中，被告人季洪明没有"对人体组织完整性进行破坏或对人体器官正常功能进行损害（造成他人轻伤以上的损害）"的故意，用鸭子摔打他人不属于故意伤害罪意义上的暴力行为，因此不构成故意伤害罪，也就失去了构成故意伤害罪结果加重犯的基础。

例3：2008年5月23日，被告人郑某饮酒后到茶馆玩耍，遇见同样饮酒后的李某。两人因言语不和发生争执。后，郑某背上背篓起身往门外走。郑某走到门口处，李某上前拉住郑某的背篓，与被告人发生厮打。厮打中，郑某被李某压在身下，郑某在翻滚上来时，李某的头部撞在茶馆内的水缸壁上受伤。郑某见李某不再动弹，便起身离开现场。经查，李某颈椎骨折，脊髓损伤出血，经治疗无效死亡。②

本案中，行为人与被害人因言语不和而发生厮打，相互之间并无致对方轻伤以上伤害的故意，因此，不构成故意伤害罪，被害人的死亡结果便不能与厮打行为结合为结果加重犯。郑某对李某的死亡如果具有过失，则构成过失致人死亡罪。

根据日本刑法，前述3个案例中的行为人可能构成伤害致死罪，因为日本刑法规定了暴行罪③，而伤害致死罪的成立"以存在暴行的故意为已足"。④

---

① 国家法官学院、中国人民大学法学院编：《中国审判案例要览2009年刑事审判案例卷》，人民法院出版社、中国人民大学出版社2010年版，第253页。

② 国家法官学院、中国人民大学法学院编：《中国审判案例要览2009年刑事审判案例卷》，人民法院出版社、中国人民大学出版社2010年版，第258页。

③ 日本刑法理论通说认为，暴行是指"对人的身体行使不法的有形力"。参见［日］大塚仁《刑法概说（各论）》，冯军译，中国人民大学出版社2003年版，第49页。

④ ［日］大塚仁：《刑法概说（各论）》，冯军译，中国人民大学出版社2003年版，第45页。

行为人实施基本犯罪行为是构成结果加重犯的必要条件。如果行为导致的重结果并未与基本犯罪发生联系，则只构成对重结果的独立犯罪。譬如，行为人在强奸妇女的过程中，为压制妇女反抗而实施的暴力行为过失导致被害人死亡的，构成强奸罪的结果加重犯；行为人强奸妇女既遂后，实施的其他行为过失导致被害人死亡的，不构成强奸罪的结果加重犯。

结果加重犯的基本犯罪必须是可罚的犯罪。刑法中有一类犯罪类型为行政违反加重犯，是指以"行政违反＋加重要素"为构造的犯罪①，"行政违反＋严重结果"是其一个类型。例如，《中华人民共和国消防法》第 67 条规定："机关、团体、企业、事业等单位违反本法第十六条、第十七条、第十八条、第二十一条第二款规定的，责令限期改正；逾期不改正的，对其直接负责的主管人员和其他直接责任人员依法给予处分或者给予警告处罚。"② 刑法第 139 条前段规定："违反消防管理法规，经消防监督机构通知采取改正措施而拒绝执行，造成严重后果的，对直接责任人员，处三年以下有期徒刑或者拘役。"③ 相比《消防法》第 67 条的行政处罚，由于发生了加重结果，刑法规定了更重的处罚。形式上看似乎符合结果加重犯的定义，但由于该类犯罪基本行为属于行政违法，不能认定其为结果加重犯。④

（二）基本犯罪行为导致法定的重结果

如何处理某一犯罪行为导致的超出基本犯罪结果的重结果，立法

---

① 参见张明楷《行政违反加重犯初探》，载《中国法学》2007 年第 6 期，第 62 页。

② 《消防法》第 16 条规定了机关、团体、企业、事业等单位应当履行的消防安全职责；第 17 条规定了消防安全重点单位应当履行的消防安全职责；第 18 条规定了两个以上单位管理、使用同一建筑物时的消防安全职责以及物业服务企业的消防安全职责。

③ 我国刑法中与之类似的条文还有第 129 条、第 131 条、第 132 条、第 133 条、第 136 条、第 345 条等。

④ 德国刑法中也有类似立法例，被称为"本质上故意与过失组合"（eigentliche Vorsatz-Fahrlaessigkeits-Kombination）或"非结果加重犯之故意与过失组合"。与之相对应，结果加重犯被称为"非本质上故意与过失组合"（uneigentliche Vorsatz-Fahrlaessigkeits-Kombination）。前者是指故意行为本身不具有刑事可罚性，但该故意行为已经呈现出违反秩序法、惩戒法或者其他较轻程度的违法性。这种故意行为本身往往只具有行政不法的性质，所以刑法对这种故意行为不单独进行处罚。而当此类故意行为与过失行为造成的危害结果组合起来时，则可达到刑事可罚性标准。

上有两种选择：

一是委诸想象竞合犯等竞合原理进行处理。例如，用人单位违反劳动管理法规，以限制人身自由方法强迫职工劳动，导致职工过度劳累死亡的，由于强迫职工劳动罪没有规定结果加重犯，只能根据想象竞合犯的原理，对直接责任人员在强迫职工劳动罪、过失致人死亡罪中择一重罪处罚。

二是将加重结果与基本犯罪结合，规定为结果加重犯。例如，刑法规定了故意伤害致人死亡的结果加重犯，对于故意伤害但过失造成被害人死亡的，按照结果加重犯的刑罚进行处理，排斥想象竞合犯的适用。因此，"结果加重犯的成立，以刑法上有加重其刑之规定者为限。虽因犯罪，致生一定结果，而刑法上并无加重其刑之规定，与结果加重犯无关"①。

在同一案件中，并非出现了基本犯罪和加重结果就可以以结果加重犯的刑罚对之进行处罚，基本犯罪与法定的重结果之间必须具有因果关系。如果行为人的基本犯罪行为与加重结果只是偶然地同时发生或者前后相继，则不能认定为结果加重犯。例如，行为人对被害人实施抢劫，被害人反抗行为人的暴力时不小心踩到生锈的钉子，感染破伤风死亡。行为人抢劫的基本行为与该死亡结果只是偶然地同时发生，两者之间不具有因果关系，因此，不能"一锅烩"地认定为抢劫罪的结果加重犯。再如，行为人入户抢劫，在对户主实施暴力时，过失将该户睡在地上的小孩踩死。虽然导致小孩死亡的行为与抢劫行为重合，但是，小孩死亡的结果并不是抢劫罪的基本犯罪行为——暴力、胁迫或者其他方法——导致的，所以不应该认定为抢劫罪的结果加重犯。②

结果加重犯的成立要求基本犯罪与重结果之间具有因果关系，但重结果与基本犯罪所造成的基本结果之间并不具有必然关系。有可能基本犯罪的既遂结果并没有发生，加重结果就已经发生了；也

---

① 陈朴生：《刑法专题研究》，三民书局1988年版，第166页。
② 不同观点参见［日］前田雅英《日本刑法各论》，董璠舆译，五南图书出版股份有限公司2000年版，第219页。

可能基本犯罪的既遂结果与加重结果并列或者前后相继发生。可以肯定的一点是，结果加重犯的重结果必然超越了基本犯罪所造成的结果。这种超越可能表现为质的升级（如故意伤害致人死亡），也可能表现为完全不同质的结果的出现（如强奸致人死亡）。因此，不能将基本犯罪的既遂结果作为结果加重犯的加重结果。例如，我国刑法第 169 条之一规定："上市公司的董事、监事、高级管理人员违背对公司的忠实义务，利用职务便利，操纵上市公司从事下列行为之一，致使上市公司利益遭受重大损失的，处三年以下有期徒刑或者拘役，并处或者单处罚金；致使上市公司利益遭受特别重大损失的，处三年以上七年以下有期徒刑，并处罚金……"其中"致使上市公司利益遭受重大损失"是该罪基本犯罪的既遂结果，因此，如果该既遂结果已作为认定背信损害上市公司利益罪成立的依据接受评价之后，就不能再作为"致使上市公司利益遭受特别重大损失"的内容进行重复评价。根据 2010 年 5 月 7 日最高人民检察院、公安部《关于公安机关管辖的刑事案件立案追诉标准的规定（二）》，上市公司的董事、监事、高级管理人员违背对公司的忠实义务，利用职务便利，操纵上市公司从事损害上市公司利益的行为，"致使公司发行的股票、公司债券或者国务院依法认定的其他证券被终止上市交易或者多次被暂停上市交易的"，属于本罪的"致使上市公司利益遭受重大损失"，应予追诉。因此，不能再将该结果作为"致使上市公司利益遭受特别重大损失"的内容，选择加重的法定刑。①

（三）刑法对重结果规定了较重的法定刑

结果加重犯与普通犯罪最本质的差别不是是否产生了重结果，而是刑法是否针对重结果规定了加重的法定刑。例如，同样是导致了重伤的结果，基本犯罪为虐待罪时就是结果加重犯，基本犯罪为暴力干涉婚姻自由罪时就不是结果加重犯。后者应依想象竞合犯的

---

① 关于禁止对犯罪结果双重评价的论述参见张明楷《结果与量刑：结果责任、双重评价、间接处罚之禁止》，载《清华大学学报》（哲学社会科学版）2004 年第 6 期；黄荣坚：《刑法问题与利益思考》，中国人民大学出版社 2009 年版，第 204 页以下。

原理进行处罚。

第二节　结果加重犯之法制沿革

结果加重犯在刑事成文法上的变迁与责任原则、刑罚比例（均衡）原则、人权保障理念的形成与演进息息相关。结果加重犯的发展史，在滚滚的刑法发展洪流中虽仅为浪花一朵，但却折射出与人类文明发展同步的刑事法律的前进步履。我们追根溯源、理清脉络，了解结果加重犯怎样一步步演变为今天这般模样，透视结果加重犯立法与刑罚理念的互动过程，目的在于准确把握当下结果加重犯的发展阶段，科学展望结果加重犯的发展方向。

一　结果加重犯立法方式的变迁

因发生加重结果而加重法定刑的立法例古今中外皆可觅其踪影。如果以今日之结果加重犯的视角观察中外古代法律，甚至可以认为有刑法之时就有结果加重犯的规定。古代刑法中结果责任大行其道，几乎不考虑行为人的罪过，行为人承担责任的根据是行为人所造成的损害后果，损害结果与承担的责任成正比。行为人以致人重伤的故意对他人实施暴力，如果致人死亡则要承担与故意杀人同样的责任，承受的刑罚大大提升。从这个角度看，结果加重犯的立法方式更契合结果责任时代的理念。

理清古代刑事立法的基本理念后，其中暗含的结果加重犯立法便水落石出。以伤害致人死亡为例，古代法往往没有规定："伤害他人的，处……；因而致人死亡的，处……"，而是规定"伤害他人的，处……"；"杀人的，处……"。其中"杀人的，处……"包括故意杀人和故意伤害致人死亡。由此可见，古代法中没有结果加重犯之形，却已有结果加重犯之实。

随着理论的发展和立法技术的提高，立法者逐渐意识到，虽然犯罪结果相同，但由于行为人的主观罪过不同，对行为人的评价也应该有所差别。立法者开始以基本犯罪为中心规定结果加重犯，出现类似

"伤害他人的，处……；因而致人死亡的，处……"的立法方式。此时，行为人实施基本犯罪行为时的主观罪过虽已被考虑，但结果加重犯的立法并未完全冲破结果责任的藩篱，立法并未限定行为人对加重结果的罪过。仍以故意伤害致人死亡为例，只要行为人实施故意伤害行为，导致了死亡结果的发生，行为人就要承担故意伤害致人死亡的结果加重犯的刑事责任，至于过失导致加重结果还是意外导致加重结果，则不在考虑之列。

由于刑法没有限定行为人对加重结果的主观方面，对结果加重犯又配置了过重的刑罚，结果加重犯的立法受到越来越严厉的批评。立法者也逐渐认识到，司法实践不考虑行为人对加重结果的主观方面背离责任主义原则。1902 年，国际刑法学会就结果加重犯问题达成决议："行为人在其可预见或能预见之范围外，不得以其自己行为之结果为理由，而受处罚。"以该原则的确立为契机，各国刑法纷纷在总则中明文规定结果加重犯的一般性规定，限制结果加重犯的成立范围。

一些国家和地区的刑法草案、刑法典在总则中规定了结果加重犯的成立要求，行为人对加重结果具有"预见可能性"。例如，《挪威一般公民刑法典》第 43 条规定："犯罪行为引起了没有预见的结果，法律因而加重刑罚，行为人只有认识到该结果的可能性或者已认识到有这种危险但未能阻止该结果的发生时，才能适用该加重的刑罚。"① 《韩国刑法典》第 15 条规定了事实认识错误，其中第 2 款规定："对行为所引起的应加重处罚之严重结果无法预见者，不以重罪处罚。"日本昭和三十六年《修正刑法准备草

---

① 此法条译文选自马松建译《挪威一般公民刑法典》，北京大学出版社 2005 年版。本书中引用的国外刑法典的译文主要参考以下译著：《德国刑法典》，冯军译，中国政法大学出版社 2000 年版；《日本刑法典》，张明楷译，法律出版社 2006 年版；《韩国刑法典及单行刑法》，金永哲译，中国人民大学出版社 1996 年版；《最新意大利刑法典》，黄风译，法律出版社 2007 年版；《丹麦刑法与丹麦刑事执行法》，谢望原译，北京大学出版社 2004 年版；《冰岛刑法典》，陈志军译，中国人民公安大学出版社 2009 年版；《土耳其刑法典》，陈志军译，中国人民公安大学出版社 2009 年版等。后文恕不一一标明出处。

案》第 21 条规定："因结果之发生而加重其刑之罪，不能预见其结果者，不得作为加重犯加以处罚。"日本昭和四十九年之《刑法修正草案》第 22 条规定："因结果之发生而加重其刑之罪，如不能预见其结果时，不得以加重犯处断。"

一些国家和地区的刑法草案、刑法典在总则中规定了结果加重犯的成立，要求行为人对加重结果至少具有过失。例如，1912年《奥地利刑法草案（政府案）》第 7 条规定："法律上之可罚行为，发生一定之结果而科以加重刑者，仅在因行为人之过失而引起其结果之情形下适用之。"此后，1974 年《奥地利刑法典》第 7 条继承了这种思想，规定："（一）法律别无规定时，仅处罚故意行为。（二）犯罪行为有结果加重之规定者，以行为人至少对此结果有过失时，始予以加重处罚。"《丹麦刑法典》第 20 条规定："若处罚或者加重处罚以某一故意犯罪已经产生非故意之危害后果为条件，则仅当非故意之危害后果可归因于被告人之过失或者被告人明知危险后没有尽其所能避免危害后果发生时，方可处罚被告人。"意大利 1927 年《刑法草案》第 46 条第 2 项以及 1930 年《刑法》第 43 条第 1 项，均规定对加重结果须有过失。[1] 我国《澳门刑法典》第 17 条规定："如可科处于一事实之刑罚，系因一结果之产生而加重，则必须系有可能以行为人至少有过失而将该结果归责于行为人时，方得加重之。"《土耳其刑法典》规定："要让行为人对其预谋之外的加重情节或者损害后果承担责任，要求其至少应当对之存在过失。"《冰岛刑法典》第 19 条规定："对于本法所规定的以行为导致某一结果作为构成犯罪的条件或者处以更重刑罚条件的犯罪，除非行为人对该结果至少具有过失或者行为人被认定在意识到其行为所产生的危险性后不能立即尽其所能地避免该危险的，否则不能认定为前述构成犯罪或者加重刑罚的条件已经具备。"

---

① 蔡枢衡：《中国法理自觉的发展》，清华大学出版社 2005 年版，第 245 页。

二　大陆法系结果加重犯的发展：以德国为例

"德国刑法学经过几个世纪继受意大利刑法学，十九世纪中叶以后逐渐走出自己的路，到了二十世纪已经是世界最大的刑法学输出国，即使单纯地继续经营祖先所遗留的学术资产，也因为已成为世界的中心，所有的对话已跨越了地理空间的局限，说德国就是说世界……"① 一国的刑法学与刑事立法往往互动共荣，"说德国就是说世界"的判断在结果加重犯立法史上也是成立的。

前述结果加重犯立法沿革的一般规律可在德国刑法发展史中得到一定程度的印证。根据宾丁的观点，结果加重犯的起源可以追溯到罗马法或日耳曼部落法时代。② 如果说将结果加重犯简单地理解为"因为发生重结果而加重刑罚的犯罪形态"，宾丁的观点可能有道理，因为德国在日耳曼时期及之后的很长一段时间里，犯罪的可罚性主要体现在结果上，因此，伤人致死所要承受的负面评价肯定要高于致人轻伤。但是，如果说在习惯法时代德国就出现了类似"故意伤害的，处……；致人死亡的，处……"的结果加重犯立法则令人怀疑。日耳曼时期到 6 世纪民族大迁移结束，刑法仅以习惯法的形式出现，对"犯罪"的反应也仅由被害人及其所在的氏族作出，"犯罪行为的种类和严重程度原则上由其造成的外在的结果所决定"③。在这样的法律环境中，公共权力和私人都不会关注"伤人致死"和"故意杀人"之间的区别，"结果"（不管如何达致）才是启动氏族自卫和索要赔偿金的唯一理由，蕴含处罚精细化价值诉求的结果加重犯立法自然得不到充分发育。

结果加重犯的"立法"在德国真正有迹可循要等到刑法渊源从习惯法过渡到成文法之后。中世纪末期，德国一些地区开始刑事立法的

---

① 许玉秀：《当代刑法理论之发展》，载《当代刑事法学之理论与发展》，学林文化事业有限公司 2002 年版，第 5 页。

② 参见［日］丸山雅夫《结果加重犯论》，成文堂 1990 年版，第 182 页。

③ ［德］汉斯·海因里希·耶赛克、托马斯·魏根特：《德国刑法教科书·总论》，徐久生译，中国法制出版社 2001 年版，第 112 页。

尝试，为结果加重犯提供了孕育和成长的土壤，其中，1532 年累根斯堡帝国议会通过的《卡洛琳娜法典》（当时又被称为《查理五世刑事法院条例》）是杰出的代表。《卡洛琳娜法典》对个别罪名采取了结果加重犯的立法模式（如伤害致死罪），开始尝试区分"对加重结果的故意犯罪"和"以基本犯罪的故意引起加重结果的犯罪"。该时期的结果加重犯的概念仍仅为单纯"结果责任"的意义。基本行为与加重结果的判断，不需要检视其主观上是否得预见，只从客观上看是否有基本犯罪行为，是否有加重结果。虽然《卡洛琳娜法典》没有关于结果加重犯的总则性规定①，其依据仍囿于"Versari 理论"②，但毕竟迈出了结果加重犯立法的第一步。

1794 年《普鲁士普通法》（Allegemeines Landrecht）对于结果加重犯仍然没有一般性规定，但是，已经开始关注主观要件。例如，对于伤害致死的情形能否适用杀人罪的规定。《普鲁士普通法》第27 条规定："行为依一般或行为人特别知悉之事务自然性质，必然导致违法结果发生时，则推定行为有故意"，已有"故意推定"（Vorsatzvermutumg）的意味。1813 年《巴伐利亚刑法典》发展了"故意推定"的理念，该法第 41 条规定："行为人若是为了故意实行一犯罪而进行某一行为，但该行为较易于导致一较为严重之犯罪结果，一旦该结果发生时，行为人即对此论以故意之责。"第 43 条规定："一个针对他人所为之违法行为，法律即可将此行为视为系出于故意而为之，除非有其他特殊情事可以从而得知，该行为必定或可能非出故意。"第 44 条规定："行为人有意地实行一行为，而根据普遍为人所知之经验，此行为将直接而必然地造成某一结果时，除非另有反证，否则视为行为人意图该结果之发生。"③ 1813 年 Bayern刑法典规定了堕胎致死罪、遗弃致死罪、强奸致死罪、强盗致伤罪、

① 《卡洛琳娜法典》是刑事程序法和刑事实体法的混合，没有统协全法的总则性规定。
② 参见［德］克劳斯·罗克辛《德国刑法学·总论》（第一卷），王世洲译，法律出版社 2005 年版，第 221 页。另参见［日］丸山雅夫《结果加重犯论》，成文堂 1990 年版，第 182 页。
③ 转引自徐育安《故意认定之理论与实务——以杀人与伤害故意之区分难题为核心》，载《中研院法学期刊》第 10 期（2012 年 3 月），第 90 页。

放火致死伤罪等结果加重犯类型。1839 年 Wü-rtemberg 王国刑法典、1840 年 Hannover 王国刑法典、1841 年 Hessen 大公国刑法典、1841 年 Baden 大公国刑法典、1850 年 Thüringischen 刑法典、1851 年普鲁士刑法典以及 1855 年 Sachsen 大公国刑法典等受 Bayern 刑法典的影响，明文规定了结果加重犯的类型。①

由于刑法总则中没有对结果加重犯的限制规定，司法实践在认定结果加重犯时往往只考察行为与加重结果之间的因果关系。只要认定基本犯罪行为与加重结果之间具有因果关系，就认定结果加重犯成立。这种观点也得到了一些学者的认可。但是，更多的学者认为，这种处理方式与责任主义原则相悖，不利于保障人权。德国开始尝试通过限制行为人对加重结果的罪过来限定结果加重犯的成立，一种思路是要求行为人对加重结果应具有预见可能性，一种思路是要求行为人对加重结果至少有过失。前者如，1909 年《德国刑法修正预备草案》第 62 条规定："法律上之可罚行为，引起无一定意思之结果而科以加重刑时，除别有规定外，仅在行为人能预见如此结果之情形下，科以加重之刑。"1913 年《德国刑法草案》第 25 条规定："可罚行为，由于法律上有特别规定之结果而加重其刑者，仅在行为人至少能预见该结果可能发生时，始科以加重之刑。"1919 年《德国刑法草案》第 17 条规定："行为由于法律上有特别规定之结果而加重其刑者，仅在行为人至少能预见该结果可能发生时，科以加重之刑。"后者如，1911 年《德国刑法草案》第 24 条规定："法律上之可罚行为，引起非因一定故意之结果而科以加重刑者，仅在行为人对于结果之发生有过失之责任时，科以加重之刑。"1925 年《德国刑法草案》第 15 条规定："由于特别规定于法律上之行为所生之结果，而科以加重刑者，仅在至少由于行为人之过失而引起其结果时，可以加重其刑。"1927 年《德国刑法草案》第 21 条规定："对于行为之特别结果，所科之加重刑，仅在至少由于行为人之过失而引起其

---

① 参见［日］丸山雅夫《结果加重犯论》，成文堂 1990 年版，第 190 页。

结果者，适用之。"最终，德国刑法采取了后一种立法方式。1953年《德国刑法典》第56条规定，结果加重犯的成立要求行为人对加重结果至少要有过失。德国现行刑法第18条继受了该条规定："如果法律把较重的刑罚与行为的特别的结果相联系，那么，只有在对该结果至少负有过失时，该刑罚才适用于行为人或者参与人。"

三　英美法系结果加重犯的发展：以英美为例

在英美法系国家，虽然没有"结果加重犯"的概念，但存在与之类似的处罚原则，重罪谋杀罪（Felony Murder）、故意重伤谋杀罪（intent-to-do-serious-bodily-injury murder）即为典型代表。重罪谋杀罪、故意重伤谋杀罪可谓"英美法系版本"的结果加重犯：行为人实施基本犯罪行为（重罪、故意重伤罪），因发生了重结果（死亡）而承受较重刑罚（谋杀罪）。重罪谋杀罪、故意重伤谋杀罪使得谋杀罪的成立范围大大扩张。

重罪谋杀罪是指，行为人实施重罪（如抢劫、强奸等）导致被害人死亡，尽管行为人没有追求死亡结果的发生，仍以谋杀罪定罪处罚的犯罪类型。重罪谋杀规则（felony murder rule）适用于当一个重罪犯故意、轻率、过失或者意外和不可预见地杀死了被害人的情形。

重罪谋杀规则源于英国早期普通法①，在英美刑法发展史上具有重要的地位。一般认为，最早的重罪谋杀罪可能产生于17世纪的学说，而非法院的判决。爱德华·科克（Edward Coke）1644年出版的著作论述道："造成死亡结果的违法行为（unlawful act）构成谋杀罪。"之后，迈克尔·福斯特（Michael Foster）在《解说杀人罪》（*Discourse of Homicide*）一书中，将"违法行为"限制在"重罪"。1700年，英国首席法官霍尔特（Holt）指出，在实施重

---

① 高铭暄等主编：《中华法学大辞典·刑法学卷》，中国检察出版社1996年版，第790页。

罪的过程中，即便杀人结果不能预见，也可成立谋杀罪。1716
年，威廉·霍金（William Hawkin）指出，在实施非法行为的过程
中，如果行为是"危险的"并可能引发被害人反抗防卫，如果造
成他人死亡，就是谋杀。他认为，所有的重罪都有这样的危险属
性。彼时，谋杀、一般杀人、强奸、夜盗、纵火、抢劫、偷窃、
骚乱等为重罪。但是，霍金把他的"重罪谋杀规则"的适用范围
限定在那些不以造成被害人身体伤害为目的的重罪上，因此排除
了谋杀、一般杀人和骚乱等重罪。1769 年，威廉·布莱克斯通
（William Blackstone）在《英国法注释》提出了重罪谋杀罪原则：
假如某人故意去犯一个重罪，并在非预谋下杀了人，这仍然是谋
杀行为。① 虽然"重罪谋杀罪"的概念在学界得到热捧，但真正
在司法中运用该规则则是在美国独立战争时期。

　　到了 19 世纪，在重罪谋杀罪原则发展到最高峰的时候，出现了
限制其成立的倾向。19 世纪后半叶，英国的法院基本上没有了适用
重罪谋杀罪的热情，将基本犯罪的范围限定在那些具有重大危险或
较高暴力程度的重罪。在 Regina v. Serné 案中，法院指示陪审团，
重罪犯应对发生在重罪实施过程中的死亡结果负起谋杀罪的罪责的
前提是：重罪行为是危险的，以及重罪行为本身有可能造成死亡结
果。到了 20 世纪，限制重罪谋杀罪的倾向更加明显：一是要求实施
重罪时所实施的行为属于暴力行为，带有致人死亡的危险；二是要
求被告所实施犯罪行为是死亡结果的自然与可能的原因。1957 年
《杀人罪法》（Homicide Act）完全废除了重罪谋杀罪。②

　　19 世纪，在以限制谋杀罪成立为目标的立法改革背景下，美国
将"杀人罪"（killings）限定在故意杀人或者实施特别严重的犯罪
而致人死亡的情形，重罪谋杀罪的规则得到充分发展。宾夕法尼亚
州于 1794 年颁布法律，将可判处死刑（一级谋杀）的谋杀罪限定

---

　　① 参见蔡蕙芳《英美法上重罪谋杀罪原则的介绍与评价》，载《刑事法学之理想
与探索（第二卷）·刑法各论——甘添贵教授六轶祝寿论文集》，学林出版社 2002 年
版，第 49 页以下。
　　② 同上。

在蓄意杀人或者在实施抢劫、强奸、放火或者夜盗的过程中致人死亡的情形。之后，许多州都纷纷效仿，制定了类似的规则。[①] 为了区别于蓄意谋杀，一些法院将重罪谋杀罪认定为二级谋杀罪。据统计，当时被法院判决的重罪谋杀罪中，80%集中在抢劫、强奸、纵火和夜盗等四个罪名。[②] 20 世纪初期，美国的一些法院将重罪谋杀罪规则解释为法律拟制（legal fiction），即将"实施重罪的过程中致人死亡"拟制为"有预谋恶意地非法终止他人的生命"。1962 年美国法学会（American Law Institute）制定的《模范刑法典》（Model Penal Code）并没有承认重罪谋杀罪。尽管大多数州都根据《模范刑法典》对其刑法典进行了修改，但仅有数个州接受《模范刑法典》的建议废除重罪谋杀罪。

一些学者从以下四个方面为重罪谋杀规则辩护：一是重罪谋杀规则可以威慑行为人在实施重罪过程中尽量减少因过失或者意外而导致的死亡结果。重罪谋杀罪使发生死亡结果的重罪的法定刑大大提升，这会使行为人以更加谨慎的方式实施重罪，以避免死亡结果的发生。二是重罪谋杀规则重申了人的生命神圣不可侵犯。"如果一个重罪犯被要求向社会赎罪，一个重罪谋杀犯将比一个没有剥夺他人生命的重罪犯更应该向社会偿还更多的债务。"三是实施重罪的意图已经转换成了杀人的意图，因此，这个犯罪并不是一个严格责任犯罪，而是一个有特定意图的犯罪。四是重罪谋杀罪减轻了检控方的举证责任。检控方所要做的就是证明被告人实施了重罪，并在实施重罪的过程中导致了死亡的结果。[③]

但在学界，更多的学者对重罪谋杀罪持批评态度。很多学者认为该规则使行为人因被害人偶然发生的死亡结果而承担谋杀的刑罚，不

---

① Guyora Binder, *The Meaning of Killing*, in Modern Histories of Crime and Punishment 88, 91 – 93（Markus D. Dubber & Lindsay Farmer eds. , 2007）.

② Guyora Binder, *Making the Best of Felony Murder*, Boston University Law Review, Vol. 91, p. 415.

③ 参见［美］约书亚·德雷斯勒《美国刑法精解》，王秀梅等译，北京大学出版社 2009 年版，第 480—483 页。

合理性，应予废除。① 在实体法没有完全废除重罪谋杀罪的情况下，学者和法官共同努力，逐渐研发出了一系列限制重罪谋杀罪成立范围的规则，具体包括：

第一，限制重罪范围。美国的一些州将重罪谋杀罪规则的适用限定在那些能够危及生命的重罪范围内。有些法院把重罪限制在早先普通法重罪的范围内，在制定法里是重罪，但在普通法里不是重罪的，不可能构成重罪谋杀罪。有的州把重罪限定在"自身性质的罪错"（malum in se）的范围，而排除"法律禁止的罪错"（malum prohibitum）。②

第二，限制时空条件。重罪谋杀罪的成立要求重罪行为和杀人行为之间在时间和空间上非常接近。如果重罪意图是在杀人行为之后才

---

① 特别是在讨论以下案例时，不少学者表达了对重罪谋杀规则的反感：（1）密苏里州人 James Colenburg 偷了一辆汽车。七个月后，他在驾驶这辆车驶过一个居民区时，将一名因没人看护而冲上路的 2 岁小孩撞死。Colenburg 因之前的盗窃罪而被判重罪谋杀罪。（2）15 岁的佐治亚州人 Jonathan Miller 在一次校园纠纷中拳打另一名男孩，该男孩因脑出血而死。Miller 因暴力殴打他人导致他人死亡而被判重罪谋杀罪。（3）伊利诺伊州一名警察怀疑 Allison Jenkins 携带毒品而持枪对之进行抓捕。当警察抓住 Jenkins 的胳膊时，Jenkins 想尽力逃脱。警察在与 Jenkins 在地上扭打时，开枪射击，但将自己的搭档打死。Jenkins 因为殴打警察，而被判重罪谋杀罪。事后，并没有发现 Jenkins 持有毒品。（4）Jonathan Earl Stamp 持枪抢劫一家加利福亚银行。一名银行职员突发心脏病死亡。Stamp 被判处重罪谋杀罪。（5）William Ingram 入户盗窃，结果在门口遇到拿着手枪的房主。房主让 Ingram 躺下，把他捆起来，并叫来警察。警察把 Ingram 带走后，房主突发心脏病死亡。Ingram 被判重罪谋杀罪。（6）Eddie Matos 抢劫后从屋顶逃跑。一名紧追其后的警察跌入通风竖井而死。Matos 被判处重罪谋杀罪。（7）John Earl Hickman 的同伴吸毒过量而死，由于其在场且持有毒品，而被判处重罪谋杀罪。（8）俄克拉荷马州的年轻人 John William Malaske 给自己未成年的妹妹和妹妹的两个朋友提供了一瓶伏特加。妹妹的一个朋友因酒精中毒身亡。Malaske 因向未成年人提供酒精饮料致人死亡而被判重罪谋杀罪。（9）佛罗里达人 Ryan Holle 将自己的车租给室友。在一次聚会快结束时，这位室友说要去一个毒贩子家里偷一个保险柜，也可能使用暴力。室友向 Holle 要车钥匙。Holle 当时很累，又喝多了，把钥匙给了这名室友就上床睡觉了。这名室友和他的朋友偷了保险柜，其中一人用棍子把一名反抗的居民打死。Holle 被判重罪谋杀罪。（10）宾夕法尼亚人 Bernard Lambert 开车载着一个朋友去讨债。这位朋友闯入住宅，并用枪击中被害人头部致其死亡。Lambert 被判处重罪谋杀罪。（11）北卡罗来纳大学学生 Janet Danahey 在她前男友公寓门前点燃了一袋子聚会的装饰品，没想到整个大楼都着火了，四人被烧死。Danahey 被判四宗重罪谋杀罪。以上案例参见 Guyora Binder, *Making the Best of Felony Murder*, Boston University Law Review, Vol. 91.

② 参见储槐植《美国刑法》，北京大学出版社 2005 年版，第 144—145 页。

产生的，不适用重罪谋杀规则。如果重罪行为和杀人行为相距的时间足够长，也不适用重罪谋杀规则。

第三，限制因果关系。当重罪与死亡结果之间出现介入因素时，要根据行为人是否能够预见，判断是否阻断因果关系。如果对于介入因素，行为人能够预见，则认为成立重罪谋杀罪。例如，在1947年宾夕法尼亚州的莫伊尔案中，莫伊尔拿着武器企图抢劫 X 和 Y，莫伊尔向 X 开枪，X 开枪反击却将 Y 打死。法院认为，莫伊尔的抢劫行为引起了在他意料之中的一系列事件，包括 Y 被打死在内，因此莫伊尔需要承担重罪谋杀罪的责任。①

故意重伤谋杀罪是指在没有减罪或免罪的情况下，出于重罪但不是杀害的故意而直接造成他人死亡的犯罪类型。故意重伤谋杀罪与大陆法系故意伤害致人死亡相类似。美国绝大多数州的刑法都规定了此类谋杀罪。② 美国刑法之所以将故意重伤致人死亡视为谋杀，主要基于三点考虑：一是意图重伤而造成被害人死亡与意图杀人而造成被害人死亡，在行为的客观实害和行为人的主观罪过方面都没有本质差别；二是既然极端轻率情况下造成被害人死亡都构成"极端轻率谋杀（depraved-heart murder）"③，入罪举轻以明重，意图重伤情况下造成被害人死亡更可以定性为"谋杀"；三是重伤和死亡之间往往只是一线之隔，重伤会不会发展为死亡，取决于医疗设备、救助时间、医生水平等客观条件，而不取决于伤害人或受害人。当死亡结果已经发生时，要判定行为人在实施行为时是杀人的故意还是致人重伤的故意是非常困难的。如果立法上区别故意重伤致人死亡和谋杀，审理案件时就会在区分两者这个问题上花费太多的时间，这

---

① 参见储槐植《美国刑法》，北京大学出版社2005年版，第144—145页。

② 例如，根据《加利福尼亚刑法典》，如果一个人意图造成他人重伤（如肋骨断裂、眼睛失明等），且受害者由于这种伤害而死亡，就构成谋杀。参见［美］约书亚·德雷斯勒《美国刑法精解》，王秀梅等译，北京大学出版社2009年版，第475页。

③ 例如，建筑工人不看看楼下是否有人，就往人来人往的马路上扔石块、砖头等建筑垃圾，结果将行人砸死。根据美国刑法，行为人构成极端轻率谋杀罪。

样做是不经济的。① 由此可见，美国刑法之所以规定故意重伤谋杀罪，主要是出于司法便利的考虑。

四　我国结果加重犯立法的演变

我国具有悠久的成文法传统，历代封建王朝皆有专司刑律修订的官员，立法技术在很长一段时间内都处于全球领先的地位，对其他国家和地区，特别是东亚地区国家的刑事立法产生了深远的影响。正如前文所言，成文法是结果加重犯孕育的土壤，我国历代刑律亦为结果加重犯提供了宽阔的发育空间。

唐律非常重视实害，规定了大量的结果加重犯。"律内结果加重之条甚多，用'以故'、'因而'、'令'、'致'或'至死'等字样。"② 加重结果包括死伤、财物等，试举几例："诸佐职及所统属官，殴伤官长者，各减吏卒殴伤官长二等；减罪轻者，加凡斗一等；死者，斩。""诸皇家袒免亲而殴之者，徒一年；伤者，徒二年；伤重者，加凡斗二等。缌麻以上，各递加一等。死者，斩。"这种规定"纯属报应概念之结果主义遗产，原始刑法之色彩甚浓"③。

《宋刑统》、元朝刑律、《大明律》、《大清律例》等封建刑法典中也有类似的规定。例如，《元史》记载，"诸斗殴，以手足击人伤者，笞二十七，以他物者三十七。伤及拔发方寸以上，四十七。若血从耳目出及内损吐血者，加一等。折齿、毁缺耳鼻、眇一目及折手足指，若破骨及汤火伤人者，杖六十七。折二齿二指以上，及髡发，并刃伤、折人肋、眇人两目、堕人胎，七十七。以秽物污人头面者，罪亦如之。折跌人肢体，及瞎其目者，九十七。辜内平复者，各减二等。即损二事以上，及因旧患，令至笃疾，若断舌及毁败人阴阳者，一百七。诸诉殴詈，有阑告者勿听，违者究之。诸保辜者，手足殴伤人，限十日。以他物殴伤者，二十日。以刃及汤火伤人者，三十日，折跌肢体及破骨者，

---

① 参见储槐植《美国刑法》，北京大学出版社2005年版，第140—141页。
② 戴炎辉编著：《唐律通论》，正中书局1964年版，第156—157页。
③ 周冶平：《刑法总论》（第六版），作者发行1981年版，第132页；郑逸哲：《论结果加重犯》，载《法制现代化之回顾与前瞻》，月旦出版社股份有限公司1997年版，第626页。

五十日。殴伤不相须，余条殴伤，及杀伤者准此。限内死者，各依杀人论。"《大明律·卷第二十·刑律三》"斗殴"条规定："凡斗殴（相争为斗，相打为殴），以手足殴人，不成伤者，笞二十；成伤，及以他物殴人不成伤者，笞三十；成伤者，笞四十。……拔发方寸以上，笞五十。若血从耳目中出，及内损吐血者，杖八十。……""凡保辜者，责令犯人医治，辜限内皆须因伤死者，以斗殴杀人论。""凡本衙门首领官，及所统属官，殴伤长官者，各减吏卒殴伤长官二等。佐贰官殴长官者，又各减二等。减罪轻者，加凡斗一等。笃疾者，绞；死者，斩。"

1911 年《暂行新刑律》总则没有关于结果加重犯的一般性规定，仅在分则中规定了个别罪名的结果加重犯。1928 年《刑法》第 29 条规定："犯罪因发生一定之结果而加重其刑者，若行为人不能预见其发生时，不得从重处罚。"1935 年《刑法》第 17 条规定："因犯罪致发生一定之结果，而有加重其刑之规定者，如行为人不能预见其发生时，不适用之。"该法第 17 条的立法理由为："一千九百零二年万国刑法学会决议，犯人对于犯罪行为之结果所负之刑事责任，应以其能预见者为限。晚近立法例如挪威、俄国刑法典及奥国、瑞士、德国各刑法准备草案，与德国委员会刑法草案，皆规定犯人只对于其能预见之结果而负其责任，故本案拟增入本条。"我国台湾地区"刑法"一直沿用此规定。

新中国成立后，历次刑法草案及 1979 年刑法、1997 年刑法都没有在总则中规定结果加重犯的认定原则。但是，根据刑法草案和刑法典对犯罪故意、过失的规定似乎可以推演出，结果加重犯的成立要求行为人对加重结果至少具有过失。

1950 年 7 月 25 日中央人民政府法制委员会制定的《中华人民共和国刑法大纲草案》第 8 条规定："犯罪行为，有下列情形之一者，始得处罚：

一、故意的犯罪行为，系指犯罪人明知自己行为之危害社会的结果，而希望或放任其发生者；

二、过失的犯罪行为，系指犯罪人并无故意，但应预见自己行为之结果，而竟未预见或轻信可避免结果之发生者。

过失犯罪之处罚，以本大纲分则有明文规定者为限。"①

1954 年 9 月 30 日中央人民政府法制委员会制定的《中华人民共和国刑法指导原则草案》第 2 条规定："犯罪必须出于故意或者过失。犯罪的故意有两种：（一）明知自己的行为会发生某种危害结果，并且希望这种结果发生。（二）明知自己的行为可能发生某种危害结果，并且有意识地放任这种结果发生。

犯罪的过失有两种：（一）已经预料到自己的行为可能发生危害结果，却轻率地相信能够避免，以致发生了危害结果。（二）按照具体情况，应当预料到并且能够预料到自己的行为可能发生危害结果，但是竟然没有预料到，以致发生危害结果。"②

这两个草案虽然没有明确规定行为人对加重结果必须至少出于过失才能构成结果加重犯，但是，从"犯罪必须出于故意或者过失"以及"犯罪行为，有下列情形之一者（指故意或者过失），始得处罚"的表述来看，似乎要求行为人对加重结果应当出于故意或者过失。但是，仍有反驳的空间，即，只要行为人的行为符合基本犯罪构成，就可以认为该犯罪是故意或者过失犯罪，就可以不要求行为人对加重结果有罪过。

1956 年 11 月 12 日全国人民代表大会常务委员会办公厅法律室制定的《中华人民共和国刑法草案》第 13 次稿第 11 条第 3 款规定："行为在客观上虽然造成了损害结果，但是如果不是出于故意和过失，而是由于预料不到的或者不能抗拒的原因所引起的，不认为是犯罪。"

该草案的规定则明确了行为人对于行为导致的一切危害结果都要出于故意或者过失，如果结果由预料不到的或者不能抗拒的原因所引起的，则不认为犯罪。这里的"损害结果"当然包括结果加重犯中的加重结果。该款规定从根本上解决了结果加重犯与责任主义相协调的问题。

---

① 转引自高铭暄、王作富主编《新中国刑法的理论与实践》，河北人民出版社 1988 年版，第 138—139 页。

② 同上书，第 166—167 页。

《中华人民共和国刑法草案（草稿）》第 21 次稿第 11 条第 3 款，第 22 次稿第 10 条第 3 款，第 27 次稿第 12 条，第 30 次稿第 13 条，都有类似的规定。①

1979 年《刑法》和 1997 年《刑法》仍然延续了这种规定，明确规定行为人只有对损害结果具有故意或者过失才对该结果负责，损害结果当然包括结果加重犯中的加重结果。②

五　结果加重犯法制发展的要义

（一）刑法理论的发展促进了结果加重犯立法的完善

结果加重犯立法的每次飞跃都是响应理论界长期呼吁的结果。众所周知，法律天然具有惰性，如果没有法学家和司法人员对基础理论的勤勉耕耘，如果没有对现行法律漏洞和缺陷的无情鞭挞，如果没有研发出合理回应既存问题的替代条文，法律不会实现自我演化。正是刑法理论的不断发展，促进了结果加重犯的立法更趋理性、更加严密。纵观结果加重犯立法的演进，始终有一双强有力的"理论之手"助推法律文本的完善。不论是"自陷禁区"理论将结果加重犯带出了纯粹结果责任主义的泥潭，还是"间接故意"理论推动了普鲁士普通法通过制定"故意推定"条文开启了对"加重结果"主观要件的讨论，及至责任主义理论促进各国在刑法总则中明确结果加重犯的成立以行为人对加重结果"至少具有过失"为要件，都体现了理论的进步对刑法立法的影响。也应看到，刑事立法对既有理论成果的固化，步步为营地推动了刑法理论的进一步发展。

（二）人权保障理念的发展促进了结果加重犯立法的进步

结果加重犯立法的每次飞跃都体现了人类社会在人权保障理念

---

① 参见高铭暄、赵秉志主编《新中国刑法立法文献资料总览》，中国人民公安大学出版社 1998 年版，第 136 页以下。

② 有学者认为，应当在刑法总则中增设处罚结果加重犯的通则性专条："因故意犯罪致生一定结果，有加重刑规定的，以行为人有过失，始加重处罚。"（马克昌主编：《犯罪通论》，武汉大学出版社 1999 年版，第 660 页）。本书认为，刑法第 16 条的规定包括该内容，不必另设条文。

和实践上的进步。在古代结果责任时代，危害结果的发生是定罪量刑的决定性因素，行为人的"前科"、人身危险性、对结果的主观心态不在考虑的范围之内。彼时，民事制裁和刑事制裁并没有被严格区分开来，这种定罪量刑的基本原则与当时的经济社会发展阶段紧密相连。但是，随着民法和刑法的分离，刑罚的严酷性，特别是死刑的运用，使人们意识到结果责任的缺陷越来越突出，应该以行为人对结果的不同主观态度区分刑罚的轻重。教会法重视行为人主观方面的做法被引介到刑罚之中，人们逐渐认识到了由主观要件限定刑罚处罚范围的必要性。① 就这样，行为人的对犯罪结果的主观态度（故意、过失）、行为人辨认和控制自己行为的能力以及期待可能性等要素逐渐成为确定行为人刑事责任的必备要素。将行为人对之不存在故意或者过失的结果归责于行为人，无非是为了通过惩罚行为人达到一般预防和特别预防的目的。且不说这种目的是否能够达到，将人作为实现目的的手段本身就值得批判。如果行为人对加重结果没有故意或者过失，这种结果并不是行为人选择的结果，将其作为犯罪就否定了人的意志。基于人权保障理念的责任主义促进了结果加重犯立法开始关注行为人对加重结果的主观罪过。

（三）刑罚精细化、个别化的要求促进了结果加重犯立法的发展

作为裁判规范，刑法条文越精细，涵盖的行为模式越多，法官越能平衡针对不同犯罪人的判决，越能实现宪法上的平等，越能减少司法腐败。结果加重犯立法的演进也体现出立法者对刑法条文精细化的价值追求。对于结果加重犯所规定的行为类型，完全可以采取比较粗糙的立法方式以实现立法者对此类行为的严厉的负面评价。例如，"故意伤害他人身体的，处三年以下有期徒刑、拘役或者管制；致人重伤的，处三年以上十年以下有期徒刑；致人死亡的，处十年以上有期徒刑、无期徒刑或者死刑"的规定，完全可以

---

① 参见张明楷《结果与量刑：结果责任、双重评价、间接处罚之禁止》，载《清华大学学报》（哲学社会科学版）2004 年第 6 期，第 21 页。

合并为"故意伤害他人身体的，处管制、拘役、有期徒刑或者死刑"。显然，前一种立法模式更能规范法官的自由裁量权，更能使行为人产生避免重结果发生的内在动机。

第三节 结果加重犯在加重犯
体系中的定位

基本犯是指刑法规定的不具有减轻或者加重情节的犯罪；加重犯是指刑法规定的以基本犯为基准规定了加重情节和较重法定刑的犯罪；减轻犯是指刑法规定以基本犯为基准规定了减轻情节和较轻法定刑的犯罪。[①] 结果加重犯与其他类型的加重犯构成加重犯体系。[②] 正确认识结果加重犯与其他类型的加重犯之间的关系对于准确定位结果加重犯，把握结果加重犯的构造具有重要意义。

一 结果加重犯与情节加重犯

所谓情节加重犯是指刑法分则以基本犯为基准规定了加重情节和较重法定刑的犯罪。如我国刑法第109条规定："国家机关工作人员在履行公务期间，擅离岗位，叛逃境外或者在境外叛逃，危害中华人民共和国国家安全的，处五年以下有期徒刑、拘役、管制或者剥夺政治权利；情节严重的，处五年以上十年以下有期徒刑。"该条后段即为情节加重犯的规定。情节加重犯往往以"情节严重的，处……"（如刑法第109条），"情节特别严重的，处……"（如刑法第110条），"情节特别恶劣的，处……"（如刑法第113条）的形式出现。

对于情节加重犯与结果加重犯之间的关系，学界有两种观点：区

---

① 参见张明楷《刑法学》（第三版），法律出版社2007年版，第94页。
② 关于加重构成犯，我国有学者认为包括结果加重犯、情节加重犯、数额加重犯、对象加重犯、身份加重犯、手段加重犯、时间加重犯、地点加重犯等。（参见卢宇蓉《加重构成犯罪研究》，中国人民公安大学出版社2004年版，第34—35页。）

分说和包含说。区分说认为，情节加重犯与结果加重犯并无重合，两者之间有清晰的界限，具体区别表现为：（1）适用结果加重犯的事实根据是发生了加重结果，适用情节加重犯的事实根据是发生了加重情节，加重情节包括除加重结果之外的其他影响量刑的要素，如特殊的客体、对象身份、主体身份、犯罪手段、时间、地点、目的、动机等。（2）对于情节加重犯，只要加重情节一出现，一律适用加重法定刑。对于结果加重犯，适用加重法定刑则要求行为人对加重结果持故意或过失，要求行为人能够预见重结果的发生。（3）与情节加重犯相对，我国刑法还规定了情节减轻犯，而结果加重犯不可能有结果减轻犯。① （4）"结果加重犯的行为人实施的行为蕴含了他罪的严重结果，所产生的加重结果并不能被基本犯罪所涵盖，亦即如果立法上没有结果加重犯的规定，则必须对重结果构成的犯罪一并进行评价，而不能仅仅适用基本犯罪。……情节加重犯的行为人所实施的行为并没有超出该罪的范围，只不过因为出现了严重的情节，从而适用刑法规定的更重刑罚而已。对于情节加重犯而言，即使行为人实施的行为具备升格法定刑的严重情节，也同样是在该犯罪的罪质范围之内。……正是因为两者是各自独立的范畴，使得一些情节加重犯的'情节'即使外在表现为一种严重的'结果'，也不能认为是结果加重犯，如刑法第234条的故意伤害致人重伤罪，由于重伤并没有超出故意伤害罪的范畴，因此尽管有重伤的'结果'，也不能认为是结果加重犯，而只能认为是情节加重犯"。② 包含说认为，"情节"虽然不限于结果，但是不可否认，"情节"包含结果，所以情节加重犯中包含了结果加重犯。③

分则条文往往以"情节严重的，处……"，"情节特别严重的，处……"，"情节特别恶劣的，处……"的形式规定情节加重犯，而

---

① 参见李邦友《结果加重犯基本理论研究》，武汉大学出版社2001年版，第17页。另参见赵国强《澳门刑法总论》，澳门基金会1998年版，第71页。

② 郭莉：《结果加重犯结构研究》，中国人民公安大学出版社2013年版，第187页。

③ 参见张明楷《严格限制结果加重犯的范围与刑罚》，载《法学研究》2005年第1期，第83页。

以"发生某种重结果，处……"的形式规定结果加重犯，因此容易给人以情节加重犯与结果加重犯是两种不同犯罪类型的印象。事实上，"情节"包括一切影响定罪量刑的要素，凡是能够体现行为人行为之法益侵犯性、主观罪责以及人身危险性的一切构成要件要素、量刑要素都属于刑法中的"情节"，如果对这些要素可以作出"严重"、"特别严重"、"特别恶劣"的判断，就可以适用相应的情节加重犯的刑罚规定。很明显，"结果"作为构成要件要素或者刑罚裁量要素，其轻重当然能够体现出情节的轻重。如果将结果加重犯理解为"因导致加重结果而加重刑罚的犯罪形态"，那么认为"情节加重犯包容结果加重犯，结果加重犯是一种特殊的情节加重犯"的观点就是正确的。

我国刑法分则的规定验证了这个判断。例如，刑法第318条规定："组织他人偷越国（边）境的，处二年以上七年以下有期徒刑，并处罚金；有下列情形之一的，处七年以上有期徒刑或者无期徒刑，并处罚金或者没收财产：（一）组织他人偷越国（边）境集团的首要分子；（二）多次组织他人偷越国（边）境或者组织他人偷越国（边）境人数众多的；（三）造成被组织人重伤、死亡的；（四）剥夺或者限制被组织人人身自由的；（五）以暴力、威胁方法抗拒检查的；（六）违法所得数额巨大的；（七）有其他特别严重情节的。"没有人会否认本条第（三）项为组织他人偷越国（边）境罪的结果加重犯的规定，而该项规定恰恰为该罪刑罚加重的"情形（情节）"之一，可谓"为情节加重犯所涵括的结果加重犯"。刑法中还有一些情节加重犯虽没列举加重情节的具体内容，但仍能从中剥离出结果加重犯的内容。例如，1997年11月4日《最高人民法院关于审理盗窃案件具体应用法律若干问题的解释》（以下简称《盗窃罪解释》）第6条第3项规定："盗窃数额达到'数额较大'或者'数额巨大'的起点，并具有下列情形之一的，可以分别认定为'其他严重情节'或者'其他特别严重情节'：1.犯罪集团的首要分子或者共同犯罪中情节严重的主犯；2.盗窃金融机构的；3.流窜作案危害严重的；4.累犯；5.导致被害人死亡、精神失常或者其他严重后果的①；6. 盗窃救灾、抢险、防汛、优抚、扶贫、移民、救济、医疗款物，造成严重后果的；7. 盗窃生产资料，严重影响生产的；8. 造成其他重大损失的。"该司法解释表明，司法实践往往将重

---

①　"导致被害人死亡、精神失常或者其他严重后果的"可以认为是作为情节加重犯的结果加重犯的规定。基于责任主义原则，同样要求行为人对于被害人死亡、精神失常的后果至少具有过失，如果行为人对于此危害结果不具有认识可能性，不能让行为人承担结果加重犯的刑事责任。但是与之类似的情形，2002年《最高人民法院关于审理抢夺刑事案件具体应用法律若干问题的解释》（以下简称《抢夺罪解释（2002）》）第5条却有不同的规定："实施抢夺公私财物行为，构成抢夺罪，同时造成被害人重伤、死亡等后果，构成过失致人重伤罪、过失致人死亡罪等犯罪的，依照处罚较重的规定定罪处罚。"很明显，该司法解释没有将"造成被害人重伤、死亡"认定为刑法第267条所规定的"其他严重情节"或者"其他特别严重情节"。这两种不同的解释思路会造成刑罚不均衡的现象：根据《盗窃罪解释》的规定，行为人盗窃数额较大且导致被害人死亡的（属于"其他严重情节"），可以在"三年以上十年以下有期徒刑，并处罚金"范围内定罪处罚；盗窃数额巨大且导致被害人死亡的（属于"其他特别严重情节"），可以在"十年以上有期徒刑或者无期徒刑，并处罚金或者没收财产"的范围内定罪处罚。根据《抢夺罪解释（2002）》的规定，抢夺数额较大且致人死亡的，只能在"三年以下有期徒刑、拘役或者管制，并处或者单处罚金"（抢夺罪基本犯罪）或者"三年以上七年以下有期徒刑"（过失致人死亡罪）的范围内按照想象竞合犯从一重罪在"三年以上七年以下有期徒刑"的范围定罪处罚；抢夺数额巨大且致人死亡的，只能在"三年以上十年以下有期徒刑，并处罚金"（抢夺罪数额加重犯）或者"三年以上七年以下有期徒刑"（过失致人死亡罪）的范围内按照想象竞合犯的原理从一重罪在"三年以上十年以下有期徒刑"的范围内定罪处罚。即，相同的情形下，盗窃致人死亡的法定刑要比抢夺致人死亡的法定刑重。但是，很明显，抢夺罪所具有的导致被害人死亡的危险性要远远高于盗窃罪导致被害人死亡的危险性，这也是为什么很多国家和地区规定了抢夺罪致人重伤、死亡的结果加重犯而没有规定盗窃罪致人重伤、死亡的结果加重犯的原因。上述关于抢夺罪的司法解释没有考虑到这种危险性大小的关系。在我国现有立法模式下，解决上述矛盾有两种途径：一是应当将盗窃罪中的"其他严重情节"或者"其他特别严重情节"解释为不包括"导致被害人死亡、精神失常或者其他严重后果"；二是应当将抢夺罪的"其他严重情节"或者"其他特别严重情节"解释为包括"致人重伤或者死亡"。笔者原则上同意第二种解释方法。如果将"致人重伤或者死亡"排除于"其他严重情节"或者"其他特别严重情节"之外，就会造成罪责刑的不均衡。以盗窃罪为例，如果按照第一种解释思路，"盗窃生产资料，严重影响生产的"都可以认为是"其他严重情节"或者"其他特别严重情节"（未达到数额特别巨大），可以被处以最高无期徒刑的刑罚并处罚金或者没收财产，而盗窃行为致人重伤或者死亡的（未达到数额特别巨大）却最高只能处以七年有期徒刑（过失致人死亡罪的法定最高刑）。同样，在抢夺罪中也存在这样的情况：行为人"抢夺残疾人、老年人、不满14周岁的未成年人的财物的"（未达到数额特别巨大）可以认为是"严重情节"或者"特别严重情节"，最高判处无期徒刑，而抢夺致人死亡（未达到数额特别巨大）的反而不能认定为"严重情节"或者"特别严重情节"，只能按照想象竞合犯，最高判处十年有期徒刑。很明显，这种解释思路会造成罪责刑不均衡。由此可见，不将发生重结果认定为"加重情节"不利于刑法中公平原则的贯彻。另外，将盗窃、抢夺致人重伤、死亡视为盗窃罪、抢夺罪的结果加重犯，有利于限制情节加重犯的成立范围。正是基于这种认识，2013年11月最高人民法院、最高人民检察院联合发布《关于办理抢夺刑事案件适用法律若干问题的解释》将"导致他人重伤的"认定为第267条规定的"其他严重情节"，将"导致他人死亡的"认定为第267条规定的"其他特别严重情节"。

结果作为加重情节予以考虑。如果将这种因为发生了较重的结果而加重法定刑的情形独立出来，则完全符合结果加重犯的形式定义。例如，结合刑法典与《盗窃罪解释》，可以提炼出这样的规定："盗窃公私财物，数额较大或者多次盗窃的，处三年以下有期徒刑、拘役或者管制，并处或者单处罚金；导致被害人死亡、精神失常或者其他严重后果的，处三年以上十年以下有期徒刑，并处罚金。"①

我们认为，最广义的情节加重犯是与基本犯、减轻犯相对应的犯罪类型，所有对定罪量刑有意义的要素都可以认为是"情节"，因此，所有的加重犯都可以理解为情节加重犯；狭义的情节加重犯是指刑法明文规定以"情节严重的，处……"，"情节特别严重的，处……"，"情节特别恶劣的，处……"为表现形式的加重犯。结果加重犯包含于广义的情节加重犯之中，狭义的情节加重犯可以分解出结果加重犯。

虽然刑法类型化的结果加重犯（如故意伤害致人死亡、强奸致人死亡等）和"为情节加重犯所涵括的结果加重犯"（如盗窃导致被害人死亡等）②都可以统一到"因发生重结果而加重法定刑的犯罪类型"的概念之下，但立法采取了一"显"一"隐"的立法模式，说明这两种结果加重犯的类型蕴含了不同的法益考量，也必然影响对构成要件要素的实质解释。正如本书后文将要分析到的，刑法将纯正的结果加重犯类型化，是因为基本犯罪具有发生加重结果的高度风险，这种风险在实施基本犯罪时就已经被激发，随时都可能现实化为重结果。而隐含在情节加重犯中的结果加重犯的加重结果往往具有不确定性，行为人在实施基本犯罪时并不总是能激发产生重结果的危险，这也是为什么刑法没有将此类结果加重犯定型化的原因。因为这两类结果加重犯在规范保护目的上存在差异，在解释"为情节加重犯所涵括的结果加重犯"的构成要件时不宜完全套用对纯正的结果加重犯构成要件的解释原则。

---

　　①　需要注意的是，2013 年 4 月 4 日起施行的最高人民法院、最高人民检察院《关于办理盗窃刑事案件适用法律若干问题的解释》删除了有关盗窃"导致被害人死亡、精神失常"属于"其他严重情节"或者"其他特别严重情节"的规定。

　　②　"为情节加重犯所涵括的结果加重犯"可以被认为是一种实质的结果加重犯。

在认定"为情节加重犯所涵括的结果加重犯"的构成要件时有以下几个问题需要注意：

第一，"为情节加重犯所涵括的结果加重犯"中的加重结果可能是单一性结果，也可能是复合性结果。例如，根据 1996 年最高人民法院《关于审理诈骗案件具体应用法律的若干问题的解释》，"诈骗数额 10 万元以上（结果 A）"，又具有"导致被害人死亡、精神失常或者其他严重后果（结果 B）"① 情形的，应该认定为刑法第 266 条（诈骗罪）所规定的"其他严重情节"，"处三年以上十年以下有期徒刑，并处罚金"。结果 A 和结果 B 共同构成诈骗罪刑罚升格的加重结果要件。在这种情况下，结果 A 和结果 B 都不能单独作为刑罚升格的加重结果要件。

第二，情节加重犯中的"情节"是一个综合指标，因此，加重情节可能由结果与其他情节要素结合而成。此时，如果较重的结果不具有独立性，就不能认定其为结果加重犯。只有当结果单独地承担起"加重情节"的角色，才可以认为是结果加重犯与情节加重犯的竞合。

第三，"为情节加重犯所涵括的结果加重犯"的成立虽不需要基本犯罪与加重结果之间具备"直接性"要件，但仍需具备条件意义上的因果关系且行为人对加重结果必须具有罪过。仍以前文诈骗罪的结果加重犯为例，行为人对于"导致被害人死亡、精神失常或者其他后果"必须具有过失，才能将该结果与基本犯罪相结合，使之成为刑罚加重的事由。如果行为人对该结果不具有预见可能性，则不能将该重结果归责于行为人，使之承担结果加重犯的刑事责任。

第四，以重结果作为加重情节的情节加重犯（为情节加重犯所涵括的结果加重犯）的认定可能再次与想象竞合的裁判规则产生冲突。例如，行为人甲明知自己盗窃他人随身携带的贵重救命药品（价值 3000 元，达到"数额较大"的标准）的行为可能造成他人重伤甚至死亡的结果，但轻信能够避免这种结果而实施了盗窃行为（假设甲有充

---

① 最高人民法院、最高人民检察院 2011 年《关于办理诈骗刑事案件具体应用法律若干问题的解释》将此内容调整为："造成被害人自杀、精神失常或者其他严重后果的"。

分理由支撑这种判断），被害人因药品丢失没有得到及时救助而死亡。对于本案，应适用"盗窃公私财物"，"有其他严重情节的，处三年以上十年以下有期徒刑，并处罚金"，还是认为行为人构成盗窃罪和过失致人死亡罪的想象竞合犯，从一重罪处罚？我们认为，此类情节加重犯是刑法对想象竞合犯的特殊规定，排除适用想象竞合犯的裁判规则，对行为人应在"三年以上十年以下有期徒刑，并处罚金"的刑罚限度内定罪处罚。

二　结果加重犯与数额加重犯

数额加重犯是刑法分则规定的，因行为人实施的行为涉及的数额增加到一定程度，刑法规定了加重处罚的犯罪形态。如我国刑法第264条规定："盗窃公私财物，数额较大的，或者多次盗窃、入户盗窃、携带凶器盗窃、扒窃的，处三年以下有期徒刑、拘役或者管制，并处或者单处罚金；数额巨大……的，处三年以上十年以下有期徒刑，并处罚金；数额特别巨大……的，处十年以上有期徒刑或者无期徒刑，并处罚金或者没收财产。"该条第二段、第三段即为数额加重犯的典型规定。关于数额加重犯与结果加重犯之间的关系，理论界有两种观点：区别说和包含说。

区别说为我国通说，认为数额加重犯与结果加重犯属于不同的加重犯类型，互不包容。有学者认为，结果加重犯中的加重结果在性质上应当不同于基本犯构成要件结果，在危害程度上应当重于基本犯构成要件结果。在一个单一的犯罪构成中，如果条文规定性质相同的两个结果，即使其中的一个规定了加重的法定刑，也不是结果加重犯。因此，数额加重犯不是结果加重犯。[1] 有的学者认为，数额加重犯与结果加重犯在性质上具有本质差别。首先，结果加重犯与数额加重犯在重结果的形成机制上具有差别。结果加重犯的加重结果是由基本犯罪行为导致的，一次行为，一个加重结果，为一

---

[1]　参见马克昌主编《犯罪通论》，武汉大学出版社 1999 年版，第 654 页。相同见解参见唐世月《数额犯论》，法律出版社 2005 年版，第 99 页。

个结果加重犯。而数额加重犯则可以通过数次行为的结果累积实现构成要件，即数次犯罪行为共同为一个数额作出贡献。其次，结果加重犯的因果关系是基本犯罪与加重结果之间的因果关系，而数额加重犯则是具体每次行为与行为所产生的一定数量的结果之间的因果关系，但是，不包括此次行为与彼次行为所产生的结果之间的关系。再次，数额加重犯根据数额的不同可能划分多个刑罚档次，但是结果加重犯没有那么复杂，一般规定了基本犯罪之后，就规定了加重结果，只有个别的结果加重犯的规定因结果轻重的不同规定了不同的加重处罚幅度。① 还有学者认为数额加重犯中，"法律已将危害结果的大小融入于基本犯罪构成要件之中的，不属于结果加重。比如，甲盗窃了他人的巨额动产，按我国《澳门刑法典》第189条规定构成了'加重盗窃罪'，这种情况不构成结果加重犯，因为'加重盗窃罪'本身就是一种独立的基本犯罪，立法者在立法时已将盗窃巨额动产融入于'加重盗窃罪'的构成要件之中，并有自己的法定刑，故不存在结果加重犯的问题。"②

包含说认为，所谓的数额加重犯也是结果加重犯的一个类型。刑法分则中有的条文规定"数额巨大"、"数额特别巨大"，行为人要承担更重的刑事责任，由于"数额实际上是指行为造成的损失数额（如盗窃数额巨大，当然意味着盗窃行为造成的被害人财物损失数额巨大），因而也可谓结果加重犯。"③

将造成被害人损失的数额理解成犯罪结果不存在问题。当这种数额增加到一定程度，刑法对之配置较重的法定刑时，将之理解为"因为发生重的结果而刑法规定了较重的法定刑"，也不应存在问题。结果加重犯中的加重结果只要超越基本犯罪结果就可以了，要求加重结

---

① 参见李邦友《结果加重犯基本理论研究》，武汉大学出版社2001年版，第18—19页。

② 赵国强：《澳门刑法总论》，澳门基金会1998年版，第71页。

③ 张明楷：《严格限制结果加重犯的范围与刑罚》，载《法学研究》2005年第1期，第83页。相同见解参见苑民丽、聂立泽《抢劫罪既遂与未遂区分标准新探》，载《暨南学报》（哲学社会科学版）2009年第4期，第54页脚注一；舒慧明主编《中国金融刑法学》，中国人民公安大学出版社1997年版，第123页。

果与基本犯结果性质不一致不具有合理性。因此，本书赞成前述包含说，认为数额加重犯是结果加重犯的一个类型。

区别说认为，法律规定某种犯罪发生两种结果，在一个单一构成中只可能有一个，发生了巨大数额之后，就不存在一般数额的问题。以盗窃罪为例，如果行为人盗窃了数额巨大的财物，就不存在盗窃数额较大的财物的问题，两者不可能并存。无论是盗窃数额巨大还是盗窃数额较大，都只是盗窃罪客观方面的结果要件，而不能认为是结果加重犯的加重结果。① 但是，这只说明了数额加重犯具有独特的发生机制、行为结构，并没有否认数额的加重是一种结果的加重，也没有否认刑法对此加重结果规定了较重的法定刑，因此没有从根本上否认数额加重犯为结果加重犯的性质。按照区别说的推理，被认为是典型的结果加重犯的故意伤害致人死亡也存在问题：刑法对故意伤害规定了两个结果，一个是轻伤，一个是死亡，在单一构成中也只可能有一个，发生了死亡结果就不再存在轻伤结果，一个伤害行为只可能造成一种伤害结果，或者是轻伤或者是死亡，轻伤和死亡不可能并存。如果因此而否认故意伤害致人死亡属于结果加重犯是不可思议的。

第四节　结果加重犯的分类

成文法国家和地区刑法往往不同程度地规定了结果加重犯，这些规定都以"发生重结果，刑法规定了较重法定刑"为形式特征。但是，刑法分则所规定的结果加重犯在结构上并非完全一致。对相对散乱的结果加重犯按不同的标准进行归类，有利于梳理结果加重犯体系，为从不同角度审视结果加重犯的构造提供抓手。

一　故意的结果加重犯、过失的结果加重犯与偶然的结果加重犯

根据行为人对加重结果所持主观心态的不同，可以将结果加重犯

---

① 参见马克昌主编《犯罪通论》，武汉大学出版社 1999 年版，第 655 页。

划分为故意的结果加重犯、过失的结果加重犯和偶然的结果加重犯。故意的结果加重犯是指行为人对加重结果持故意的结果加重犯类型；过失的结果加重犯是指行为人对加重结果持过失的结果加重犯类型；偶然的结果加重犯是指只要行为人实施基本犯罪行为导致加重结果的发生就可以认定成立结果加重犯，不要求行为人对加重结果具有故意或者过失的结果加重犯类型。联邦德国学者汤姆森曾经坚持这种结果加重犯的划分。正如后文将会具体分析到的，这种分类只具有学术史上的意义。基于责任主义的要求，行为人只对自己有罪过的结果承担刑事责任。偶然的结果加重犯类型以结果责任为基础，将刑罚的功能限于报应，在责任主义成为共识，并合主义刑罚观成为主流的当代刑法中已经没有存在的空间。

二 基本犯罪为故意犯的结果加重犯与基本犯罪为过失犯的结果加重犯

根据基本犯罪是故意犯罪还是过失犯罪可以将结果加重犯划分为基本犯罪为故意犯的结果加重犯和基本犯罪为过失犯的结果加重犯。关于这种分类，理论界存在争议。有的学者认为，刑法针对一些过失犯根据危害结果的程度不同配置不同的法定刑，只是出于限制法官自由裁量权的考虑，危害结果之间不存在质的超越，不符合结果加重犯的构造，因此不存在基本犯罪为过失犯的结果加重犯。但是，此种立法例仍然符合"发生重结果，刑法规定了较重法定刑"的要求，没有理由将之排除出结果加重犯的范围。从逻辑上推演，基本犯罪为故意犯的结果加重犯包括两类：对加重结果持故意的结果加重犯和对加重结果持过失的结果加重犯；基本犯罪为过失犯的结果加重犯也包括两类：对加重结果持故意的结果加重犯和对加重结果持过失的结果加重犯。[①]

三 纯正的结果加重犯与不纯正的结果加重犯

对于纯正的结果加重犯与不纯正的结果加重犯的分类，理论

---

① 参见本书第一章第一节第二部分。

界观点并不一致。一种观点是沿用德国学者 Schröder 对结果加重犯的分类：基本构成要件为过失形态的结果加重犯和加重结果为故意形态的结果加重犯为"不纯正结果加重犯"；由故意的基本犯罪与对加重结果的过失犯罪结合构成的结果加重犯为"纯正的结果加重犯"。① 另一种观点认为，基本构成要件为过失形态的结果加重犯和加重结果为故意形态的结果加重犯不是结果加重犯，前述分类没有意义，应当从基本犯罪结果与加重结果之间关系的角度来区分纯正的结果加重犯和不纯正的结果加重犯：基本行为之结果与加重结果具有相同性质的，例如故意伤害致人死亡，遗弃致人死亡等属于纯正的结果加重犯；基本行为的结果与加重结果不具有相同性质的，例如抢劫致人死亡、非法限制他人人身自由致人死亡等属于不纯正的结果加重犯。② 根据这种分类，纯正的结果加重犯中犯罪行为引起的加重结果与基本犯的基本构成结果指向同一客体，行为对这一客体的侵害程度表现为质的升层关系，不纯正的结果加重犯中基本犯罪客体与加重结果侵犯客体并非同一，基本犯罪行为的方式或者手段延伸引起加重结果。③

四 结果危险的结果加重犯与行为危险的结果加重犯

危险性说是结果加重犯理论中的一种有力学说，根据该理论，结果加重犯中加重结果的本质是基本犯罪固有的危险的实现。根据刑法分则的规定，考察规范的保护目的，这种危险有的是来自于基本犯罪导致的结果，有的是来自于基本犯罪行为本身。结果的危险导致的结果加重犯被称为结果危险的结果加重犯，行为危险导致的结果加重犯

---

① 这种分类被很多学者沿用，参见［韩］金日秀、徐辅鹤《韩国刑法总论》，郑军男译，武汉大学出版社 2008 年版，第 147 页。

② 参见柯耀程《变动中的刑法思想》，中国政法大学出版社 2003 年版，第 127 页以下。

③ 参见杨阅《浅论我国刑法中结果加重犯的解读与误读》，载《黑龙江教育学院学报》2006 年第 3 期，第 116 页。

被称为行为危险的结果加重犯。①

结果危险的结果加重犯是"基本犯罪行为与加重结果就相同法益的不同量的侵害"的结果加重犯类型，这种结果加重犯所涉及的是行为人对相同法益侵害风险的量的认知错误。在结果危险的结果加重犯中，如果并非基本犯罪结果的风险导致加重结果的发生，则不能认定其成立结果加重犯。伤害致死罪是典型的结果危险的结果加重犯。例如，行为人打算用枪托砸伤被害人，但由于枪支走火而打死了被害人，由于死亡结果并非由伤害结果形成的风险导致，所以不构成伤害致死罪。结果危险的结果加重犯的范围与"纯正的结果加重犯、不纯正的结果加重犯"分类中第二种观点中的纯正的结果加重犯基本一致。

行为危险的结果加重犯是"基本犯罪行为附带有典型的导致重结果的风险"的结果加重犯类型。例如，《德国刑法典》第239条第3项规定的私行拘禁致人于死罪，第207条规定的纵火致人于死罪以及第309条规定的失火致人于死罪，如果加重结果的发生原本属于基本犯罪行为的附带的风险的实现，行为人即应就加重结果一并负责。因此，如果私行拘禁的被害人因为脱逃而摔死，行为人仍然构成私行拘禁致死罪，而不要求拘禁行为本身导致被害人死亡。行为危险的结果加重犯的范围与"纯正的结果加重犯、不纯正的结果加重犯"分类中第二种观点中的不纯正的结果加重犯基本一致。

五 单一行为的结果加重犯与复合行为的结果加重犯②

单一构成行为的结果加重犯是指基本犯罪的构成行为属于单一行为的结果加重犯形式，故意伤害致人死亡为适例；复合构成行为的结果加重犯是指基本犯罪的构成为复合行为的结果加重犯形式，抢劫致人死亡为适例。因为抢劫行为可以继续分解为暴力、胁迫的手段行为

---

① 德国学者 Jakobs 和 Roxin 都认同这种分类。相关论述参见黄荣坚《刑法问题与利益思考》，中国人民大学出版社 2009 年版，第 299 页。

② 参见张明楷《严格限制结果加重犯的范围与刑罚》，载《法学研究》2005 年第 1 期，第 91 页。

和取财的目的行为。对结果加重犯进行此种分类，意义在于划定复合构成行为的结果加重犯与结合犯、牵连犯、想象竞合犯等犯罪形态之间的界限①，提醒刑法解释者关注复合构成行为与加重结果之间的关系。例如，抢劫中暴力致被害人重伤或者死亡的，不能认定为故意伤害罪的结果加重犯，因为，该故意伤害行为已经和取财行为结合成为抢劫罪一罪，因此，应将其视为一个整体与加重结果结合成为抢劫罪的结果加重犯。

六　基本犯罪既遂的结果加重犯与基本犯罪未遂的结果加重犯

基本犯罪既遂的结果加重犯是指行为人实施基本犯罪行为既遂又导致加重结果实现的结果加重犯类型。譬如，行为人实施抢劫行为，劫取财物同时造成被害人重伤。基本犯罪未遂的结果加重犯是指行为人实施基本犯罪行为未遂却导致加重结果发生的结果加重犯类型，譬如，行为人使用暴力强奸妇女，在未奸入之前，暴力行为导致被害妇女死亡。

①　参见李邦友《结果加重犯基本理论研究》，武汉大学出版社 2001 年版，第 27 页。

第二章

结果加重犯法理的演进

第一节 "自陷禁区"理论及继受

如本书第一章所述，在成文法规定结果加重犯之前的很长一段时间内，对于"伤害致死"的情形，往往根据报应原则，采取与"故意杀人"相同的处罚手段，此即绝对的结果责任原则。彼时，导致被害人死亡的原因并非重要的考量因素。随着宗教法的原理、精神向世俗法的迁移，法学家越来越关注行为人的主观方面。人们开始对"致人死亡"的原因行为进行分类，考察行为人认识及意欲的内容。类似"伤害致死"的情形逐渐从"杀人行为"中分离出来，法学家们开始从法理的角度探讨处罚的实质根据。在这个过程中，"自陷禁区"理论及间接故意理论无疑是促进结果加重犯发展的两个重要理论进步。

一 "自陷禁区"理论

"自陷禁区"理论又被称为"不被容许之危险状态"理论或者 Versari 理论，是指："从事不法事项者，对因之而生的一切结果承担责任"（versari in reillicita inputantur omnia quae sequuntur ex delicto），即行为人要对违背禁止行为所造成的一切后果负责，不管行为人对结果是否具有故意或者过失。12 世纪末至 13 世纪初，该理论一直都是"教会法"上的原理，最初用来评判神职人员是否符合从事神职工作资格。① 该法理

---

① 参见［日］丸山雅夫《结果加重犯论》，成文堂1990 年版，第182 页以下；［日］内田浩：《结果的加重犯的构造》，信山社 2005 年版，第 53 页。

调和了重视结果的朴素的公民感情与基督教伦理道德以及罗马法重视内心的倾向。①

　　由于教会对神职人员要求"内心洁白"，因此，如果他们实施了不法事项，对于因之而生的结果，不论是否预见，都应当承担责任。但是，如果神职人员出于好心善意而实施的行为，即使发生了损害结果，也不需要承担责任。根据 1191—1198 年公布的"Bernadus Papiens"大布告，"偶然杀人的，必须区分行为人是否已经尽力实施合法行为且已尽相当之注意。符合这点的，对行为人本身不必归责，而应该归咎于偶然或者命运。除此之外的情形，也就是说没有努力为合法行为者，或者未尽应尽义务者，必须对行为人归责。"② 根据 Innozene 三世教皇法令集的规定，修道士为咽喉溃肿的妇女进行手术，该妇女后来没有遵从修道士的指示导致出血死亡的，如果修道士进行手术是出于"怜人爱"的目的，则不存在问题；如果修道士出于"利欲心"而实施手术，则该手术就被烙上"不正"的印痕，修道士的神职人员身份将被剥夺。③ 也就是说，合法的行为人即使造成了"违法"的结果，也不必为该结果负责；如果行为人的行为不被容许，那么行为人应该为自己行为导致的一切结果负责。"自陷禁区"意为：行为人如果实施了不为法所容许的行为，就像行为人将自己置于禁区中，在这个禁区中发生的一切后果，行为人都要为之承担责任。

　　之后，Versari 理论被注释法学派引入到世俗法之中，在刑法上则往结果责任的方向上发展。后世学者在回顾这段理论史时，对 Versari 理论作出了不同的评价。德国学者 Dahm 认为，这个原则具有对于凡是实施故意行为的人，不论行为与结果之间是否存在因果关系，均认定成立故意责任的机能。Wahlberg 形象地论述道：行为人实施犯罪活

---

　　①　参见［日］内田浩《结果的加重犯的构造》，信山社 2005 年版，第 53 页。

　　②　［日］丸山雅夫：《结果加重犯论》，成文堂 1990 年版，第 182 页。

　　③　宗教法认为，神职人员居于神与民众之间，不得为任何不法的行为。神职人员一旦实施不法行为，就会引起民众的反感，"致其心目中将神之恩惠变为害恶"。神职人员的不法行为，对于民众均有危险，为确保圣职的纯洁，任何不法，即便出于偶然，因而致人于死，也是对圣职的玷污，必须承担责任。参见陈朴生《刑法专题研究》，三民书局 1983 年版，第 145 页。

动便在外在关系中"放置下生生不息的蛋"，对于其"孵化"，必须有心理准备。① 由于 Versari 理论强调行为人的行为导致加重结果时行为人所处的状态，而不对行为人的责任要素进行考量，这种客观归罪的思路受到许多学者的最严厉的批评。② 虽然受到批评，根据 Versari 理论处理结果加重犯的原则直到 18、19 世纪，仍旧在刑法立法上被视为刑罚加重事由（Straferhöhungsgrund）。③

Versari 理论是"完全的规则崇拜主义在刑法归责问题上的反映，其目的在于塑造个体的规范意识"④，必然以牺牲一定量的人权和自由为代价。但是，相比较纯粹的结果责任，Versari 理论具有理论上的进步性，在责任主义演化进程中作出了贡献。在纯粹的结果责任时代，司法者严格秉承"以眼还眼，以牙还牙"的原则，只要是行为人导致了他人死亡，则不论行为人的行为是否合法，对结果是否有罪责，一律承担杀人之责任。根据 Versari 理论，如果行为人的行为是合法的，虽然造成恶果，行为人不须对此结果负责，这就突破了严格的结果责任的思维方式，已经具有了危险责任的意味。从这个角度来看，Versari 理论的产生、发展、转用具有一定的进步意义。但是，Versari 理论的进步并没有满足学者和司法者对处罚精细化的要求。

二　间接故意理论

13 世纪意大利神学家托马斯·阿奎那提出了间接意志的理论。他在回答"激动情绪下所为的侵害行为能否全然地免除其为一种罪恶"的问题时谈道：一个行为如果本身是恶，那么就无法全然地免责，除非这个行为完全欠缺意志。如果因为激动的情绪而使得其后的举动全然与行为人的意志脱节，那么就可以排除其为恶的责任。他补充道："我们说一件事乃出于意志所为，可能是由于这件事本身就是意志直

---

① 参见［日］丸山雅夫《结果加重犯论》，成文堂 1990 年版，第 183 页。

② 参见许玉秀《当代刑法思潮》，中国民主法制出版社 2005 年版，第 696 页。

③ 参见柯耀程《变动中的刑法思想》，中国政法大学出版社 2003 年版，第 113 页。

④ 邵栋豪等：《加强基础理论研究　寻求刑责最适点——关于结果加重犯理论和实践的调研报告》，载《人民法院报》2012 年 5 月 31 日第 8 版。

接所要进行的；也有可能是因为，导致这件事发生的原因是意志所要的，那么即便所产生的效果不是意志的目标，还是可以认为这个后果是出于意志的，例如有人有意地让自己喝醉，他在醉酒状态中所为所有的事，都会被视为与其意志相符的。"他指出，间接意志是指虽然行为人并未以某事或某结果为目标，但是其行为将造成该后果而行为人有能力予以避免的情形。① 托马斯·阿奎那的间接意志理论拓展了"意志"的内涵，为处罚原因自由行为提供了理论根据，同时也开启了间接故意的理论研究之门。间接意志理论在间接故意理论史上的意义在于引导人们思考行为人在行为时（如实施暴力）对某一结果（如死亡）没有意志上的追求，但该行为可以被认定为"恶行"时，应如何从整体上评价行为性质的问题。由此可以看出，托马斯·阿奎那的间接意志理论与前述"自陷禁区"理论具有精神实质上的一致性，即均认为行为人应对自己"恶行"所衍生的一切"恶果"承担责任。但两者的区别亦殊为明显，"自陷禁区"理论以基本行为的非法性论证对结果（包括加重结果）承担责任的合理性，而间接意志理论则开始讨论行为人对非行为追求结果（加重结果）的意志问题，这也是后者的进步之处。

16 世纪，西班牙刑法学者 Covarruvias 援用托马斯·阿奎那的间接意志理论，认为刑法上应罚之行为皆出自行为人之意志，刑事责任之本质皆来自于意志责任。"以杀人罪为例，出于意志地杀人，指的不仅仅是那种行为人的意志即在于杀人的情形，亦即不限于是具有直接且本身即为此目的之情形。应该也包括另一种情况，即行为人虽然其本意仅在进行某一行为，但该行为直接造成某种结果时，例如行为人本欲伤害被害人而给予重重一击，造成了死亡结果之情形，此时亦系出于一杀人意志，因为，行为人的意志所朝向的，不但是伤害行为，也涵盖所有由此行为直接导致的当然结果，Convarruvias 将此称之为一种间接而且是透过事件的流程（indirecte et per accidens）所确定之意

---

① 　徐育安：《间接故意理论之发展——兼论不确定故意、未必故意与附条件故意》，载《东吴法律学报》第 21 卷第 3 期，第 72 页以下。

志"，即"间接意志"。Convarruvias 以刑事责任系意志责任为出发点，区分为直接意志与间接意志两种罪责类型，无认识的过失及偶然发生的事件，都被划归于意外的概念之下。如此一来，过失的两种形态——有认识与无认识的过失，前者将与未必故意并列，后者则是被列为一种意外之后，排除在处罚的范围之外。① Covarruvias 以"意志"概念统领罪过，将当代意义上的间接故意（未必故意）与有认识的过失合并为"间接意志"。这种理论努力的出发点也在于为处罚类似"伤害致死"的情形找到了法理上的依据。

德国学者 Carpzov 以间接意志概念为论据，主张故意杀人罪不以行为人具有杀人意图为必要。他认为，行为人以伤害他人的意思，但却持一锋利长剑刺向被害人造成其重伤死亡时，行为人罔顾被害人的生命安全而悍然将之刺杀，不论行为人是否已经认识到，不应造成这样足以致命的人身伤害，行为人皆应负故意杀人罪的责任。这是因为行为人的意志除了包含了伤害之外，也涵盖此一故意伤害行为所直接导致的结果。尽管行为人进行该举动的想法意在伤害而非致人于死，对于被害人死亡的结果并不具有直接的犯罪意思，但是故意杀人的成立并不以此种直接的杀人意志为限，还包括间接的形态。所谓间接的方式，是指在事件的发展历程上，在未有其他因素介入的条件下，由行为直接造成此一死亡的结果，是一种间接而且是透过事件的流程所确定的意志，此系藉由行为人所具有的客观特质——高度的致命性，乃得以确认采取该行为之人其意志属性为何。他认为，可将杀人故意区分为直接与间接意志两种类型，两种情形中，行为人意志之趋向朝着杀人而行，故皆应以故意杀人罪处罚。②

与 Carpzov 一样，德国学者 Leyser 也认为对于"伤害致死"的行为，行为人具有一个间接的杀人意思。他强调，可以透过概括故意的限制来避免间接故意的过度扩张。他认为，间接故意的成立，仅限于行为人基于一较轻的侵害意志而实施行为，但是实际上却出现了加重

---

① 参见徐育安《间接故意理论之发展——兼论不确定故意、未必故意与附条件故意》，载《东吴法律学报》第 21 卷第 3 期，第 72 页以下。

② 同上。

结果的情形，并非所有的结果出现都可以使用。Nettelbladt 也认为，行为人即便不以特定结果为其目的，但是既然他认识到自己的行为易于造成该结果，若不是行为人具有对结果的意欲，也就不会进行此一行为。[1]

毫无疑问，间接故意理论单就其关注行为人对加重结果的罪过这点来说，便比"自陷禁区"理论更有进步意义。可以说，间接故意理论是责任主义大潮中一朵绚烂的浪花。此外，间接故意理论将关注的重点放在行为自身的危险性上，无须证明行为人对结果的"意欲"，客观上减轻了举证的责任。从这点上来看，该理论与当下德国部分学者所持"故意的客观化"观点具有共通之处。

间接故意理论的孕育和发展是以如何处理类似"伤害致死"情形为切入点的，但最终的结局却是：间接故意与结果加重犯分道扬镳。导致间接故意与结果加重犯各走各路的直接导火索便是刑法分则中出现了结果加重犯的立法，直到此时，间接故意理论才完成了它促进结果加重犯定型化的历史使命。[2] 在这之前，两者有很长一段"蜜月期"。对于这段"姻缘"，并不是都是鼓励、祝福的声音。在间接故意理论发展的不同阶段，皆有批评的声音。

间接故意理论的出发点在于为类似"伤害致死"的情形寻找处罚的根据，但客观上却扩大了故意犯罪的范围，使得刑法趋于严酷。德国学者 Christiani 就谈道："如果停止刑法透过诸般解释做更严厉的处罚，如果可以让孟德斯鸠、贝卡利亚等人智慧的宽容不仅仅是在哲学家们的讲堂中获得赞扬，而且也能够在法院里被接受的话，那么，我们日耳曼人将会是多么幸福啊。"[3] 针对这种批评，持间接故意理论的学者也研发了一些限定间接故意成立的要素，例如，Nettelbladt 将"行为人对于行为造成结果的可能性须有所认识"作为间接故意成立

---

[1] 参见徐育安《间接故意理论之发展——兼论不确定故意、未必故意与附条件故意》，载《东吴法律学报》第 21 卷第 3 期，第 72 页以下。

[2] 当然，这种促进作用建立在其他理论（特别是后文将要提到的"故意过失竟合理论"）对间接故意理论进行批判的基础之上。

[3] 转引自徐育安《间接故意理论之发展——兼论不确定故意、未必故意与附条件故意》，载《东吴法律学报》第 21 卷第 3 期，第 82 页以下。

的必要条件，但是，一般认为，行为人实施具有导致某一结果危险的行为时，便可以认定其符合该要件，即，间接故意仍然由"行为本身在客观上所具备的性质来认定"。实践上的效果便是，只要行为人实施了伤害行为而发生了死亡结果，便可以认定行为人对死亡结果具有间接故意，适用故意杀人罪的刑罚。这种结论背离了责任主义精神，仍然没有完全跳出结果责任的范畴。按照间接故意理论处理"伤害致人死亡"的情形，稍不注意便可能被滥用，而使得一些轻微暴力而过失（意外）致人死亡的行为人承担故意杀人罪的刑事责任。

行为人对被害人实施暴力时，如果对于致人死亡的结果是承认的、毫不在乎的，那么他的行为就不再是伤害行为了，也只有此时，"伤害行为"才和直接故意杀人具有相当性，共用同一刑罚幅度才有合理性。如果有证据证明行为人实施暴力时仅想造成被害人伤害，而且行为人有充分理由认为自己能够控制死亡结果的发生时，就说明其对死亡结果是持反对意见的。仅因行为客观上具有致人死亡的"危险"，结果上出现了死亡的结果，就推定行为人具有杀人的故意，是自欺欺人的。正如费尔巴哈所言："预见某一行为后果发生的可能性与想要、容忍此结果发生不能混为一谈。"

如果说，在刑法分则尚未规定结果加重犯之时，为了解决如何处理类似"伤害致死"的问题，间接故意理论还具有一定合理性的话，在结果加重犯的立法模式被各国采用后，仍然运用间接故意的理论来解读结果加重犯便是"执迷不悟"了。此时，间接故意理论面临的最主要的质疑就是，如果认为结果加重犯以行为人对加重结果具有间接故意为必要，那么如何区分结果加重犯与相应的故意犯罪？如果无法区分，那么刑法为什么还要规定结果加重犯呢？我们以故意伤害为例：如果行为人的故意伤害行为导致被害人死亡，根据间接故意理论，一般认为行为人对死亡结果具有间接故意，行为人的行为完全符合故意杀人罪的犯罪构成。如果得出这样的结论，刑法便完全没有必要规定结果加重犯，直接适用相应的故意犯条文对行为人进行处罚就可以了。

第二节 单一形态论：客观的处罚条件说

在刑事立法较为粗糙的年代，刑法没有区分"故意杀人"和"伤害致死"，"自陷禁区"理论和间接故意理论成为处理类似"伤害致死"行为的法理依据，对两种情形均适用相同的刑罚幅度。但是，随着人权理念的萌芽与发展、立法技术的日益成熟，"以伤害故意导致被害人死亡"与"故意剥夺他人生命"之间的差异越来越得到学者和司法人员的关注，对"自陷禁区"理论和间接故意理论反思的理论成果投射到刑事立法上，便是结果加重犯分则立法的日益发达，类似"故意伤害的，处……；致人死亡的，处……"的条文如雨后春笋在各国刑法条文中野蛮生长。如何理解这些结果加重犯条文的性质，成为各国刑法学者关注的焦点。理论界先后出现了单一形态论、因果关系说、复合形态论、危险性说等解释学说。

一 单一形态论将加重结果视为客观的处罚条件

单一形态论是最早探寻结果加重犯本质的理论之一，是对刑法中结果加重犯的规定进行直观理解后得出的结论。这种理论为德国和日本的早期判例提供了依据。单一形态论认为结果加重犯是基本犯罪行为与加重结果结合成不可分割的单一形态的特殊犯罪类型，结果加重犯之所以比基本犯罪规定了更重的法定刑，原因在于基本犯罪导致了加重的结果。刑法如果没有规定行为人对加重结果的主观罪过，刑法解释者也不应该作出什么限制。这样，加重结果在结果加重犯中便沦为客观的处罚条件。

根据单一形态论，行为人不需要对加重结果具有认识可能性。只要是在基本犯罪行为的机会中发生了加重结果，司法者就可以对行为人动用加重的法定刑。加重结果不是结果加重犯的构成要件要素，而仅仅是客观的处罚条件。结果加重犯的构成要件与基本犯罪并无二样，两者所有的构成要件要素都是完全一致的。行为人实施基本犯罪行为之后，基本犯罪和结果加重犯就原则上成立了，只不过要根据是否真实出现加重结果来判断是否动用加重的刑罚。德国刑法学者里特尔就认为，加重结果"系存在于行为外部之犯罪要素，而不以行为者责任所及为必要"。① 曾经承认加重结果为结果加重犯的客观的处罚条件的学者有德国学者李斯特（Liszt）、芬格尔（Finger）、兰德（Land）、齐麦尔（Zimmer）、贝林格（Beling）以及日本学者庄子邦雄等。②

根据单一形态论的观点，由于加重结果是客观的处罚条件，结果加重犯的犯罪构成与基本犯罪一致，因此，处理结果加重犯的共同犯罪便成为一件十分轻松的事情。由于对加重结果不考虑行为人的主观方面，因此，是否承认"过失的共同正犯"对于认定结果加重犯的共同犯罪没有影响。只要在基本犯罪的范围内认定成立共同犯罪，一旦出现加重结果，那么所有的共同犯罪人都应该承担结果加重犯的共同正犯的刑事责任。德国帝国法院时期的判决普遍承认结果加重犯的共同犯罪，不能说没受这种观点的影响。例如，德国实务上有基于"刑法第226条系单纯结果犯之规定，故在适用上，被害者之死亡既然系由伤害所惹起，并不需要任何证明"之立场，直接认定伤害致死罪应当成立共同正犯，该判决明示了共同正犯的结果责任。③ 还有判决认为"导致死亡结果的行为所具有的客观特性（凶器具有危险性），是在相互明示或者默示的了解范围之内，伤害行为的共同加功人既然认识该种行为是与自己行为相同，则对于其他行为人的行为所直接惹起的结果，亦应依照第226条规定加以归责"，进而认可故意伤害致人死亡的共同行为人应成立共同正犯。④

《意大利刑法典》第584条规定了"超故意的杀人罪"："采用旨在实施第581条和第582条规定的某一犯罪的行为，造成一人死亡

---

① 该观点发表于里特尔所著《违法行为应予惩罚的特殊条件》之中。参见吴振兴、李韧夫《结果加重犯无未遂探论》，载《当代法学》1993年第2期。

② 参见［日］丸山雅夫《结果加重犯论》，成文堂1990年版，第125页。很多学者后来都修订了自己的"单一形态论"观点，特别是1953年联邦德国刑法公布之后。

③ 参见德国帝国法院1925年11月2日判决RGSt. 59，389（390）。转引自余振华《刑法深思·深思刑法》，元照出版有限公司2005年版，第263页。

④ 参见德国帝国法院1933年11月23日判决RGSt. 67，367（369）。转引自余振华《刑法深思·深思刑法》，元照出版有限公司2005年版，第263页。

的，处以 10 年至 18 年有期徒刑。"① 该条文与其他国家刑法规定的暴行致死罪、伤害致死罪并无二致，是结果加重犯的典型表述。同时，第 43 条第 2 款规定："如果某人在实施行为人时不是出于故意，不得因被法律规定为重罪的行为受到处罚，被法律明确规定为超意图犯罪或者过失犯罪的情况除外。" 第 584 条即为 "超意图（故意）的犯罪" 的适例。对于 "超意图（故意）的犯罪"，意大利一部分学者和大部分司法工作者认为，这里的责任就是客观责任，"或者说超故意就是故意和客观责任混合而成的责任罪过形态……其基础是一句古老的法谚：谁冒险违法，就应当承担一切后果。"② 杜里奥·帕多瓦尼（Tullio Padovani）教授认为，如果承认行为人对超故意的犯罪中的实际结果必须持有过失的心理态度，由于无法确定何为这种过失的根据，可能给刑法理论带来不可克服的矛盾。他认为，过失的法律依据有两类：一是源于一般社会经验的预防性义务；二是为法律、法规、命令或纪律规定的预防性义务。一方面，超故意犯罪包含一个行为人所希望发生的结果，如果以这种义务作为认定行为人主观过失的依据的话，该义务的内容就要表述为："应谨慎小心地实施犯罪，以免造成更严重的后果。""这种表述是绝对荒谬的，因为法律绝对不可能规定一种义务，其内容是如何保证正确地实施一种被法律绝对禁止的行为。" 因此，这种过失不能以源于一般经验的预防性规范为依据；另一方面，在超故意杀人的情况下，不可能用禁止殴打、伤害的规范，作为确定行为人有不得引起他人死亡的注意义务的法律依据。该规范不是防止死亡的预防性规范，其目的是阻止伤害或殴打，而不是伤害或者殴打的其他后果（如死亡）。③

---

① 《意大利刑法典》第 581 条规定："殴打他人的，如果行为未造成身体的或者精神的病患，经被告人告诉，处以 6 个月以下拘役或者 60 万里拉以下罚金。当法律把暴力行为视为其他犯罪的构成要件或者加重情节时，不适用上述规定。" 该法典第 582 条规定："对他人造成人身伤害的，如果因此而产生身体的或者精神的病患，处以 3 个月至 3 年有期徒刑。"

② ［意］杜里奥·帕多瓦尼：《意大利刑法学原理》，陈忠林译，法律出版社 1998 年版，第 227—229 页。

③ 同上书，第 229 页。

单一形态论是简化结果加重犯结构的一种思路，难怪有的学者会据此认为结果加重犯的立法是"让刑事实务界用来偷懒的躺椅"，以至于认为结果加重犯的理论"天真得无以复加"，"它的不清楚，已到最悲惨的地步"。①

二　加重结果与作为客观处罚条件的结果（状态）

德国、日本刑法理论一般认为，行为只要符合构成要件该当性、违法性和有责性，就可以认定该行为构成犯罪，对之适用刑罚。但是，德国、日本、韩国等国家的刑法都有例外的规定。例如，《德国刑法典》第 283 条规定了破产罪，其中第 6 款规定："只有当行为人停止了他的支付或者就他的财产开始了破产程序或者由于缺乏财团而驳回开始请求时，该行为才是可罚的。"根据该款规定，行为人只要符合该条前 5 款的规定就构成犯罪，但是，只有符合第 6 款的规定时，才处罚。② 德、日刑法理论通说认为，客观的处罚条件是刑事政策调整的内容，独立于犯罪构成之外，不是故意、过失的认识对象。③ 客观的处罚条件不是犯罪的构成要件要素，而是在认定行为构成犯罪之后，刑罚权发动的一个要素。也就是说，"成立犯罪时，原则上就直接发生刑罚权。但是，作为例外，有时即使成立犯罪，对其发生刑罚权也需要以其他的事由为条件。这种事由，称为处罚条件（客观的处罚条件）。……处罚条件是根据一定的政策理由设立的，与犯罪成

---

① 许玉秀：《当代刑法思潮》，中国民主法制出版社 2005 年版，第 696 页。

② 德国刑法第 283 条第 4 款与该款规定相同。相似立法参见日本刑法第 197 条第 2 项（事前受贿罪），日本破产法第 374 条、第 375 条，韩国刑法第 129 条第 2 项（事前受贿罪），我国台湾地区"刑法"第 123 条（准受贿罪）、第 185 条之 4（交通肇事致人死伤而逃逸）、第 238 条（诈术结婚罪）、第 283 条（聚众斗殴罪）、第 310 条第 3 项（诽谤罪）、第 226 条第 2 项（强制性交猥亵等罪之意外结果）（参见邱忠义《刑法通则新论》，元照出版有限公司 2007 年版，第 113 页以下）。

③ 参见黎宏《刑法总论问题思考》，中国人民大学出版社 2007 年版，第 180 页；［德］汉斯·海因里希·耶塞克，托马斯·魏根特：《德国刑法教科书》，徐久生译，中国法制出版社 2001 年版，第 667 页；［日］大谷实：《刑法总论》，黎宏译，法律出版社 2003 年版，第 374 页。

立要件没有关系"①。

客观处罚条件理论之所以出现,就是因为刑法中规定的一些犯罪虽然可以认为是故意犯罪,但是似乎没有必要要求行为人对该罪所规定的所有构成要件要素有认识,于是就将这些看似与故意无关的要素从犯罪构成要件中独立出来成为"客观的处罚条件"②。结果加重犯也存在将加重结果视为客观的处罚条件的"动力"。在刑法没有限制结果加重犯成立范围的时代,法院出于安抚被害人、诉讼便宜、减轻控方举证责任等考虑,往往倾向于不要求行为人对加重结果具有认识可能性。但是,我们将结果加重犯与客观的处罚条件相比较就会发现两者之间的差异,将结果加重犯的加重结果视为客观的处罚条件理论支撑不足。

(一)结果(处罚条件)所依附的基本行为性质不同

在"客观的处罚条件"成为问题的犯罪类型中,基本危害行为本身并不是该罚的犯罪。例如,日本刑法规定的事前受贿罪,行为人就其将要担任的职务,接受请托,收受、要求或者约定贿赂本身并不是该罚的犯罪,不具有值得刑罚处罚程度的社会危害性。再如,很多学者认为我国刑法第 129 条规定的"造成严重后果"是丢失枪支不报罪的客观的处罚条件,"丢失枪支不报"只是违反了《中华人民共和国枪支管理法》的行为,并不是犯罪。与客观的处罚条件不同,结果加重犯成立的前提是,基本行为本身便是可罚的犯罪。

(二)结果(处罚条件)的发生机制存在差异

以客观处罚条件实现为处罚前提的犯罪中,客观处罚条件往往是作为犯罪主体的行为人以外的第三人的行为所造成的危害结果或者相关状态。例如,日本刑法所规定的事前受贿罪,"事后成为公务员"属于客观的处罚条件。"事后成为公务员"并不是事前受贿罪主体的行为,而是受贿行为人以外的,具有任命权的第三人的行为。同样,

---

① [日]大塚仁:《刑法概说(总论)》,冯军译,中国人民大学出版社 2003 年版,第439 页。

② 当然,也有不少学者否定客观的处罚条件的观念,认为所谓的"客观的处罚条件"可以还原为违法性要素或责任要素。

日本破产法规定的破产罪中，"确定宣告破产"是客观的处罚条件，而该处罚条件并不是行为人自己的行为，而是"欺诈破产行为人以外的法院的行为的结果"。[①] 在中国刑法中，被认为是客观的处罚条件适例的丢失枪支不报罪[②]中，作为客观处罚条件的"严重后果"也往往不是丢失枪支的依法配备公务用枪的人员直接造成的，而是取得枪支的第三人的行为造成的。[③] 也正是因为这些结果和状态是行为人以外的第三人造成的，对于行为人来讲往往是难以预见的，要求犯罪的成立以行为人对之具有故意或者过失为要件，便有使这些条文变成"僵尸条款"的危险。正是为了解决这个问题，客观处罚条件理论才得以产生和发展。而结果加重犯的加重结果往往是行为人自己的行为造成的，对自己造成的结果要求其具有认识可能性是合适的。结果加重犯与典型的具有客观处罚条件的犯罪之间的根本区别就在于结果或者状态发生的机制不同。

（三）结果加重犯与客观的处罚条件在刑罚配置上相差悬殊

行为人对作为客观处罚条件的结果或者状态一般不具有故意（甚至不具有过失），该结果和状态往往是行为人之外的第三人导致的，因此，刑法对之一般规定了比较轻的法定刑。例如，日本刑法规定的事后受贿罪中行为人接受请托的法定刑为"五年以下惩役"，而具有公职身份的人接受请托的，"处七年以下惩役"。再如，我国刑法规定的丢失枪支不报罪最高法定刑为三年有期徒刑，即使他人利用取得的枪支抢劫、杀人，丢失枪支的行为人接受的最高刑罚也仅为三年有期徒刑。而结果加重犯的法定刑往往比基本犯罪、对加重结果的过失犯罪数罪并罚都要高。刑罚配置上的差别从侧面证明了立法者赋予了结果加重犯与客观的处罚条件不同的功能。

（四）行为与结果（客观的处罚条件）之间的紧密程度不同

客观的处罚条件的场合，行为与作为客观的处罚条件的结果（状

---

①　黎宏：《刑法总论问题思考》，中国人民大学出版社 2007 年版，第 196 页。

②　参见张明楷《"客观的超过要素"概念》，载张明楷等《刑法新问题探究》，清华大学出版社 2003 年版，第 57 页以下。

③　参见马克昌主编《刑法学》，高等教育出版社 2003 年版，第 377 页。

态）之间的因果关系非常"虚弱"。甚至有的学者认为，客观的处罚条件与犯罪构成的实行行为之间不需要有因果关系存在。客观的处罚条件中，需要考察的仅是实行行为与构成要件结果之间的因果关系。例如，《德国刑法典》第283条"破产庇护债务人罪"中，行为人实施的"经债务人同意或者为债务人的利益而转移或者隐瞒或者以与符合秩序的经济的要求相违背的方式毁坏、损坏在破产宣告的情形中属于破产财团的他人的财产的组成部分或者使其不可使用"的行为与"他人停止了他的支付或者就他的财产开始破产程序或者由于缺乏财团而驳回开始请求时"之间没有因果关系。再如，我国刑法中规定的丢失枪支不报罪中，依法配备公务用枪的人员丢失枪支不报的行为与由第三人造成的严重后果之间的因果关系也比较"虚弱"。根据因果关系原理，丢失枪支不报的行为与严重后果之间的因果关系完全可以认为被第三人的行为"阻断"。这也是为什么一些学者往往不将客观的处罚条件作为构成要件要素的重要原因。结果加重犯的情形则不同，加重结果与基本犯罪之间必须具有直接的、"强烈的"因果关系才能认定该结果与基本犯罪行为属于同一案件。如果不能确定重结果与基本犯罪之间存在因果关系，则不能将加重结果归责于行为人。

三　单一形态论与责任主义的紧张关系

责任主义是现代刑法确立的一项基本原则，与罪刑法定原则一起构成了保障人权的"双保险"。现在，很少有学者公然否认这一原则。"无责任者不处罚"已经成为刑法的一个基本信条。责任主义有两个维度的要求：个人责任和主观责任。前者是指行为人仅对自己行为所造成的危害结果负责，后者是指仅在行为人具有责任能力和故意或过失的情况下，才能对其进行谴责。当然，如果行为人不具有期待可能性或违法性认识可能性则可以排除行为人具有责任。责任主义是在对抗客观责任和集体责任的过程中逐渐成形的。客观责任就是基于朴素的报应思想，认为结果是判断行为人有无责任以及责任大小的决定性因素。"它不考虑行为人的主观能力和心理状态，仅根据客观引起的侵害法益的结果追究其责任。"①

"因为行为人有责任地实施了违反刑事义务的行为，所以应予惩罚；惩罚的分量应与行为人责任的分量相适应。与责任相适应的惩罚既充分地满足了人们的正义要求，又能有效地实现预防目的。"② 这是责任主义的要求和责任主义的价值所在。责任的有无既关系到对行为的定性，还关系到刑罚的分量。前者是指如果行为人没有责任，那么就不能将违反刑事义务的行为与行为人联结起来。后者是指，如果行为人不具有责任，就不能将违反刑事义务所要承担的否定性评价强加于行为人之上；如果行为人具有责任，那么应该根据责任来决定行为人应当承担的刑罚的分量。

根据责任主义的要求，行为人仅对其责任所及的范围内的结果承担刑事责任，结果加重犯没有例外的理由。单一形态论认为，加重结果不是结果加重犯的构成要件要素，而是客观的处罚条件，不需要行为人对加重结果至少具有过失。这种观点明显与责任主义的价值追求相背离。结果加重犯针对加重结果设置了更重的法定刑，表示刑法对行为人造成该加重结果给予更严厉的否定性评价，刑法解释理应更加严格，而不是根本不考虑责任要素。

"刑罚的本质是什么"是一个争议了几千年的话题。现在越来越多的学者倾向于并和论（相对报应主义）的观点：一方面主张刑罚的本质是对犯罪的报应；另一方面又承认刑罚具有目的性或功利性——即刑罚具有改善犯罪人、预防犯罪的特性。③ 刑法设定任何一种犯罪类型都应该综合考虑其能否很好地平衡刑罚的这两个方面的价值。责任主义认为刑罚的设定应当与行为人的责任——可受刑法谴责性相当，即，刑罚不能单纯地与危害结果相联系，也不能单纯地与行为人的人身危险性挂钩。责任主义的这种协调报应主义和功利主义的思路

---

① ［日］福田平、大塚仁主编：《日本刑法总论讲义》，李乔等译，辽宁人民出版社1986年版，第110页。

② 冯军：《刑事责任论》，法律出版社1996年版，第271页。

③ 参见赵秉志主编《外国刑法原理（大陆法系）》，中国人民大学出版社2000年版，第269页。

正好契合并和主义的价值追求。因此，贯彻责任主义才能最大限度地实现刑罚的价值。单一形态论强调重结果必须有人负责，忽视行为人对重结果的主观罪过，这是纯粹报应主义的思路。片面强调报应、忽视预防犯罪的做法不符合现代刑罚理念。

根据单一形态论解释结果加重犯，达不到预防犯罪的目的。"由于缺乏对结果的预见（故意）与预见可能性（过失），便不可能通过设定为了避免结果发生而不实施犯罪行为的'反对动机'来规制行为。所以，当行为人没有故意、过失时，将其行为以犯罪论处，是根本不可能预防犯罪的。"①"对于没有回避可能性的行为事实的处罚并无预防意义。"② 处罚对危害结果不具有故意或过失的行为是对人权的侵犯。自由是人权的核心要素，而自由的基本内容就是人知道自己行为的后果是什么，进而选择实施或不实施一定的行为。如果知道自己的行为将带来刑罚的后果，人就会形成"反对动机"，不去实施这样的行为。行为人不具有认识到重结果的可能性的情况下，不可能形成这种"反对动机"。

1953 年联邦德国刑法规定结果加重犯的成立要求行为人对加重结果"至少有过失"之后，鲜有学者再持单一形态论的观点。

第三节　因果关系说

结果加重犯之因果关系说是指认为基本犯罪行为与加重结果之间只要具有因果关系就可以认为结果加重犯成立的一种理论。因果关系说的出发点也是为了限制结果加重犯成立的范围。这种理论认为行为人对加重结果不必具有故意或者过失。在这点上因果关系说与前述单一形态论（客观的处罚条件说）如出一辙。但是，因果关系理论强调行为与加重结果之间的因果关系，而客观的处罚条件说往往认为加重结果是基本犯罪行为的附属状态，因此往往不探究行为与加重结果之

① 张明楷：《严格限制结果加重犯的范围与刑罚》，载《法学研究》2005 年第 1 期，第 85 页。另参见［日］内藤谦《刑法总论讲义（下）Ⅰ》，有斐阁 1991 年版，第 739 页。
② 黄荣坚：《基础刑法学（上）》，中国人民大学出版社 2009 年版，第 260 页。

间的因果关系。① 日本有判例支持这种观点，例如，日本最高法院曾认为："成立伤害致死罪，只要伤害（行为）与死亡（结果）之间存在因果关系即可，并不以对致死这一结果存在预见为必要。"② 根据对因果关系理论及对结果加重犯构造理解的不同，因果关系说又可分为条件说和相当因果关系说。

一　条件说

结果加重犯条件说认为，只要基本犯罪行为与加重结果之间存在条件关系，就可以将加重结果归责于行为人，成立结果加重犯。该说认为，结果加重犯不以行为人对加重结果具有预见可能性或者过失为要件，只要基本行为与加重结果按照因果关系条件说能够确认因果关系，行为人即须为该加重结果负责。该说一度为德国的通说，麦耶（M. E. Mayer）、梅兹格（Mezger）以及 V. Hippel 在解释论上均主张该观点，日本学者冈野光雄也支持这种观点。③

日本不少判例采"条件说"。④ 大审院明治 43 年 10 月 3 日第二刑

---

① 参见李邦友《结果加重犯基本问题研究》，武汉大学出版社 2001 年版，第 65 页。

② 参见日本最判昭和 26·9·20 刑集第 5 卷第 10 号，第 1937 页。转引自 [日] 西田典之《日本刑法总论》，刘明祥、王昭武译，中国人民大学出版社 2007 年版，第 68 页；另参见 [日] 前田雅英《刑法总论讲义》，东京大学出版会 2006 年版，第 97 页。

③ 参见 [日] 冈野光雄《刑法中因果关系的理论》，成文堂 1977 年版，第 14—15、121 页。

④ 大审院判例有明治 43 年 10 月 3 日判决，刑录第 16 辑，第 1589 页；昭和 3 年 4 月 6 日判决，刑集第 7 卷，第 298 页等；最高裁判所的判例有昭和 25 年 3 月 31 日判决，刑集第 4 卷第 3 号，第 469 页；昭和 26 年 9 月 20 日判决，刑集第 5 卷第 10 号，第 1937 页；最判昭和 32 年 2 月 26 日，刑集第 11 卷第 2 号，第 906 页（该案的基本案情为：被告人与其妻（X）关系不合。X 不接受被告人的制止，说要带上孩子自杀。一天早上，X 握着孩子的胳膊要去自杀，被告人将 X 的左胳膊弯到 X 的颈部，X 仰面被推倒。被告人骑到 X 身上，用两手卡压 X 的颈部。X 不仅患有心脏肥大、脂肪肝等病症，而且当时正处在月经之中。不一会儿，X 休克死亡。法院认定故意伤害致死成立。虽然骑在妇女身上，并且对其颈部进行压迫的行为非常野蛮粗野，但是，本案中有一些细节需要注意。本案中的被害人身体强健，而且通过验伤发现，被告人在被害人颈部留下的压痕非常微弱。也就是说，被害人的死亡主要是由于其特异体质导致的。对于被告人能否预见其轻微的暴力行为会导致被害人死亡的结果是存在疑问的。因此，日本法院的判决可以说明法院的立场仍然是"过失不要说"。参见 [日] 内田浩《结果加重犯的构造》，信山社 2005 年版，第 14 页）等。高等裁判所判例有东京高判昭和 28 年 1 月 17 日判决，东时第 3 卷第 1 号，第 5 页；札幌高判昭和 28 年 6 月 30 日判决，高集第 6 卷第 7 号，第 858 页；福冈高判昭和 36 年 6 月 8 日判决，刑集第 14 卷第 5 号，第 341 页等。

事部判决称："虽被害者直接由于身体之衰弱而死亡，但其衰弱既由于伤害所致，则直接判断以伤害为死亡之原因者，自非失当。"昭和3年4月6日第一刑事部判决："加重结果犯，在由于一定之犯罪行为使生一定之重结果时，乃将其结果结合于基本犯罪行为而使行为人负重责任者也。苟在基本犯罪行为与加重结果之间，若有如无前者则无后者之关系的存在，则不问基本犯罪行为对其重结果是否成为直接之原因，应有加重结果犯之成立。"[1] 日本最高法院认为："在成立伤害致死罪中，伤害与死亡之间，必须具有因果关系，而不必预见致死之结果。"[2] 在另一个判决中，日本最高法院认为："在认定被告之行为，若无被害人因脑梅毒引起高度病变之特殊情状，或许不产生致死结果之情形中，纵然被告不知行为当时有该种特殊情状而无法预测，该行为正好遇上该种特殊情状，而引起致死结果时，可认定行为与结果间具有因果关系。"[3] 日本最高法院 1971 年 6 月 17 日的判决认为："因为本院一向认为，作为致死原因的暴行，并不要求是死亡的唯一原因或直接原因，即便因为被害人碰巧具有高度的病变，该病变和行为人的行为共同作用而导致了被害人死亡的吻合，也并不妨碍上述暴行成立致人死亡的犯罪，因此，即便原判决，如果没有被害人患有严重心脏病这一特殊情况，被告人在本案中所实施的暴行就不会发生死亡的结果，而且，行为人在行为的当时，也并不知道该特殊情况的存在，另外，也不可能预见到致死的结果。但是，我们认为，只要承认该暴行和特殊事情共同引起了致死的结果，就应当说该暴行和致死的结果之间具有因果关系。"[4]

　　1953 年前，德国判例在结果加重犯的认定上也曾采条件说的观点。判例认为，如果被告人的行为与重的结果之间存在条件关系，那么被告人就应当对重的结果承担结果加重犯的刑事责任。

---

　　① 判例转引自洪福增《加重结果犯》，载蔡墩铭主编《法学论文选辑 8——刑法总则论文选集》，五南图书出版股份有限公司 1984 年版，第 327 页。
　　② 《最判昭和 26·9·20 刑集》第 5 卷第 10 号，第 1937 页。
　　③ 《最判昭和 25·3·31 刑集》第 4 卷第 3 号，第 469 页。
　　④ 《刑集》第 25 卷第 4 号第 567 页。转引自黎宏《日本刑法精义》，中国检察出版社 2004 年版，第 104 页。

旧中国在 1928 年《刑法》公布之前，关于结果加重犯的判决也以条件说为依据。仅举一例：大理院民国七年上字第 199 号判例称："伤害致死罪之成立，不仅以伤害行为直接致人于死亡者为限；凡因伤害而生死亡之原因者，皆足构成本罪。被害人之死亡虽由中风便血所致，而所以惹起中风便血者，实由于被告人等之伤害行为，本有联络之关系，即不得不负致死之责任。"①

由于我国刑法没有关于结果加重犯的总则性规定，一些学者和司法实务工作者采条件说处理结果加重犯，在认定结果加重犯时，不考察行为人对加重结果的主观方面，仅注重讨论基本犯罪行为与加重结果之间是否存在条件意义上的因果关系。需要注意的就是，在因果关系论上持条件说的学者可能并不认同结果加重犯的条件说，即并不认为基本犯罪行为与加重结果之间只要具有条件意义上的因果关系，结果加重犯就成立。例如，张明楷教授在因果关系论上持条件说②，但他并不认为这是结果加重犯成立的充分条件，而仅仅是必要条件。③

二 相当因果关系说

结果加重犯相当因果关系说认为，如果能够确认基本犯罪行为与加重结果之间具有"相当的因果关系"，就可以认为成立结果加重犯，不必考察行为人对加重结果是否具有过失。相当的因果关系理论内部存在客观说、主观说和折中说的对立，结果加重犯之相当因果关系说也相应存在客观说、主观说和折中说的争论。

根据客观说，判断基本犯罪导致加重结果是否存在"相当性"，依据是"行为时存在的全部情况以及一般人可能预见的行为后的情况"。例如，行为人以伤害故意打击脑组织异常的被害人的头部，被害人因此死亡，根据客观说，即便行为人不知道被害人脑组织异常，但"打击脑组织异常的被害人的头部"属于"行为时存在的全部情

---

① 转引自纪俊乾《从实务观点论加重结果犯之运用》，载《政大法学评论》第 50 期，第 97 页。

② 参见张明楷《刑法学》（第三版），法律出版社 2007 年版，第 167 页。

③ 同上书，第 156 页。

况"，伤害行为导致死亡就是相当的，行为人要承担"伤害致死"的刑事责任。①

根据主观说，判断基本犯罪导致加重结果是否存在"相当性"，依据是"行为人当时认识到的以及可能认识到的情况"。根据该理论，即便一般人可以预见到基本犯罪行为可能导致加重结果的发生，只要行为人没有认识到，便不能认定基本犯罪行为与加重结果之间存在相当的因果关系，结果加重犯便无从成立。

根据折中说，判断基本犯罪导致加重结果是否存在"相当性"，依据是"行为时一般人可能认识到的情况及行为人特别认识到的情况"。根据该理论，如果一般人认识到基本犯罪可能导致加重结果的发生，或者一般人没有认识到但行为人认识到基本犯罪可能导致加重结果的发生，则可以认定基本犯罪行为与加重结果之间存在相当的因果关系，成立结果加重犯。

对判断"相当性"的资料来源认识不同，理论界形成了客观说、主观说和折中说。判断基本行为与加重结果是否存在相当因果关系的另外一个重要问题是"相当性"的基准，即基本犯罪导致加重结果的"可能性"。刑法理论对相当因果关系判断基准的表述五花八门，如"客观的可能性"、"一般可能性"、"经验上的通常性"、"高度的盖然性"、"常见的可能性（50%以上的可能性）"、"某种程度的可能性"等。②

日本不少学者持"相当因果关系说"，认为结果加重犯的成立，

---

① 日本曾有这样的案例：被告与原来相识的渡边忠治（当时64岁）及其他数人共同赌博，输掉一些钱。当日黄昏时，被告人与渡边忠治等赌伴到茶室饮酒。下午8点30分，被告人与渡边忠治离开茶室。两人醉步蹒跚地向忠治家方向走去。途中，被告人想起自己的钱输得差不多了，就对忠治说："请给我零用钱"，并反复纠缠。忠治予以拒绝，用力推搡被告人。被告人激怒后，遂殴打忠治头部。忠治逃跑，被告人在后面追逐，并对忠治不断加以暴行。当走到一地田圃内暗沟上，被告伸手想要抓住忠治，忠治为了避免被抓到，一面用手拨开被告的手，一面面向被告而后退，失足跌落于壕沟。由于被告人上述各种暴行，致使生前患有心脏肥大、僧帽瓣闭锁不全、石灰化大动脉等血液循环系统疾病的忠治心脏停搏，死于该壕沟中。法院认为，被告人构成伤害致死罪。参见洪福增译《日本刑法判例评释选集》，汉林出版社1977年版，第58页以下。

② 参见张明楷《外国刑法纲要》（第二版），清华大学出版社2007年版，第124—125页。

无须论及行为人是否需要对重结果具有过失，只要肯定基本的犯罪行为与严重结果之间具有相当的因果关系就可以了。例如，藤木英雄认为：行为人的行为与加重结果之间在相当因果关系范围之内，要追究行为人的责任，没有必要限定在有过失的情况，这也符合社会生活的一般观念。① 西原春夫认为：在认定行为人的行为与危害结果之间是否存在相当的因果关系的过程中已经将行为人对危害结果是否具有预见可能性考虑了进去，所以说，没有必要再次认定过失。如果基本犯罪包含了发生重结果的危险性，如果从一般人的角度又可以预测的话，就可以追究结果加重犯的刑事责任。②

相当因果关系说在日本实务得到广泛应用。③ 例如，大审院大正2年9月22日第二刑事部的判决即为适例。该案案情为：被告人殴打年达79岁高龄之衰老祖母，使其右肩胛关节脱臼，呻吟于病床。以致日渐衰弱，经两月余而死亡。大审院认为，行为人的行为与被害人死亡结果之间存在相当的因果关系，因此成立伤害致死罪。再如，针对下列案件：被告人以菜刀刺入被害人的左大腿，使其负伤。被害人因为伤口化脓，发生脓毒症以致死亡，大审院大正3年9月1日第二刑事部判决认为，虽然被害人死亡的结果非为伤害行为直接导致，但是，导致其死亡的脓毒症显然起因于伤害。而创伤化脓是普通常见的事情。因此，被告负伤害致死的罪责。

我国台湾地区司法实践也多采用相当因果关系说。例如，"最高法院"1999年台上字第2707号判决："刑法上之伤害致人于死罪，除行为人对其伤害之犯行，客观上能预见其发生死亡之结果外，且须伤害行为与死亡之重结果间，有相当之因果关系存在，始得成立；若

---

　　① ［日］藤木英雄：《刑法讲义总论》，弘文堂1975年版，第93页。转引自周光权《论主要罪过》，载《现代法学》2007年第2期，第41页。

　　② 参见［日］西原春夫《刑法总论（上卷）》，成文堂1995年版，第104页。

　　③ 日本采相当因果关系说的判例参见：大审院判大正2年9月22日判决，刑录第19辑第20卷，第886页（伤害致死罪）；大审院判大正3年9月1日判决，刑录第20辑第27卷，第1582页（伤害致死罪）；大审院判昭和6年8月6日判决，刑集第10卷第8号，第396页（伤害致死罪）；最高裁判所昭和23年3月30日判决，刑集第2卷第3号，第273页（伤害致死罪）等。

被害人之死亡，系因第三人之杀人行为所致，就原伤害行为人而言，该第三人杀人所生之死亡结果，事出偶然，客观上尚非其所能预见，其伤害犯行对于被害人死亡之结果发生，并无相当性及必然性存在，自不得依伤害致人于死罪之加重结果犯论处。"①

三　因果关系说的局限

与单一形态论一样，结果加重犯条件说不要求行为人对加重结果具有认识可能性，不需要行为人对加重结果具有故意或者过失，这是与责任主义相背离的。结果加重犯条件说由于不当地扩大了结果加重犯的成立范围，因此不具合理性。

相当因果关系说是限制结果加重犯成立范围的有力学说，相比较条件说具有重大理论进步。但是，从冯·克里斯提出相当因果关系说始，便一直有质疑的声音。虽然相当因果关系理论在日本及我国台湾地区实务中被广泛应用②，但学者的批评也越来越多。对相当因果关系说的批评主要集中在以下几个方面：

第一，相当因果关系理论是一个"高不成，低不就"的理论。相比较条件理论，相当因果关系理论已经具有规范的价值判断，已非经验上的因果理论，开始尝试回答"何种条件在法律评价上重要而且有意义，可以将结果归咎于特定行为"的问题。但是，相当因果关系说难以担当充分的归咎理论。对于风险降低的因果流程、参与他人故意的自我危险行为、规范保护目的外所造成的结果等，"相当性"的概念难以给出圆满的回答。例如，风险降低的情形：甲见到汽车即将撞上小孩 A，甲奋力一推，小孩倒地受伤。依据相当的因果关系说，甲

---

①　转引自林怡秋《加重结果犯中基本行为与加重结果间关系之研究》，成功大学法律学研究所硕士论文，2008 年，第 81 页。

②　我国台湾地区刑事司法实务对相当因果关系的经典表述为："'相当因果关系'，系指依经验法则，综合行为当时所存在之一切事实，为客观之事后审查，认为在一般情形下，有此环境、有此行为之同一条件，均可发生同一之结果者，则该条件即为发生结果之相当条件，行为与结果即有相当之因果关系；反之，若在一般情形下，有此同一条件存在，而依客观之审查，认为不必皆发生此结果者，则该条件与结果不相当，不过为偶然之事实而已，则其行为与结果间无相当因果关系"。（台湾"最高法院"1987 年台上字第 192 号判例）

推倒小孩的行为导致小孩受伤具有所谓的"相当性"。[①] 因此，即便肯定相当性，充其量仅能作为结果归责的必要条件，但却不够格作为其充分条件。[②]

第二，在具体事件的犯罪构成的检验上，相当关系的存在与否是一个多余的问题，对于已经发生的事实，相当关系永远是存在的。这是因为，"在现实世界当中，行为人的行为已经做下去了，而且结果也已经发生了。那么既然活生生的事实已经摆在眼前，我们还能怀疑行为人的行为是否会导致结果的发生吗？尤其是，在经过条件关系的检验之后，已经确定，当我们把现实世界当中的因素 P 抽掉，结果 Q 就不会发生。现在，把 P 因素加上去，结果 Q 就发生。事实上我们已经无法否认，在当时的具体情况下，P 因素是可以导致 Q 结果的发生，亦即无法否认 P 和 Q 之间的相当关系。"[③] 例如，甲以伤害故意对乙实施暴力，由于乙具有先天性心脏病而耐受暴力程度较差，暴力行为致乙死亡。对任何一个与乙患有相同疾患的人，实施与甲相同量级的暴力，都会导致其死亡，不管甲是否认识到乙患病的事实，都应承认甲的行为与乙的死亡之间具有相当的因果关系。推而广之，只要承认行为与结果之间具有条件关系，就很难否认该行为与结果之间具有所谓的相当的因果关系。

第三，相当性的判断标准非常模糊。"由于没有持续发展出更为具体而可供操作的规则，相当理论的运用注定了'法不安定性'的命运。"[④] 这点，我们可以从采用相当因果关系说的日本和我国台湾地区刑事司法实务中得到验证。对于相同的案件事实，法官均以"相当的因果关系说"为客观归咎依据，但得出的结论却有所不同，甚至截然相反。这也说明，实践中很难掌握相当的因果关系的标准。

结果加重犯的相当因果关系说比条件说有所进步。特别是主观说、折中说将行为人的主观认识可能性作为评价是否具有相当性的资

---

① 参见林东茂《刑法综览》，中国人民大学出版社 2009 年版，第 65 页。
② 林钰雄：《刑法与刑诉之交错适用》，中国人民大学出版社 2009 年版，第 13 页。
③ 黄荣坚：《刑罚的极限》，元照出版有限公司 1998 年版，第 153 页。
④ 林钰雄：《刑法与刑诉之交错适用》，中国人民大学出版社 2009 年版，第 13 页。

料，有利于克服根据条件说而导致结果加重犯的范围过宽的弊端。但由于相当因果关系自身存在诸多疑义，以之作为结果加重犯认定的依据自属不当。相当的因果关系说没有说明为什么结果加重犯的法定刑如此之重。即使行为人的基本犯罪行为与加重结果之间具有相当的因果关系，但是这种相当的因果关系只是为将该加重结果归咎于行为人提供了合理化依据，却没有解释为什么重结果归咎于行为人就会大幅度提高法定刑幅度，甚至高于基本犯罪与对加重结果的过失犯数罪并罚的法定刑。相当因果关系说也无法解释为什么刑法仅就部分犯罪规定了结果加重犯。有些犯罪行为"相当地"导致加重结果的发生也是可能的，但是，刑法并没有将之规定为结果加重犯。

第四节　复合形态论：故意过失竞合理论

结果加重犯之"复合形态论"认为，结果加重犯是故意犯罪和过失犯罪的复合形态（"故意的基本犯罪＋对加重结果的过失犯罪＝结果加重犯"）。据此观点，成立结果加重犯，以行为人对加重结果具有过失为必要条件。

一　复合形态论的形成与发展

德国学者费尔巴哈认为，"有一种情况，即故意和过失同时出现于一个行为中，如果犯罪人的目的是追求一个特定的违法结果，但其行为产生了另外一个违法结果，而对于其行为的这种可能的违法结果而言，他有可能已经预见，也可能没有预见。这里，考虑到犯罪目的，故意是犯罪人实际的意欲，而考虑到过失的效果，过失产生于行为人为了其他违法目的而实施的行为。因此，人们将这种以违法行为为基础的意思决定称为由故意决定的过失。这种情况不属于间接故意"。[①]

---

① ［德］安塞尔姆·里特尔·冯·费尔巴哈：《德国刑法教科书》，徐久生译，中国方正出版社 2010 年版，第 65—66 页。

根据费尔巴哈的理论，在以伤害的意思对被害人实施暴力而导致其死亡的犯罪类型中，行为人在实施故意行为时，对此行为附带造成的重大结果，事前有所预见或有预见的可能，行为人对于其伤害行为的部分具有故意，对于结果部分则有过失，这种所谓"经由故意所确定的过失"（culpa dolo determinata）是一种介乎于故意与过失之间的第三种责任形态。① 他将主观要件区分为"知"（Wissen）和"欲"（Wollen），进一步认为，行为人对加重结果虽然有预见，但是并没有实现的意图，也就是没有间接"欲"的内涵，并不能将结果视为具有"欲"的结果。② 在他看来，故意有两类：确定的故意和不确定的故意。如果行为人故意实施某种行为时，行为人预见或者可能预见他的行为可能造成更加严重的后果时，可以认为造成更加严重后果的意思决定是一种"经由故意所确定的过失"，也就是说，"间接故意说"所言指的间接故意其实是一种过失，因此应该以"故意与过失"的组合代替间接故意。③ 费尔巴哈的理论与今天所说的"故意＋过失"的结果加重犯形态在内容上并不相同，但是大致上可以认为，费尔巴哈的理论是今天"故意＋过失"结果加重犯概念的前身。④

柯耀程教授认为，费尔巴哈的理论发展只是称谓上的转变，只是因对概念的不同理解而在归类上的一种体现，没有什么实质上的理论进展，与"间接故意"的内容并没有本质差别。⑤ 我们认为，这种评价有失公允，费尔巴哈的学术努力具有重大价值。其将结果加重犯纳入责任主义价值范畴的功绩自不待言，还为科学分解结果加重犯的构造指明了道路。"故意与过失组合"的理论相比较"故意的推定"之"间接故意"理论具有明显的理论优势。这种理论的提出为后来相对比较成熟的"复合形态论"提供了基础。

---

① 徐育安：《故意认定之理论与实务——以杀人与伤害故意之区分难题为核心》，载《中研院法学期刊》第 10 期（2012 年 3 月），第 88—89 页。

② 参见柯耀程《变动中的刑法思想》，中国政法大学出版社 2003 年版，第 115 页。

③ 参见许玉秀《当代刑法思潮》，中国民主法制出版社 2005 年版，第 697 页。

④ 同上。

⑤ 相关评论参见柯耀程《变动中的刑法思想》，中国政法大学出版社 2003 年版，第 115 页。

后续又有众多学者延续并发展了费尔巴哈的理论，德国学者威尔策尔（Welzel）和日本学者团藤重光等主张复合形态论。[①] 与单一形态论相比，复合形态论认为结果加重犯中的加重结果是构成要件要素，而不是客观的处罚条件。由于将加重结果定位为客观的构成要件要素，则必然要求行为人对之具有过失或者故意。从这个意义上来讲，复合形态论比单一形态论的观点有所进步。特别是在那些明确要求结果加重犯的成立以行为人对加重结果至少具有过失的国家和地区，复合形态论为理论上的通说。

二 复合形态论面临的理论困境

复合形态论在刑法总则没有规定结果加重犯一般处罚原则的国家受到部分学者的批评。例如，在日本就有学者认为复合形态论存在很多问题。有的学者认为，既然刑法总则没有对结果加重犯的主观方面进行限制，复合形态论将行为人对加重结果的主观方面限定为过失，已经超出了构成要件的范围，有违反罪刑法定原则之嫌。另有学者还认为，如将行为人对加重结果的主观方面限定于过失，必然会为解决结果加重犯未遂和共犯问题制造障碍。

复合形态论是在认识到单一形态论的重大理论缺陷之后提出来的限制结果加重犯成立范围的理论。复合形态论的提出体现了结果责任向主观责任转变的历史必然。它通过对行为人主观方面的限制控制结果加重犯的范围，使结果加重犯的立法模式回归责任主义。该理论的形成与发展，直接影响了许多国家和地区结果加重犯立法。不少国家都根据这种理论在刑法总则中规定了结果加重犯的一般规定，从主观方面限定结果加重犯的成立范围。应当说，复合形态论的历史功绩不可磨灭。但是，复合形态论仍有一些不足：

（一）复合形态论难以回答对结果加重犯立法违宪的疑问

刑法分则关于结果加重犯的规定并没有全面性地取代想象竞合犯

---

① 参见［日］香川达夫《结果加重犯之本质》，庆应通信1978年版，第67页。转引自李邦友《结果加重犯基本理论研究》，武汉大学出版社2001年版，第66页。

的适用，而是选择性地取代。从宪法的公平原则上来看，结果加重犯这种"选择性立法"显然违宪。复合形态论不能解释为什么刑法中有的条文规定了结果加重犯，而有的条文没有规定结果加重犯。我们考察各国和地区的刑法典就会发现，并不是所有的条文都规定了结果加重犯。立法者仅仅选取了部分犯罪规定了结果加重犯。至于选取的标准是什么，复合形态论不能说明。复合形态论仅仅从形式上将刑法典中现有的结果加重犯立法纳入到了责任主义的范畴，但并未说明刑法为什么会选择这些基本犯罪的情形规定结果加重犯。与其说复合形态论是一种说明结果加重犯本质的学说，不如说其仅是一种对现有结果加重犯的结构进行解释的学说。

（二）复合形态论没有解释为什么结果加重犯的法定刑如此之重

虽然复合形态论解决了结果加重犯与责任主义的协调问题，但是，复合形态论仍未为结果加重犯提供充分的合理化根据。复合形态论只能说明结果加重犯的加重刑是故意犯与过失犯的法定刑之和，而不能解释为什么结果加重犯的加重刑远远超过故意犯与过失犯的法定刑之和。[①] 按照复合形态论的思路，结果加重犯是基本犯罪与对加重结果的过失犯的想象竞合犯的特殊规定。但是，为什么两者的结构一致，配置的刑罚却有如此之大的差距，复合形态论并没有给出令人信服的理由。

第五节　危险性说：结果加重犯
与想象竞合犯的区别

应当说复合形态论很好地在结果加重犯领域贯彻了责任主义原则，但是，复合形态论并没有彻底打消那些看不惯结果加重犯立法的学者的疑问。表现为复合形态的结果加重犯分明就是一个行为触犯两个罪名，为什么刑法对这些犯罪特殊地规定了加重的法定刑，而不适

---

① 参见张明楷《严格限制结果加重犯的范围和刑罚》，载《法学研究》2005 年第 1 期，第 86 页。

用想象竞合犯的一般规则呢？带着这样的疑问，学者们从解释论的角度，尝试在结果加重犯的基本构成之外添加一些字面上看不出来的"特别要素"。

一　结果加重犯与想象竞合犯的"缘分"

结果加重犯与想象竞合犯之间的纠葛并不是在一开始就如此复杂。在结果加重犯理论发展的进程中，很长一段时间内两者并无交集。根据"自陷禁区"理论，"伤害致死"与"故意杀人"同罪，行为人对加重结果的主观方面对认定结果加重犯没有意义，不存在一个行为触犯数个罪名的问题。"单一形态论"不要求行为人对加重结果具有故意或者过失，加重结果仅是客观的处罚条件，结果加重犯不符合"一个行为，触犯数个罪名"的想象竞合犯的构造。

随着责任主义的兴起，结果加重犯之间接故意理论发展起来，但也没有真正将结果加重犯与想象竞合犯联系在一起。根据间接故意理论，刑法往往选取那些基本行为具有导致加重结果发生高度盖然性的情形规定为结果加重犯。在这些被选定的犯罪中，行为人只要实施基本犯罪行为，一般都会认识到自己的行为具有发生加重结果的高度盖然性。因此，只要行为人实施了基本犯罪行为，就推定其对加重结果具有间接故意。如果加重结果没有发生，则按照基本犯罪论处，如果发生了加重结果，则按照结果加重犯定罪处罚。[①] 根据该理论，只要行为人的行为从客观上来看具有引起刑法定型化了的加重结果的倾向，就可以推知行为人对该结果具有间接故意，只要加重结果出现，对加重结果的间接故意就将对基本犯罪结果的故意吸收，只存在一个故意，因此，结果加重犯也不符合"一个行为，触犯数个罪名"的想象竞合犯的构造。

结果加重犯与想象竞合犯真正发生关系，是在"故意与过失竞合"理论提出之后。费尔巴哈提出了结果加重犯为"故意与过失组合的理论"。既然认为结果加重犯是故意和过失的组合，那么就可以将

---

① 参见许玉秀《当代刑法思潮》，中国民主法制出版社 2005 年版，第 696 页。

结果加重犯分解为对基本犯罪的故意犯和对加重结果的过失犯，似乎符合"一个行为，触犯数个罪名"的想象竞合犯的要求。很多学者赞成复合形态论，认为想象竞合犯是结果加重犯的原型，结果加重犯是想象竞合犯的特殊规定。① 从此，结果加重犯便与想象竞合犯如影随形，辨析结果加重犯与想象竞合犯之间的关系，成为论述结果加重犯存在合理性避不开的话题。② 关于结果加重犯的讨论一般也都从如何区别结果加重犯与想象竞合犯出发。这个问题有两个层次的意义："第一层次意义在于唯有指出结果加重犯与想象竞合犯之不同处，而此不同是刑罚加重的基础，如此才能使结果加重犯之刑法规范具备合宪性。第二层意义在于结果加重犯之立法目的为何？不采用想象竞合犯之解决方式必有其背后之理由。"③

二　结果加重犯与想象竞合犯在结构上的比较

通说认为，想象竞合犯是指一个行为触犯了数个罪名的犯罪形态。对于想象竞合犯，应按行为所触犯的罪名中的一个重罪论处，而不以数罪论处。④ 由此可见，结果加重犯与想象竞合犯在形式上的区别较为明显：

首先，结果加重犯只触犯一个罪名，想象竞合犯触犯两个以上的罪名。结果加重犯是法定的一罪，而想象竞合犯并不是法律所规定的一种犯罪类型，而是针对"一个行为，触犯数个罪名"的情况的基本处理原则，并无定型。

其次，两者的认定依据不同。刑法明文规定了结果加重犯，因

---

① 德国学者 Mittermaier 便认为费尔巴哈的这个理论所要解决的问题都可以用想象竞合犯的法理解决，这被认为"是根据想象竞合理论批评加重结果犯归责原理的第一个例子"。参见许玉秀《当代刑法思潮》，中国民主法制出版社 2005 年版，第 697 页。

② 参见黄荣坚《刑法问题与利益思考》，中国人民大学出版社 2009 年版，第 299 页以下；蔡墩铭：《刑法总论（修订七版）》，三民书局 2007 年版，第 217 页。

③ 蔡蕙芳：《德国法上结果加重犯归责理论之研究——以伤害致死罪为例》，载《刑事法学新趋势——Lothar Philipps 教授七轶祝寿论文集》，神州图书出版有限公司 2004 年版，第 296 页。

④ 参见高铭暄、马克昌《刑法学》，北京大学出版社、高等教育出版社 2010 年版，第 198 页；张明楷：《刑法学教程》，北京大学出版社 2010 年版，第 100 页。

此，行为人故意实施基本犯罪行为导致加重结果发生适用刑法明文规定的结果加重犯的刑罚。想象竞合犯在很多国家仍然是一种理论上的学说（如中国），因此对于想象竞合犯的处理原则必然众说纷纭。虽然理论上的通说认为，对于想象竞合犯应当从一重罪处罚，但是"从一重罪适当加重"①、数罪并罚等观点②也非常有力。因此，相比较想象竞合犯，结果加重犯更具稳定性、合法性、权威性。

最后，如果对想象竞合犯的处罚采取"从一重罪"的通说观点，相比较而言，结果加重犯对行为的评价更为全面、彻底。结果加重犯将行为人实施基本犯罪行为导致的基本犯罪结果和加重结果全部进行了评价，不论是基本犯罪行为还是加重结果都具有结果加重犯构成要件的意义。而想象竞合犯由于采取"从一重罪处断"的原则，重罪被完全评价，而其他的轻罪则沦为量刑因素。例如，行为人在博物馆中以杀人故意向馆员甲射击，但不小心将甲身旁的国家珍贵文物损毁。行为人构成故意杀人罪未遂和过失损毁文物罪，依照想象竞合犯"从一重罪处断"的原则，应该按照故意杀人罪（未遂）定罪处罚，而过失损毁文物的行为仅是量刑情节。

以上这些区别是刑法将结果加重犯类型化、成文化之后才出现的。我们讨论结果加重犯与想象竞合犯在结构上的异同，应该退回到立法论的层次，即，如果刑法没有规定结果加重犯，结果加重犯所规定的情形与想象竞合犯之间是一种什么样的关系，然后探讨为什么立法规定了结果加重犯之后，在刑罚和处理方式的设定上，结果加重犯走了一条与想象竞合犯完全不同的道路。不纯正的结果加重犯（基本犯罪为过失犯的结果加重犯以及对加重结果持故意的结果加重犯）与想象竞合犯的结构不具有可比性，在此，我们仅讨论纯正的结果加重犯，即基本犯罪为故意犯、对加重结果持过失的结果加重犯，在被类型化之前与想象竞合犯之间的关系。

---

① 如《瑞士刑法典》第 68 条第 1 项的规定。
② 参见庄劲《想象的数罪还是实质的数罪——论想象竞合犯应当数罪并罚》，载《现代法学》2006 年第 2 期，第 107—115 页；黄荣坚：《基础刑法学（下）》，中国人民大学出版社 2009 年版，第 610 页。

　　如果刑法中没有结果加重犯立法[①]，那么纯正的结果加重犯规定的情形在法律适用上就会呈现出"竞合"状态：一个行为同时符合两个或者两个以上的犯罪构成要件。我们以强奸致人死亡为例：如果刑法中没有规定强奸致人死亡的结果加重犯，则行为人在强奸过程中过失致人死亡的，同时符合强奸罪和过失致人死亡罪的犯罪构成，符合一个行为触犯数个罪名的想象竞合犯的构成要件。同样的道理，其他的纯正的结果加重犯都可以还原为想象竞合犯。也就是说，结果加重犯是刑法分则拟制出来的一罪，而不是"原始"的一罪。

　　对于结果加重犯与想象竞合犯之间的关系，柯耀程教授认为，结果加重犯中的加重结果其实是"因故意危险基本行为所产生的实害结果"，结果加重犯的行为并不能以基本犯的主观要件对待之，而应该直接以加重结果的危险故意视之，从而结果加重犯是一种危险犯的实害实现类型，具有独立的形态。他认为，结果加重犯的结构是一种"本然"的情况，并不是像很多学者认为的其为法律创设的产物。基于这种认识，他认为想象竞合犯与结果加重犯的结构并不一致。如果可以将结果加重犯的情形理解为想象竞合犯，则在行为客体与保护客体同一的情形下会出现事实的矛盾。"试想想象竞合系一行为同时实现数犯罪类型，且被实现的犯罪类型均实际存在，而在客体同一的情形下，如何对同一个人既受伤又死亡？在同一客体时有伤害规定的适用，则无死亡规定的存在；反之，已死亡，则不能仅成为伤害。既伤害又死亡的情形，根本不可能在同一客体，同时实现。想要以想象竞合来处理加重结果犯的问题，根本不可能。加重结果犯所处理者，正是想象竞合犯所不能处理的问题。"[②] 我们认为这种认识并不准确。以伤害致死为例，应该肯定，行为人实施的故意伤害的实行行为同时也是过失致人死亡的实行行为，一个行

----

　　① 暂不考虑刑法中如果没有结果加重犯的立法是否应当提高基本犯罪及对加重结果的过失犯罪的法定刑。

　　② 柯耀程：《变动中的刑法思想》，中国政法大学出版社2003年版，第125页。内地相同见解参见许发民《结果加重犯的构成结构新析》，载《法律科学》2006年第2期，第70页。

为同时兼具两种性质。如果行为人的行为没有导致被害人死亡，由于过失犯罪不处罚未遂，因此，仅以故意伤害罪处罚即可。但是，如果故意伤害致人死亡，那么可以认为行为人既造成了他人伤害的结果，又造成了他人死亡的结果，只是这两个结果具有先后顺序：伤害在前，死亡在后。他们之间的时间间隔，至少可以用秒来衡量。因此，对于故意伤害致人死亡的情形按照想象竞合犯的原理进行处理是完全可能的。至于想象竞合犯中"一个行为"的认定，并不要求行为所触犯的两个犯罪完全重合，只要是行为主要部分重合就可以认定为是"一个行为"。应当认为，在故意伤害致人死亡的情况之下，故意伤害和过失致人死亡的行为在主要部分上是重合的。

三 "危险性说"产生的背景

结果加重犯的法定刑往往比按照想象竞合犯原理得出来的刑罚要重，甚至远远重于基本犯的法定刑与对加重结果的过失犯的法定刑之和。

例如，我国刑法第 234 条第 2 款规定，故意伤害致人死亡的，处十年以上有期徒刑、无期徒刑或者死刑。故意伤害罪的基本犯罪法定刑为三年以下有期徒刑、拘役或者管制，过失致人死亡罪的基本法定刑为三年以上七年以下有期徒刑。如果刑法中没有故意伤害致人死亡的结果加重犯的规定，那么该情形应该按照想象竞合犯从一重罪处断，以过失致人死亡罪处"三年以上七年以下有期徒刑"。按照结果加重犯定罪处罚，最低刑为十年有期徒刑；按照想象竞合犯定罪处罚，最高刑为七年有期徒刑。其间差距，殊为明显。

再如，根据我国刑法第 263 条的规定，抢劫罪基本犯罪的法定刑为三年以上十年以下有期徒刑，过失致人死亡罪的法定刑为三年以上七年以下有期徒刑，两者即使数罪并罚，法定最高刑也仅可能为十七年有期徒刑。但是，根据该条规定，抢劫过失致人死亡的法定刑为十年以上有期徒刑、无期徒刑或者死刑。一生一死，差别立显。强奸、破坏交通工具等罪都存在这种差异。

从法律效果分析，我国台湾地区"刑法"中的结果加重犯几乎毫无例外地会产生明显加重处罚的法律效果。① 我国台湾地区"刑法"第 277 条第 1 项规定，故意伤害罪的最重法定刑为三年有期徒刑，该法第 276 条规定过失致人死亡罪的最重法定刑为两年有期徒刑。故意伤害致人死亡，如果按照想象竞合犯定罪处罚，从一重罪处断，最高法定刑为三年有期徒刑。但是，该法第 277 条第 2 项规定的伤害致死罪，其法定刑最重为无期徒刑，最轻为七年有期徒刑。同样，强盗罪（抢劫罪）也存在这种差异：按照想象竞合犯可判处三年以上十年以下有期徒刑，按照结果加重犯就必须判处死刑或者无期徒刑。

《德国刑法典》第 176 条规定，行为人对十四岁以下的儿童实施性行为或者使儿童对自己实施性行为的，处六个月以上十年以下的自由刑；该法第 222 条规定，行为人过失引起他人死亡的，处五年以下的自由刑或者金钱刑。但是，该法第 176 条 b 规定，致儿童死亡的性乱用行为的法定刑为十年以上自由刑或者终身自由刑。

既然结果加重犯可以被还原为想象竞合犯，为什么刑法针对结果加重犯规定了特殊的法定刑，两者承受的刑罚后果相去甚远？这是不是表明刑法承认两种想象竞合犯：一种是适用想象竞合犯处理原则的想象竞合犯；一种是不适用想象竞合犯处理原则的想象竞合犯？前述"复合形态说"并没有解释这种差别。因此必须寻找合理的结果加重犯独有的"额外不法要素"来解释这种刑罚配置上的差异，并且这种"不法要素"应该确实具有重大的负面意义值得刑法用如此之高的法定刑对之进行评价。"危险性说"便是在这样的背景下出现的。

四　"危险性说"的内涵

"危险性说"在德国已取得了稳固的地位，在日本也有众多学者持此观点。② "危险性说"认为，并非简单地将基本犯与加重结果相加，便是结果加重犯。"结果加重犯的特别不法更多是在于在导致发

---

① 参见林钰雄《新刑法总则》，作者自版，2006 年版，第 87 页。

② 参见［日］佐伯和也《结果加重犯中"基本犯"与"重结果"之间的关系——以伤害致死罪为中心》，载日本《关大法学论集》52 卷 3 号，第 528 页以下等。

生了严重结果的同时，也实现了相关犯罪基本构成要件自身所特有的风险性。"①

"危险性说"的基本思路是：立法者考察实际的情况，发现有一些故意犯罪，其自身具有发生某种加重结果的高度盖然性（危险性），这种危险性是基本故意犯罪行为本身所具有的普遍性倾向。由于这种危险现实化的频率高、几率大，其社会危害性也比偶然发生加重结果的情形更重，因此，有必要将之类型化。纯正的结果加重犯不是基本犯罪与加重结果单纯在外形上存在关联的犯罪类型，"而是由于固有的不法内容（危险关联）使基本犯与加重结果具有内在的密切关联和特定构造的犯罪类型。"② 日本学者井田良认为，制定结果加重犯的情形，往往被限定在基本犯的实行伴随着引起严重结果的"一般危险性"的场合。例如，伤害行为等，因具有在经验上屡次产生死亡结果的"定型性危险"，因此有必要规定伤害致死的结果加重犯。因欺诈、侮辱等原因导致被害者死亡是极其例外的情况，因此不具有规定欺诈致死、侮辱致死的结果加重犯的必要性。③

（一）作为评价"相当性"基准的"危险性"

冯·克里斯（Von Krise）指出，结果加重犯中作为重结果的被害人死亡已经为伤害罪、遗弃罪、放火罪等赋予了刑罚加重的机能，而盗窃罪、横领罪（侵占罪）、恐吓罪、诈欺罪等则没有赋予这样的机能。对被害人施以轻微伤害的行为人不应该为被害人在去寻医的途中因发生事故导致的死亡结果承担责任，盗窃犯罪的行为人也不应该为被害人去告官途中死亡的结果承担责任。德国刑法将伤害罪、遗弃

---

① ［德］约翰内斯·韦赛尔斯：《德国刑法总论》，李昌珂译，法律出版社 2008 年版，第 23 页。

② ［日］丸山雅夫：《结果的加重犯的构造》，载《现代刑事法》2003 年第 4 号，第 45 页。转引自张明楷《严格限制结果加重犯的范围与刑罚》，载《法学研究》2005 年第 1 期，第 86 页。

③ 参见［日］井田良《关于量刑情节的范围及其归责原理的基础的考察》，载日本《法学研究》第 55 卷 11 号，第 37 页；［日］井田良：《结果加重犯中结果归属的界限——以强盗致死罪为中心》，载日本《法学研究》60 卷 2 号，第 237 页以下。

罪、放火罪等规定为结果加重犯的基本犯罪，其根据在于，这些犯罪的基本行为具有容易导致被害人死亡的性质。这样的危险性就成为结果加重犯立法的根据，立法者也根据这种危险性的有无、大小划定结果加重犯的范围。因此，在判断行为人的行为是否构成结果加重犯时，判断行为人的行为与加重结果之间是否具有相当的因果关系，应当考虑发生的加重结果是不是基本犯罪固有的危险的现实化。只有认定加重结果是基本犯罪内在的发生加重结果危险的现实化，才能肯认基本犯罪与加重结果之间相当的因果关系。①

拉德布鲁赫（Radbruch）认为，结果加重犯的立法理由是一定种类的犯罪中具有容易导致人死亡结果发生的固有的危险性。可依据结果加重犯的规定而处罚者，其加重结果仅在基于事前判断具有固有的类型性的危险的情形，若非此种情形，即使客观上实际发生有加重结果规定的事实，因为基本构成要件行为与加重结果两者之间并没有相当因果关系存在，所以不能以结果加重犯定罪处断。②

K. Engisch 认为，立法者将具有引起重结果发生的具有一定程度盖然性的基本犯罪作为特殊类型予以规定，这是结果加重犯的来源。立法者在立法之初就考虑了基本犯罪发生加重结果的高度盖然性，例如，伤害罪、放火罪等，在立法者看来，伤害、放火行为具有高度盖然地引起人的死亡结果的可能性，因此可以将之预定为结果加重犯类型。与此相对，盗窃罪、诈欺罪、恐吓罪等不具有这种危险，因盗窃而偶然致人死亡的，立法者没有将之规定为结果加重犯。因此，只有基本犯罪行为与作为基本犯罪危险实现的加重结果之间才具有相当的因果关系。

（二）作为构成要件的"危险性"

从构成要件的角度来把握结果加重犯本质的"危险性说"最初是针对 20 世纪初一些采过失说的学者提出"在结果加重犯中只需要适

---

① 关于 Krise 的观点介绍参见［日］丸山雅夫《结果加重犯论》，成文堂 1990 年版，第 134 页以下。

② 相关介绍参见余振华《刑法深思·深思刑法》，元照出版有限公司 2005 年版，第 250 页；［日］丸山雅夫：《结果加重犯论》，成文堂 1990 年版，第 135 页。

用观念竞合，无须规定结果加重犯，应从刑法上废除结果加重犯"的论调提出的。[①]

该学说认为，结果加重犯中的危险性是结果加重犯的构成要件要素。认定结果加重犯除了认定行为人对加重结果具有过失之外，还需要认定基本犯罪行为与加重结果之间具有直接关系，加重结果必须是基本犯罪危险的实现。结果加重犯与一般的想象竞合并不相同，结果加重犯的基本犯罪中具有发生加重结果的固有的、内在的危险，行为人实施这种具有发生加重结果高度盖然性的基本犯罪行为，表明了行为人应该承受较重的责任，于是立法者将该类型的犯罪固定为结果加重犯。立法者试图通过加重法定刑的方式阻止行为人实施那些具有引发加重结果高度危险性的行为。立法者基于对现实的考察，选择性地在刑法分则中规定了结果加重犯。对于那些往往不具有发生加重结果危险的基本犯罪行为则没有规定结果加重犯。

在该说看来，结果加重犯存在的依据并不在于基本犯罪行为导致了加重结果，而是基本犯罪行为本身所具有的高度危险性。如果仅仅是因为发生了加重结果就加重法定刑有悖公平原则，因为其他的犯罪也可能导致重的结果。结果加重犯与想象竞合犯的本质区别在于，前者的基本犯罪具有导致加重结果发生的高度危险。

五 对"危险性说"的评价

与单一形态论和复合形态论从加重结果的角度认识结果加重犯的本质不同，"危险性说"从基本犯罪出发考察结果加重犯的本质，开辟了一条新途径。单一形态论和复合形态论只是将结果加重犯向已经"初步成熟"的理论靠拢，靠这些"初步成熟"的理论来论证结果加重犯的合理性。但是，一方面，这些"初步成熟"的理论本身仍有很多问题，如"客观的处罚条件"理论；另一方面，虽然寻找到了结果加重犯与这些"初步成熟"的理论的相通之处，但是，根本没有发掘

---

① 参见李邦友《结果加重犯基本理论研究》，武汉大学出版社 2001 年版，第 73 页。

出结果加重犯自身的特点，更没有说明，为什么与这些"初步成熟"的理论如此"相似"，但是却自身设置了一套如此独立的处罚方式，也即，结果加重犯作为一个独立的犯罪类型，其自身是否具有存在的合理性？从这个意义上来讲，单一形态论、复合形态论都是一种形式上的解释学说，没有从根本上说明结果加重的本质和它存在的意义。"危险性说"则是从结果加重犯自身出发，试图阐释结果加重犯的自身特点和它存在的合理性。

"危险性说"解决了"为什么在刑法中有的犯罪规定了结果加重犯，而有的犯罪没有规定结果加重犯"的问题。因为，立法者依据经验发现有些基本犯罪行为具有发生加重结果的高度危险性，这种危险性频繁地现实化使立法者认为有将其定型化的必要。那些刑法没有规定结果加重犯的情形往往都是基本犯罪不具有发生加重结果高度危险性的情形，即使偶尔导致重结果，但由于频率不高，没有达到将之定型化的必要程度。

对于"危险性说"是否也解决了"结果加重犯为何刑罚如此之重"的问题则存在争议。经过发展的"危险性说"的确有说明结果加重犯加重处罚的根据的野心。持"危险性说"的学者往往认为，在结果加重犯的犯罪类型中，基本犯罪构成要件与加重结果之间往往具有"倘若实行基本构成要件的行为，则有使加重结果较容易发生"的关系，所以，行为人实施基本犯罪行为时，加重结果当然具有发生的高度危险性，此时，对行为人而言，其对加重结果也具有充分认识和预见可能性，对之要求慎重考虑回避结果发生自当合理。如果行为人因不注意导致结果发生，其过失与单纯导致相同结果的一般过失相比较具有更高度的非难性，因此对之加重处罚具有合理依据。① 但是，仍有学者认为，"危险性说"并没有解决"结果加重犯刑罚失衡"这一根本问题。有学者以伤害致死为例，认为，

①　参见［日］川端博《刑法总论二十五讲》，余振华译，元照出版有限公司1999年版，第228页以下。相同见解参见蔡蕙芳《德国法上结果加重犯归责理论之研究——以伤害致死罪为例》，载《刑事法学新趋势——Lothar Philipps教授七秩祝寿论文集》，神州图书出版有限公司2004年版，第304页以下。

致人重伤但是没有致人死亡的情况大量存在，但是，应该认为，致人重伤的基本犯罪行为具有致人死亡的类型化危险。但是，在发生了死亡结果的情况下，法定刑异常加重，这显然只是因为发生了加重结果。而行为人对加重结果仅有过失，结局仍然是仅因发生了加重结果而加重法定刑。① 即，故意伤害致人重伤中同样也蕴含着致人死亡的危险，但是却没有加重法定刑的迹象，而只要结果发生了，法定刑立刻升高。因此，"危险性说"并没有说明结果加重犯法定刑急剧升高的原因。

正如前文论述到的，纯正的结果加重犯在结构上与想象竞合犯并无不同。刑法因为某些犯罪具有发生加重结果的高度危险性而规定结果加重犯，对该结果加重犯配置以与"基本犯罪与对加重结果的过失犯罪的法定刑之和"相当的刑罚具有一定合理性，但是其法定刑远高于基本犯罪与对加重结果的过失犯的法定刑之和，合理性便存在疑问。据此，"危险性说"似乎并非一个完美的学说，并不能很好地解释结果加重犯刑罚加重的依据。因此，似乎应当从其他角度解释结果加重犯刑罚如此之重的原因。

"危险性说"一定程度上阐明了结果加重犯的发生机制，为正确认识结果加重犯的规范保护目的以及从何处着手限制结果加重犯指明了方向。因此，在对结果加重犯的结构进行解析时，应该以"危险性说"为指导。实际上，"危险性说"已经开始影响各国结果加重犯立法。例如，日本刑法改正准备草案曾经规定损坏器物致死伤罪（第373条），但是由于死伤的结果并非损坏器物行为内在的风险的实现，因此，日本改正刑法草案删除了这条规定。② 在英美法系国家，一些法院在论证重罪谋杀罪的合理性时，往往也特别强调基本犯罪导致死

---

① 参见张明楷《严格限制结果加重犯的范围与刑罚》，载《法学研究》2005 年第 1 期，第 86 页。

② 参见陈朴生《刑法专题研究》，三民书局 1983 年版，第 147 页。日本改正刑法草案参见张明楷译《日本刑法典》（第 2 版），法律出版社 2006 年版。

亡结果的高度危险。[①]

第六节 结果加重犯的发展方向

在结果加重犯发展史上，一直有两股强烈的对峙声音：结果加重犯废除论、结果加重犯保留（扩大）论。在争议中，结果加重犯理论体系日益完善。与理论上如火如荼的争论形成鲜明对比的是，各国刑法中结果加重犯的条文却出奇一致地日益增多。这不禁让人心生疑窦，是立法太任性，不把刑法学者的智慧成果当回事；还是学者的解释能力跟不上立法的步伐？这是一个值得深思的问题。

一 废除论：结果加重犯百无一用

在刑法发展的不同阶段，皆有主张全面废除结果加重犯立法的呼声，但立论依据有别。

（一）结果加重犯违反责任主义原则

韩忠谟教授认为："加重处罚不预见之结果，乃古代刑法之遗物，有悖刑事责任原则，无继续保存的价值。"[②]郑逸哲教授认为，台湾地区"刑法"中规定的结果加重犯，违反了责任原则。他认为，台湾地区"刑法"第17条的规定并没有确定行为人对加重结果持过失的原则，而仅仅是限定了行为人的行为与危害结果之间要具有相当的因果关系。"刑法"第17条是对第12条第1款"行为非出于故意或过失者，不罚"的例外规定，也即，根据台湾地区"刑法"第17条的规定，成立结果加重犯根本不需要行为人对加重结果具有过失。这明显

---

① 例如，1875 年马萨诸塞州法院在 Commonwealth v. Pemberton 一案中指出，如果被告人意图实施抢劫，在实现该目的的过程中，为了压制被害人的反抗，使其保持沉默，使用了导致被害人死亡的暴力，行为构成谋杀罪则不需要有杀人的预谋或意愿。作为重罪的抢劫本身具有导致被害人死亡的危险，行为人为了达到自己的目的而罔顾这种危险，当发生死亡结果时，对之追究谋杀罪的责任是合理的。参见 Guyora Binder, *Making the Best of Felony Murder*, Boston University Law Review, Vol. 91, p. 416.

② 韩忠谟：《刑法原理》，作者自版，1992 年，第 234 页。

违反了责任原则。① 台湾地区的相关判例也为持结果加重犯违反责任主义原则观点的学者提供了实践依据。台湾地区各级法院的很多判例表明，在实践中，行为人对加重结果是否具有过失并不是认定结果加重犯必须考量的要素。例如，台"最高法院"1959 年台上字第 860号判例指出："被害人颞部，被破瓶殴伤，割断动脉，流血过多，乃至逃入山间，因休克跌落崖下溪中身死，不得谓非与上诉人等之行殴有因果关系，其结果亦非不能预见之事……"行为人应承担伤害致死的刑事责任。

（二）结果加重犯违反平等主义原则

合宪解释是以宪法规范的意旨为准则解释位阶较低法规的方法。"在法秩序中，'宪法'位阶最高，其次为法律，再次为命令，因此关于法令之解释，位阶较低者，应依位阶较高之规范意旨为之，期能实践位阶较高之规范目的，使法秩序若金字塔，上下井然有序。"② 公平原则是宪法的基本原则之一。公平的理念和法律之间具有一种辩证的关系。一方面，统治阶级将自己抽象的公平理念通过强制的明文规则——法律的方式表现出来；另一方面，法律是实现公平的保障。不体现公平的法律是没有生命力的，其存在也是没有任何价值的。作为部门法的刑法必须贯彻公平原则。公平是宪法的基本价值取向，更是部门法的价值取向。刑法中所规定的"刑法面前人人平等"、"罪责刑相适应"的原则就体现了宪法的公平原则。何谓公平，哈特认为"同样情况同样对待，不同情况不同对待"。③

一种观点认为，刑法规定的结果加重犯具有选择性，违反平等原则。刑法中规定了致人重伤、死亡等形式的结果加重犯，但是，能够导致这些加重结果的绝不仅限于刑法所规定的基本犯罪类型。我国台湾地区"刑法"中仅仅规定了 83 种结果加重犯，但是，放火烧毁、决水侵害或者破坏现有人所在的火车等，其发生致人死亡、重伤的可

---

① 参见郑逸哲《论结果加重犯》，载《法制现代化之回顾与前瞻》，月旦出版社股份有限公司 1997 年版，第 640 页以下。

② 杨仁寿：《法学方法论》，中国政法大学出版社 1999 年版，第 129 页。

③ ［英］H. L. A 哈特：《法律的概念》，中国大百科全书出版社 1996 年版，第 157 页。

能性不亚于伤害致人死亡，但是"刑法"并没有类似于伤害致死的结果加重犯的规定。① 虽然我国刑法规定了数量惊人的结果加重犯，但对于一些明显具有发生加重结果危险的情形仍然没有将之规定为结果加重犯。例如，使用暴力强制猥亵、侮辱妇女也具有导致被害妇女重伤、死亡的高度危险，② 但我国刑法却没有规定强制猥亵、侮辱妇女罪的结果加重犯。

有学者认为，结果加重犯的立法模式相当于否认了基本犯的不法内涵作为结果加重犯处罚基础的性格，使结果加重犯变成了纯粹的"加重结果犯"。③ 基本犯罪的法定刑往往千差万别，但是，一旦发生了同样的加重结果，则整齐划一，适用相同的法定刑，这就完全否认了基本犯罪是结果加重犯的核心要素。以台湾地区"刑法"为例，强奸罪的法定刑是三年以上有期徒刑，而乘机猥亵罪的法定刑是五年以下有期徒刑，但是，不管是强奸致人死亡还是乘机猥亵致人死亡，法定刑皆为无期徒刑或者七年以上有期徒刑。强奸与猥亵的不法内容有质的区别，从法定刑的规定上就可见一斑。但是，一旦发生了加重结果，则这种不法之别完全消除。"实意味着不同的基本犯的不法内涵加上同等的加重结果可以得到相等的不法内涵。我们用'数学等式'来表示，或许更容易了解，即：较重的不法内涵 + 死亡结果 = 较轻的

---

① 郑逸哲：《论结果加重犯》，载《法制现代化之回顾与前瞻》，月旦出版社股份有限公司 1997 年版，第 645 页。

② 这种"高度危险性"为一些国家和地区所认可。我国台湾地区"刑法"第 226 条规定，对于男女以强暴、胁迫、恐吓、催眠术或其他违反其意愿之方法，而为猥亵之行为，因而致被害人于死者，处无期徒刑或十年以上有期徒刑；致重伤者，处十年以上有期徒刑。《德国刑法典》第 178 条规定，如果行为人由性的恐吓或强奸（德国刑法中的"性的恐吓或强奸"包括强制猥亵——笔者注）至少轻率地造成被害人死亡，处终身自由刑或者不低于十年的自由刑。《日本刑法典》第 181 条规定，行为人以暴力或者胁迫手段对十三岁以上的男女实施猥亵行为的，或者乘他人心神丧失或者不能抗拒，或者使他人心神丧失或者不能抗拒而实施猥亵行为，因而致人死伤的，处无期或三年以上惩役。立法者对于强制猥亵行为是否具有高度的致人于死伤的危险具有不同的认识，因此，对于相同的情形作出了不同的规定。

③ 参见郑逸哲《论结果加重犯》，载《法制现代化之回顾与前瞻》，月旦出版社股份有限公司 1997 年版，第 644 页。

不法内涵＋死亡结果"。① 很显然，这个等式只有在较重的不法内涵和
较轻的不法内涵都等于零的时候，才可能成立。因此，结果加重犯的
分则规定不符合平等原则一目了然。

（三）结果加重犯的情形可依想象竞合犯原理处理

有学者认为，绝大多数结果加重犯情形都可以利用想象竞合犯的
原理处理，结果加重犯的存在没有必要。为了协调刑罚体系，缩小故
意与一般过失的差距，应该在刑法中增加对"轻率"的规定。例如，
对于过失致人死亡，应该在刑法中增加规定轻率致人死亡，法定刑在
故意杀人与一般过失致人死亡之间；对于过失致人重伤，应该在刑法
中增加规定轻率致人重伤，法定刑在故意伤害罪与过失致人重伤罪之
间。这样"如果因为某一犯罪行为轻率而致加重结果的发生，则直接
按照一个故意犯罪以及轻率过失致人于死罪或轻率过失致人重伤罪的
想象竞合来处断"②。这种观点是从立法论的角度主张废除结果加重
犯。

二　保留论：结果加重犯功大于过

结果加重犯并非始终都是没有获得辩护的"犯罪嫌疑人"，不少
学者从不同角度为结果加重犯辩护，说了一些公道话。一些学者认
为，结果加重犯与责任原则之间的紧张关系并不存在，结果加重犯不
仅需要保留，甚至还应当增加相关规定。

（一）结果加重犯无法还原为想象竞合犯

一种观点认为，结果加重犯的行为结构与想象竞合犯具有本质的
不同。有学者认为结果加重犯具有独立的犯罪结构，属于独立的犯罪
类型，③ 以"结果加重犯与想象竞合犯结构具有同质性"而否定结果
加重犯存在合理性的观点是不正确的。蔡蕙芳教授认为，虽然就一行

---

① 参见郑逸哲《论结果加重犯》，载《法制现代化之回顾与前瞻》，月旦出版社股份
有限公司1997年版，第645页。

② 黄荣坚：《刑法问题与利益思考》，中国人民大学出版社2009年版，第305页。

③ 参见柯耀程《论结果加重犯》，载《罪与刑——林山田教授六十岁生日祝贺论文
集》，五南图书出版股份有限公司1998年版，第152页。

为数罪名之点上相同，但是结果加重犯之结构与想象竞合犯仍有以下之不同：在想象竞合下，两项罪名同时出现是偶然的。偶然的意思就是指不是只有两项罪名的想象竞合，有时，也会出现三项罪名。再者，哪些罪名间产生竞合取决于个案。不同的案例事实状况会有不同罪名同时出现。可能是盗窃罪与过失致人死亡罪、诈骗罪与过失致人死亡罪等。但在结果加重犯的情形，基本犯罪的罪名与加重结果罪名间是必然关联。以伤害致死罪为例，故意伤害罪与过失致死罪两个罪名间早在伤害行为实施时就已经决定了两者的结合。因为在实施伤害行为时，死亡危险已经出现了，而且，永远只是这两种罪名之关系。"进而言之，一个伤害行为偶然与过失致死同时发生（想象竞合）与一个伤害行为本质上与过失致死有关联（结果加重犯），这两种事实情况就事物本质而言绝对有所不同。在前一种情形，伤害行为仍以普通伤害罪来评价，在后一种情形，由于是具有内在的死亡危险之故意伤害行为，伤害罪之罪质已产生升层变化，此即，原来对身体法益侵害行为，由于内含的危险性而提升到一定程度，而使升层之生命法益受到侵害，以至于不能仅以普通伤害罪论处，而必须用加重处罚之伤害致死罪才能完全反映出其不法罪责的内涵。"[1] 这种观点是从刑法解释论的角度分析了结果加重犯与普通的想象竞合犯在结构上的不一致：结果加重犯由于基本犯罪具有导致加重结果的高度风险而具有"额外的不法要素"。

（二）结果加重犯符合平等原则

德国和日本的通说认为，对结果加重犯科以重刑，是因为基本犯罪构成要件行为具有惹起较重结果的固有的、典型的危险。这种固有的、典型的危险可以补足结果加重犯与想象竞合犯之间的刑罚量差。这种危险性是普通的想象竞合犯本身所不具备的，据此加重对引起加重结果的基本犯罪行为的处罚，于理有据。

---

[1] 蔡蕙芳：《德国法上结果加重犯归责理论之研究——以伤害致死罪为例》，载《刑事法学新趋势——Lothar Philipps 教授七轶祝寿论文集》，神州图书出版有限公司 2004 年版，第 296—297 页。

（三）结果加重犯有利于实现罪刑相当

蔡蕙芳教授以故意伤害罪为例，说明结果加重犯符合罪刑相当的原则。她认为，当行为人所实施的故意伤害行为伴随着产生死亡结果的特有或固有的内在危险时，此种情况无法被想象竞合犯所涵盖。"一个伤害行为偶然地导致加重结果的发生"与"一个伤害行为本质上与过失致死有关联"，这两种事实情况就事物本质而言绝对有所不同。前一种情形，伤害行为仍以普通伤害罪来评价；后一种情况，由于是具有内在死亡危险的故意伤害行为，伤害罪之罪质已经产生变化，亦即原来对身体法益的侵害行为，由于内含的危险性提升到一定程度，而使层升的生命法益受到侵犯，必须用加重处罚之伤害致死罪才能完全反映出其不法与罪责内涵。[①]

（四）结果加重犯具有"收拾残局"的功效

许玉秀教授认为结果加重犯不但不应该废除，范围还应该扩大，甚至应该包括"过失＋故意"的结果加重犯类型。结果加重犯的情形，如果利用想象竞合犯的原理进行处理，则有评价过低之嫌；如果利用数罪并罚的原理进行处理，又有重复评价的问题。"倒是加重结果犯将主观的过失和客观的加重结果和故意基本犯一起作综合评价，反而能切实顾及评价上的平衡。……结果加重犯综合主客观因素，在刑度上表现立法者综合的评价，是属于'无法归类的剩余形态'，它的存在往往是必然的，如果在设计量刑时，不是过度违反充分评价的原理，则结果加重犯作为一种归责原理，的确能具有法理上和刑事政策上'收拾残局'的价值。"[②]

（五）结果加重犯具有强化预防的价值

有学者认为，结果加重犯恶化了行为人的法律地位，其目的就是为了吓阻潜在的犯罪人，这是一般预防的考虑。[③] 结果加重犯"就刑法防

---

① 蔡蕙芳：《德国法上结果加重犯归责理论之研究——以伤害致死罪为例》，载《刑事法学新趋势——Lothar Philipps 教授七轶祝寿论文集》，神州图书出版有限公司 2004 年版，第 297—298 页。

② 许玉秀：《当代刑法思潮》，中国民主法制出版社 2005 年版，第 700 页。

③ 参见林东茂《刑法综览》，中国人民大学出版社 2009 年版，第 48 页。

卫社会之使命言，仍有其存在价值；故各国立法例多仍就此加以规定"。[①] 刑法规范既是裁判规范又是行为规范。通过法律文本的宣传教育和依照罪刑法定原则惩罚违反法律的行为人向社会一般人（特别是潜在的犯罪人）宣示法律的权威是一般预防的基本模式。结果加重犯的立法通过法定刑的升格，向社会表达刑法强烈的遏制加重结果出现的立法意图，试图通过惩罚的加重使行为人形成阻止加重结果发生的动力和机制。从犯罪心理学的角度来讲，行为人在实施犯罪行为时，一般会在"从犯罪中获得的收益"与"可能承受的刑罚痛苦"之间进行权衡。结果加重犯对行为人法律地位的恶化在一定程度上能够促进行为人防止加重结果的发生，虽然在什么程度上能够实现这样的目的是一个值得探讨的问题。

（六）结果加重犯立法可以减轻证明负担

正如一些学者的批评，结果加重犯在最初的确成为了司法人员"偷懒的躺椅"。在认为结果加重犯之加重结果是客观的处罚条件的年代里，公诉机关无须证明行为人对加重结果至少具有过失，大大地提高了诉讼效率，减轻了证明负担。司法人员在实践中的一个普遍感受是，同样是致人死亡的案件，认定故意伤害致人死亡的证明负担要轻于故意杀人。证明行为人对加重结果具有过失相比较证明行为人对加重结果具有故意更为容易。以故意伤害致死为例：只要行为人实施了故意伤害行为，一般就可以推定行为人对死亡的结果具有过失。但是，要想证明行为人追求或者放任死亡的结果则较为困难。这是结果加重犯生命力如此顽强的重要原因之一。

三　改进论：结果加重犯重任在肩

正如本书第一章第二节所介绍的，结果加重犯的立法并非大陆法系所独有，在普通法系国家，结果加重犯以重罪谋杀罪的面目出现是

[①] 杨建华：《不纯正不作为犯、结果加重犯在立法例上与德日等国的比较》，载台湾地区《军法专刊》第23卷第6期，第5页。

一种普遍现象。两大法系不约而同地将具有导致加重结果高度危险的犯罪定型为结果加重犯，并配置以较高的法定刑，必然有其充分的合理性。对结果加重犯一味喊打的观点应当反思。本书主张保留结果加重犯的立法，理由如下：

（一）与责任主义的协调

正如前文所述，结果加重犯理论经过几次突破性发展，已经解决了与责任主义协调的问题。在当今刑事立法及理论环境下，不应再有"结果加重犯是结果责任的残渣"之叹。我国刑法虽然没有限制结果加重犯主观方面的总则性规定，但是责任主义作为不成文的刑法基本原则是刑法解释的"指挥棒"，我们在解释结果加重犯的构成时，要求行为人对加重结果"至少具有过失"不言自明。我国台湾地区"刑法"第 17 条的规定虽然没有确定行为人对加重结果持过失的原则，但并不能因此否定该法第 12 条"行为非出于故意或过失，不罚"之规定，不能据此认为结果加重犯的成立不要求行为人对加重结果"至少具有过失"。在那些明文规定结果加重犯的成立要求行为人对加重结果至少具有过失的国家，结果加重犯与责任主义的紧张关系早已烟消云散。

（二）关于刑罚过重之弊

正如"危险性说"所主张的，纯正的结果加重犯的本质在于加重结果是基本犯罪内在的、固有的危险的实现。因此，立法者将这些具有发生加重结果高度危险的犯罪选择出来规定为结果加重犯具有合理性。这种发生加重结果的高度盖然性值得注意，将之定型为独立的犯罪类型具有合理性。

如果刑法废除结果加重犯的犯罪类型，但不改变现有的刑罚配置，就会造成严重的罪责刑不均衡。我国目前的过失犯和结果加重犯之基本犯罪的法定刑都比较低，如果废除结果加重犯，那么对于行为人实施基本犯罪行为导致重结果发生的情形一律按照想象竞合犯进行处理，得出来的结论往往不符合罪责刑相适应的原则。即使我们改变现在想象竞合犯的处理原则，采取加重主义或者并科主义（且不说采取这样的原则是否恰当），仍然难以与该行为的社会危害性相当。另外一个途径就是，在全面废除结果加重犯的前提下，大幅提高基本犯罪的法定刑。这种做法的本质就是将造成重结果作为法定刑的一个酌定量刑情节。本书认为这种立法安排要劣于结果加重犯的立法模式。采取此种立法模式使法官具有很大的自由裁量权，不利于实现立法权对司法权的限制。结果加重犯的立法模式具有警告犯罪人避免加重结果发生的刑事政策机能。在刑法中对特殊的重结果进行特殊的规定可以促使犯罪人在实施基本犯罪的过程中产生避免重结果发生的心理机制。

很多学者都这样"计算"结果加重犯刑罚过重的弊端：如果行为人单独实施一般情节的强奸行为，法定刑为 3 年以上 10 年以下有期徒刑；如果行为人单独实施过失致人死亡的行为，法定刑为 3 年以下有期徒刑。两罪并罚的法定最高刑为 13 年有期徒刑。但是，如果行为人强奸致人死亡的，法定刑则为 10 年以上有期徒刑、无期徒刑或者死刑。[1]

我们认为，这种计算方式存在问题。仍以强奸罪为例：立法者在对强奸罪进行立法时，肯定会细致考察在强奸罪的实行过程中可能出现的情况，并且会根据不同的情况配以不同的法定刑，对于强奸行为内含的可能产生重伤或者死亡结果的高度危险，自然不会脱离立法者的视线。因此，对于因强奸行为内在的危险导致重结果的情形，立法者肯定会配之以重刑，以达到报应和预防的刑罚目的。对行为产生重结果规定较重的法定刑，可能的立法模式有两种：

（1）直接规定："强奸的，处三年以上有期徒刑、无期徒刑或者死刑。"对于行为人强奸过程中过失地导致被害人重伤、死亡的情形，立法不明确规定，而是直接规定较大的法定刑幅度，交由司法机关自由裁量。

（2）结果加重犯的立法模式："强奸的，处三年以上十年以下有

---

[1]　参见许发民《结果加重犯的构成结构新析》，载《法律科学》2006 年第 2 期，第 69 页。几乎所有的论述结果加重犯的学者都要进行一番这样的计算。另外参见张明楷《刑法分则的解释原理》，中国人民大学出版社 2004 年版，第 82 页等。

期徒刑；强奸致人重伤、死亡的，处十年以上有期徒刑、无期徒刑或者死刑。"

本书认为后一种立法模式具有优越性。立法者规定强奸罪的基本犯罪行为的法定刑为"三年以上十年以下有期徒刑"时，已经明确地将致他人重伤或者死亡的情形排除出去了。如果立法者将行为人造成被害人重伤或者死亡的情形考虑到强奸的基本行为中来，肯定会加大法定刑的幅度。因此，前述计算思路将两者割裂开来进行比较，混淆了立法论和解释论，不具有合理性。

如果立法者在最开始就知道自己在立法的时候不允许采取结果加重犯的立法模式，他们势必会提高强奸罪基本罪或者过失致人重伤罪、过失人死亡罪的法定刑，而且前者的可能性会更大。如果没有规定强奸罪的结果加重犯，较重的法定刑被强奸罪的基本犯罪所吸收，并没有达到刑罚宽缓的目的。这种假设并不是没有依据。我们考察各国立法就会发现，几乎所有的国家，对于结果加重犯都设定了较重的法定刑。这就说明，各国立法者都普遍认为结果加重犯的情形下行为人的可责性较强。因此，即使不允许使用结果加重犯的立法方法，立法者为了维护这种认识，必然会大大提高基本犯罪的法定刑，然后按照数罪并罚（或者从一重罪）的原理进行处理，结果不一定比现行立法规定的法定刑轻。

事实上，刑法中规定的结果加重犯并非都存在刑罚过重的问题。首先，不纯正的结果加重犯的法定刑不存在刑罚过重的问题。其次，有些纯正的结果加重犯规定的刑罚也不是很重。例如，我国刑法第257条规定的暴力干涉婚姻自由罪：暴力干涉婚姻自由，致使被害人死亡的，"处二年以上七年以下有期徒刑"，而过失致人死亡罪的基本法定刑为"三年以上七年以下有期徒刑"。再如，第260条规定的虐待罪：虐待家庭成员，情节恶劣，致使被害人重伤、死亡的，"处两年以上七年以下有期徒刑"，法定刑也不是很重。

综上，本书认为，结果加重犯的法定刑其实不存在过重的问题。认为结果加重犯法定刑过重是机械分解结果加重犯的法定刑产生的错觉。

（三）关于违宪之围

正如前文所述，结果加重犯的产生机制与普通的想象竞合犯不同，这是刑法进行"选择性立法"的一个重要原因。如果刑法忽视这种差别而一概运用普通的想象竞合犯的原理规范结果加重犯的情形，则有悖刑法精细化的要求。

事实上，刑法中所谓的"选择性立法"比比皆是，不为结果加重犯所独有，只要理由充分，就不能说其违反了宪法之平等原则。例如，我国刑法第17条第2款规定："已满十四周岁不满十六周岁的人，犯故意杀人、故意伤害致人重伤或者死亡、强奸、抢劫、贩卖毒品、放火、爆炸、投毒罪的，应当负刑事责任。"如果仅从犯罪的社会危害性角度解读该规定，就会认为该条违反了所谓的"平等原则"。在刑法中，与此8类犯罪的社会危害性相当甚至比之更严重的犯罪仍有很多，例如，绑架罪、决水罪、破坏交通工具罪、破坏交通设施罪、劫持航空器罪等，但是刑法仅"选择"此8类犯罪，似乎有违反平等主义之嫌疑。但是，当我们更加全面地挖掘该条的立法目的，就会打消这种疑虑。刑事立法具有保护未成年人的价值诉求，因此对于未满十六周岁的未成年人实施的行为，原则上不认为构成犯罪。但是，已满十四周岁不满十六周岁的未成年人对故意杀人等刑法第17条第2款规定的8类犯罪具有认识能力，此类犯罪的社会危害性极大，且为易发、高发型犯罪，有必要予以特别规定。而绑架罪、决水罪、破坏交通工具罪、破坏交通设施罪、劫持航空器罪等罪名虽然社会危害性极大，但从司法实践来看，未成年人实施此类犯罪行为较少，不具有将之类型化的必要性。从这个角度来讲，刑法第17条第2款的规定并不违反宪法之公平原则。同理，刑法规定的结果加重犯，基本犯罪往往伴随发生加重结果的危险，这种危险现实化的频率很高，因此刑法有必要将这种行为类型化。

再如，我国刑法第269条规定："犯盗窃、诈骗、抢夺罪，为窝藏赃物、抗拒抓捕或者毁灭罪证而当场使用暴力或者以暴力相威胁的", 以抢劫罪定罪处罚①, 同样面临违反平等原则的质疑。行为人实施聚众哄抢罪、敲诈勒索罪、侵占罪, 也可能为窝藏赃物、抗拒抓捕或者毁灭罪证而当场对被害人使用暴力或者以暴力相威胁, 而刑法并未将这些犯罪与"使用暴力或者以暴力相威胁"结合为拟制的抢劫罪。但一旦考虑到盗窃、诈骗、抢夺与后续暴力或胁迫行为之间紧密的联系以及在实践中的多发性, 就会理解其与抢劫罪在社会危害性上的一致性以及刑法通过拟制予以定型的合理性。固然其他类型的财产犯罪的行为人亦可能为窝藏赃物、抗拒抓捕或者毁灭罪证而当场对被害人使用暴力或者以暴力相威胁, 但是无论是财产犯罪与后续行为之间的紧密性还是在实践中的多发性都不及此三类犯罪。② 也就是说, 立法者对于"准抢劫罪"的拟制并非恣意, 而是经过综合考量, 具有充分、合理的立法依据, 没有违反宪法之平等原则。

　　列举两个我国刑法中看似违反了平等原则的规定, 就是想说明, 这种立法方式并非结果加重犯独有。只要遵从目的解释的方法论, 研判结果加重犯中基本犯罪与加重结果之间的特殊关系, 结果加重犯与

---

　　① 我国台湾地区"刑法"有类似规定。该法第329条（准强盗罪）规定："盗窃或抢夺, 因防护赃物、脱免逮捕或湮灭罪证, 而当场施以强暴胁迫者, 以强盗论。"日本刑法也有类似规定, 该法第238条（事后强盗）规定："盗窃犯在窃取财物后为防止财物的返还, 或者为逃避逮捕或者隐灭罪迹, 而实施暴行或者胁迫的, 以强盗论。"德国刑法第252条（抢劫性盗窃）规定："行为人在盗窃时被当场发现, 为了保持对所盗财物的占有而对他人使用暴力或者使用带有对身体或者生命的现实的危险的威胁的, 与抢劫者同样处罚。"

　　② 我国台湾地区"司法院"大法官会议第630号在解释"刑法"第329条的合理性时论述道："立法者就窃盗或抢夺而当场施以强暴、胁迫者, 仅列举防护赃物、脱免逮捕或湮灭罪证三种经常导致强暴、胁迫行为之具体事由, 系选择对身体自由与人身安全较为危险之情形, 视为与强盗行为相同, 而予以重罚。至于仅将上该情形之窃盗罪与抢夺罪拟制为强盗罪, 乃因其它财产犯罪, 其取财行为与强暴、胁迫行为间鲜有时空之紧密连接关系, 故上开规定尚未逾越立法者合理之自由形成范围, 难谓系就相同事物为不合理之差别对待。经该规定拟制为强盗罪之强暴、胁迫构成要件行为, 乃指达于使人难以抗拒之程度者而言, 是与强盗罪同其法定刑, 尚未违背罪刑相当原则。"在"理由书"中又说："窃盗或抢夺之行为人为防护赃物、脱免逮捕或湮灭罪证而当场施强暴、胁迫之行为, 视为施强暴、胁迫使人不能抗拒而取走财物之强盗行为, 乃因准强盗罪之取财行为与施强暴、胁迫行为之因果顺序, 虽与强盗罪相反, 却有时空之紧密连接关系, 以致窃盗或抢夺故意与施强暴、胁迫之故意, 并非截然可分, 而得以视为一复合之单一故意, 亦即可认为此等行为人之主观不法与强盗行为人之主观不法几无差异; 复因取财行为与强暴、胁迫行为之因果顺序纵使倒置, 客观上对于被害人或第三人所造成财产法益与人身法益之损害却无二致, 而具有得予以相同评价之客观不法。"

平等原则的协调问题便迎刃而解。正如前文所论述到的，基本犯罪内在的危险及其实现是结果加重犯与普通想象竞合犯的区别所在，也是刑法将前者类型化的根本原因。如果认为结果加重犯的规定违反平等原则，势必也要修改刑法第 7 条第 2 款、第 269 条，这样的结论没有人会赞同。

　　有学者认为结果加重犯的刑罚抹杀了基本犯罪的区别作用，因发生了相同的结果而适用相同的法定刑，进而认为结果加重犯的分则规定有违平等原则。此类对结果加重犯的批评在台湾地区"刑法"的语境中可能有一定市场，但我国刑法已充分考虑了基本犯罪在结果加重犯中的作用。例如，同样是"致人重伤"，基本犯罪为强奸罪时，法定刑为"十年以上有期徒刑、无期徒刑或者死刑"；基本犯罪为非法拘禁罪时，法定刑为"三年以上十年以下有期徒刑"；基本犯罪为拐卖妇女儿童罪时，法定刑为"十年以上有期徒刑或者无期徒刑，并处罚金或者没收财产"。再如，同样是"致人死亡"，基本犯罪为暴力干涉婚姻自由罪时，法定刑为"两年以上七年以下有期徒刑"；基本犯罪为抢劫罪时，法定刑为"十年以上有期徒刑、无期徒刑或者死刑，并处罚金或者没收财产"；基本犯罪为故意伤害罪时，法定刑为"十年以上有期徒刑、无期徒刑或者死刑"。对于相同的加重结果，由于基本犯罪的不同，刑法配置了不同的刑罚幅度。即便刑法对相同的加重结果规定了相同的刑罚幅度，也不能说其违反了平等原则。当基本犯罪导致加重结果的危险现实化后，刑法评价的重点已经从基本犯罪转移到了加重结果之上，因此刑罚配置的核心考量要素是加重结果而不是基本犯罪，基本犯罪此时已沦为刑罚的"调节要素"。因此，以加重结果为标准设定结果加重犯的刑罚幅度是合理的。况且，结果加重犯的法定刑并非绝对确定的刑罚，这就给予了根据基本犯罪的类别、性质、情节调节刑罚幅度的充分空间。

　　基于以上理由，本书认为应当保留结果加重犯的立法。但是，我国刑法分则的结果加重犯立法仍然存在缺陷，有的犯罪行为具有引发重结果的高度风险，但并没有规定结果加重犯（如强制猥亵、侮辱妇女罪），① 有的表述容易产生歧义（如"致人伤残、死亡的，依照本法第 234 条、第 232 条的规定定罪处罚"），② 有必要加以改进。正如美国学者 Guyora Binder 在论述重罪谋杀罪时所言，结果加重犯不会离我们远去，我们必须学会与之共存。③

---

① 我国刑法中有不少犯罪具有引起加重结果（如致人重伤、死亡）的典型危险，但却没有规定结果加重犯。例如，刑法第 277 条规定："以暴力、威胁方法阻碍国家机关工作人员依法执行职务的，处三年以下有期徒刑、拘役、管制或者罚金。"以暴力方式妨害公务具有致人重伤、死亡的高度危险，刑法第 426 条就肯定了这种典型的危险："以暴力、威胁方法，阻碍指挥人员或者值班、执勤人员执行职务的，处五年以下有期徒刑或者拘役；……致人重伤、死亡的，或者有其他特别严重情节的，处无期徒刑或者死刑。"但是，刑法第 277 条却没有规定相应的结果加重犯。相同性质的行为（妨害公务），同样具有导致加重结果的高度风险，第 426 条规定了结果加重犯，而第 277 条没有规定结果加重犯。再如，寻衅滋事，随意殴打他人也具有致人重伤、死亡的危险，但刑法没有规定寻衅滋事罪的结果加重犯。

② 本书第六章对此有详细论述。

③ 参见 Guyora Binder, *Making the Best of Felony Murder*, Boston University Law Review, Vol. 91, p. 408.

第三章

结果加重犯的主观构造

第一节 "故意 + 过失"的结果加重犯类型

结果加重犯基本犯罪的主观方面一般比较容易判断，但各国刑法典分则条文在基本犯罪罪状之后，往往使用"因而致……的，处……"（如《日本刑法典》第205条），"致……的，处……"（如我国刑法第234条）的表述规定结果加重犯，从形式上无法判断对加重结果的主观方面。因此，必须结合刑法总则的规定和规范的保护目的来确定某一结果加重犯的成立以行为人对加重结果具有什么样的主观方面为前提条件。

在德国刑法总则对结果加重犯的主观方面进行限制之前，不少德国学者都承认偶然的结果加重犯。有的学者虽然从立法论的角度反对偶然的结果加重犯，但从解释论上仍认为德国刑法没有排除偶然的结果加重犯。德国学者汤姆森认为应当承认偶然的结果加重犯，即，行为人对加重结果不需要有故意也不需要有过失。行为人实施基本犯罪行为，即使偶然产生了加重的结果，如果行为人的行为与加重结果之间具有因果关系，就可以认为成立结果加重犯。汤姆森认为，刑法分则的条文在对加重的结果进行表述的时候，采取了"因而致……"，"导致……"，"引起……"这样的术语，没有明确表明行为人对加重结果的罪过形态，刑法总则也没有这样的限制。[1] 1953年《德国刑法典》明确规定行为人对加重结果"至少具有过失"之后，几乎没有

---

[1] 参见李邦友《结果加重犯基本理论研究》，武汉大学出版社2001年版，第2页。

人再持这种观点。日本历史上有学者坚持"偶然的结果加重犯、过失的结果加重犯和故意的结果加重犯"的分类，承认对加重结果没有罪过的结果加重犯。① 我国刑法第 16 条规定："行为在客观上虽然造成了损害结果，但是不是出于故意或者过失，而是由于不能抗拒或者不能预见的原因所引起的，不是犯罪。"该条文似乎表明，行为人对加重结果必须具有故意或者过失才能构成结果加重犯。但是，至今却仍有学者认可偶然的结果加重犯。② 在责任主义已成为刑法基本原则的前提下，偶然的结果加重犯没有任何存在的空间。因此，本章讨论的结果加重犯的类型不包括偶然的结果加重犯。

"故意 + 过失"的结果加重犯是对基本犯罪持故意，对加重结果持过失的犯罪类型，是典型的结果加重犯，又被称为纯正的结果加重犯。对此，世界各国刑法学者鲜有反对意见。该类型结果加重犯可谓结果加重犯的"最大公约数"。

一　"过失"与"预见可能性"

综观各个国家和地区刑法典，对结果加重犯的限定方式有两种：一是要求行为人对加重结果至少具有过失；二是要求行为人对加重结果具有"预见可能性"。对于使用"过失"、"预见可能性"对结果加重犯进行限制，内涵是否相同，理论界和实务界并没有取得一致意见。

我国台湾地区"刑法"第 17 条规定："因犯罪致发生一定之结果，而有加重其刑之规定者，如行为人不能预见其发生时，不适用之。"实务上对"不能预见"的理解是不断变化的。"能预见仅指客观的预见可能性"一度为实务界通说。例如，国民政府"最高法院"1935 年上字第 1403 号判决认为："刑法第 17 条所谓行为人不能预见其结果之发生者，系指结果只发生出于偶然，为行为人所不能预见者而言……"台湾"最高法院"1958 年台上字第 920 号判

---

① 参见［日］木村龟二《刑法总论》，有斐阁 1984 年版，第 172 页。
② 参见周铭川《结果加重犯争议问题研究》，载《中国刑事法杂志》2007 年第 5 期，第 41 页以下。

决认为："加重结果犯，以行为人能预见其结果发生为要件，所谓能预见乃指客观情形而言，与主观上有预见之情形不同，若主观上有预见，而结果之发生又不违背其本意时，则属故意范畴。"① 一些判决则明确表示结果加重犯的行为人对加重结果的发生不需要具有过失。例如2008年台上字第3104号判决认为："加重结果犯系源自刑事法理论中的结果责任主义，但在客观主义规范下，以行为人客观上所能预见之范围内，始令其负加重责任。而且刑法第17条规定之文义并非'无过失'，而是'不能预见'，因此仅要求客观的预见可能性，即具相当因果关系为必要而已，而不要求行为人对结果之发生有过失，亦即与严密之过失意义有别。"② 1972年台上字第289号判例更明确指出："刑法上之结果犯，以行为人对于加重结果之发生有预见之可能为已足，不以有预见或故意过失为必要。"③ 由于背离责任主义原则，上述判决广受诟病。由于学界的不断批判，我国台湾地区"最高法院"对"不能预见"的理解有所变化。"目前有为数众多之最高法院判决，除了仍强调加重结果之发生须具备相当因果关系以及客观预见可能性以外，乃以含混之方式对加重结果要求具有过失，其用语大致为'行为人就其故意实行之基本犯罪行为，于一般客观情况下，可能预见将发生一定之结果，但行为人因过失而主观上未预见该结果之发生。'"④ 近年来，台湾地区已有判例明确主张结果加重犯"就其基本犯罪而言，为故

---

① 类似判决参见台湾地区"最高法院"2006年台上字第4416号判决、2007年台上字第110号判决、2007年台上字第3114号判决、2008年台上字第5037号判决、2008年台上字第5602号判决、2009年台上字第3899号判决。

② 参见王效文《加重结果犯之性质与构造——评最高法院九十八年台上字第5310号刑事判决》，载《月旦裁判时报》第5期，第105—106页。

③ 有关判例参见陈子平《刑法各论（上）》，元照出版有限公司2013年版，第99—102页。

④ 类似判决有2005年台上字第3074号判决、2006年台上字第6172号判决、2006年台上字第6472号判决、2007年台上字第2097号判决、2009年台上字第5273号判决。参见王效文《加重结果犯之性质与构造——评最高法院九十八年台上字第5310号刑事判决》，载《月旦裁判时报》第5期，第107页。

意犯，就其加重结果而言，则为过失犯"。①

台湾地区理论上的通说认为，具有预见可能性与有过失在概念上并非完全同一，行为人对加重结果的发生，客观上若能预见就存在预见可能性，就应该对该加重结果负其罪责，不需要考虑其是否具有过失。甘添贵教授在讨论台湾地区"刑法"所规定的轻伤致死罪与轻伤致重伤罪时谈到，两罪的成立"须其轻伤行为与被害人之死亡或重伤结果之发生，具有因果关系之联络为必要。盖加重结果犯之成立，除须重结果与构成要件行为间具有因果关系之联络外，尚须行为人能预见重结果之发生。所谓能预见，乃指客观情形下行为人有无预见之可能而言，与行为人主观上有无预见之情形不同；若行为人主观上有预见，而结果之发生又不违背其本意时，则属故意范畴。"②

郑逸哲教授在论述台湾地区"刑法"第17条的立法根据（1902年世界刑法学会决议："犯人对于犯罪行为之结果所负之刑事责任，应以其能预见者为限"）时指出，该决议的内容仅仅及于行为人对加重结果发生的"预见可能性"，并没有及于"注意义务的违反性"，因此，该决议只是排除欠缺预见可能性的结果加重犯的可罚性，而没有关切违反注意义务的问题。该决议本质上是在结果加重犯的领域贯彻"相当的因果关系说"的努力，而不是要确立对加重结果至少具有过失的原则。20世纪初期，包括德国在内的许多国家和地区，结果加重犯因果关系采"条件说"，使得结果加重犯的范围过宽，不利于人权保障，与启蒙运动以来刑罚理性化的趋势不相契合。于是，通过限定对加重结果的预见可能性来限定因果关系的范围，在结果加重犯中确立了"相当的因果关系说"。基于台湾地区"刑法"对该决议的继受关系，

---

① 例如2009年台上字第5310号刑事判决中有这样的表述："伤害致人于死罪系加重结果犯，学理上称为'故意与过失之竞合'，以行为人对于基本（伤害）行为有故意，对于加重结果（致死）部分有过失，始令负该加重结果之责，并于实体法上给予实质上一罪之评价。"在2008年台上字第1293号、2009年台上字第1370号、2010年台上字第145号、2010年台上字第174号、2010年台上字第2964号等判决中，均有类似的表述。参见王效文《加重结果犯之性质与构造——评最高法院九十八年台上字第5310号刑事判决》，载《月旦裁判时报》第5期，第107页。

② 甘添贵：《刑法各论》（上），三民书局2009年版，第54页。

台湾地区现行"刑法"第17条的规定目的也不是在贯彻责任刑法原则，而是以限制因果关系的认定来排除相当范围的结果加重犯的可罚性。① 台湾地区学者陈朴生也认为即使行为人对加重结果没有过失，但是，如果具有预见可能性，仍然可以追究结果加重犯的刑事责任。台湾地区学者赵琛则认为"有预见可能性""近于过失之状态"。② 洪福增也认为"能预见"虽系接近过失状态，但不能即谓系包括过失情形。③

客观预见可能性说最受人诟病之处在于其与责任主义原则有所冲突。德国刑法理论通说认为，过失概念可以分为不法之过失和罪责之过失，前者是指"客观注意义务违反性""客观之预见可能性"与"客观归责性"，后者是指"主观注意义务之违反性"与"主观预见可能性"。结果加重犯的"客观预见可能性说"忽视了"客观注意义务之违反性""主观注意义务之违反性"与"主观预见可能性"等其他过失要素。④ "责任非难性之对象系行为人个人，因此对于行为人加以非难时，其前提必须行为人'能为而不为'时始可，若行为人无此能力时，如何能形成责任之非难性？例如，有责性（责任、罪责）所要求之期待可能性。故依一般人之注意能力虽能预见加重结果之发生（有客观的预见可能性），然依行为人本身之注意能力无法预见（无主观的预见可能性）时，亦仅能以基本犯处置，而不成立加重结果犯。"⑤

黄荣坚教授认为，过失的标准就是行为人对于该当于构成要件的侵害事实的预见可能性，有预见可能性而没有预见就是过失。违反注意义

---

① 参见郑逸哲《论结果加重犯》，载《法制现代化之回顾与前瞻》，月旦出版社股份有限公司1997年版，第627—628页。

② 转引自纪俊乾《从实务观点论加重结果犯之运用》，载《政大法学评论》第50期，第118—119页。台湾地区有判例支持这种观点。例如1996年台上字第3568号判决指出："所谓'能预见'，乃注重于行为人之主观的精神状态，虽不以预见结果为必要，但仍以能预见而不预见之结果为限，即至少可视为近似过失之状态。"

③ 参见洪福增《加重结果犯》，载蔡墩铭主编《法学论文选辑8——刑法总则论文选集》，五南图书出版股份有限公司1984年版，第342页。

④ 蔡蕙芳：《伤害致死罪之适用——最高法院判例与学说之评释》，载《台湾本土法学》第61期，第58页。

⑤ 陈子平：《结果加重犯——以最高法院九十年度台上字第四五九四号判决为主轴对近年相关判例判决之评释》，载《台湾本土法学》第35期，第22页。

务只是判断行为人对于一定侵害事实的发生有无预见可能性的参考因素，注意义务本身，并不是过失的要件。① 如果把过失的概念等同于行为人的预见可能性，那么台湾地区"刑法"关于结果加重犯的规定与《德国刑法典》第 18 条的规定完全一致：行为人对于加重结果至少具有过失。②

　　黄惠婷教授认为，台湾地区"刑法"第 12 条规定，"行为非出于故意或过失，不罚"，所以，结果加重犯的成立要求行为人对加重结果应至少具有过失。对于结果加重犯也要积极地检验过失犯的重要不法构成要件——客观注意义务的违反。③ 有学者批评该解释思路，认为虽然要求行为对加重结果具有过失是合理的，但是，这只是刑法解释论上的观点，既然"刑法"规定结果加重犯的成立以行为人对加重结果具有预见可能性为已足，根据罪刑法定原则，应该遵循"刑法"的规定。因此，必须对台湾地区"刑法"第 17 条关于结果加重犯的规定进行修订，在修订之前，仍然要据法定罪，不要求行为人对加重结果至少具有过失。④

二　"至少有过失"与"具有预见可能性"的解释论意义

　　出现前述争议，症结在于对"过失"及"能预见（预见可能性）"内涵的理解不同。旧过失论重视结果预见义务，只要是客观上发生了危害结果，行为人对结果具有预见可能性，行为人便对结果具有过失，行为人对结果的预见可能性是一种具体的预见可能性。山口厚教授认为，"过失是指对构成要件该当事实的认识或预见的可能性"。⑤ 根据这种思路，刑法规定结果加重犯的成立以"对加重结果具有预见可能性"即意味着结果加重犯的成立要求行为人对加重结果具有过失。但是，由于对

---

① 参见黄荣坚《刑罚的极限》，元照出版有限公司 1998 年版，第 354 页。
② 参见黄荣坚《刑法问题与利益思考》，中国人民大学出版社 2009 年版，第 298 页。
③ 参见黄惠婷《结果加重犯之"直接关联性"》，载《台湾本土法学》2005 年第 4 期，第 72 页。
④ 林山田：《论结果加重犯》，载《台湾本土法学》2007 年第 10 期，第 15 页。
⑤ ［日］山口厚：《刑法总论》（第二版），付立庆译，中国人民大学出版社 2011 年版，第 225 页。

"结果预见可能性"的判断基准认识不同，对结果加重犯成立范围的认定也会不同。①

由于旧过失论过于扩大过失犯的处罚范围，随着风险社会的发展，逐渐有学者提出要限制过失犯罪的成立范围，新过失论应运而生。新过失论认为即使对结果有预见可能性，但是如果履行了结果回避义务，就不成立过失犯。注意义务的中心由结果预见义务转移到了结果回避义务，过失犯由并未实施法律所要求的基准行为的不作为犯而构成。② 主张新过失论的学者，有的认为过失是构成要件要素和违法要素，有的认为过失既是构成要件要素、违法要素，又是责任要素。前者主张，构成要件过失是客观注意义务的违反，注意义务的内容为"结果回避义务"，客观的预见可能性是认定结果回避义务的前提。后者主张，构成要件过失是客观注意义务之违反，责任的过失则是主观注意义务之违反。一般认为，客观注意义务是以"客观的预见义务"与"客观的结果回避义务"为内容，其前提是客观的预见可能性和客观的结果回避可能性，即以"一般人"之注意能力为基准，若一般人能预见与能回避结果之发生，而行为人未预见与未回避，则成立构成要件的过失；主观注意义务之内容，是以"主观的预见义务"和"主观的结果回避义务"为内容，其前提为"主观的预见可能性"与"主观的结果回避可能性"，即以"行为人"之注意能力为

---

① 关于结果预见可能性的基准问题，理论上有四种观点。（1）主观说。是否具有结果预见义务，应以具体的行为人的注意能力为标准。主观说的依据在于，过失是责任要素，是对行为人的道义非难，因此应从"行为人"的视角、注意能力出发，判断"结果预见可能性"。（2）客观说。是否具有结果预见义务，应以抽象的一般人的注意能力为标准。客观说的依据在于，社会防卫是刑法的重要目的，只要一般人能够预见到行为会导致危害结果的发生，就说明行为对社会有危险，即便行为人的认识能力低于一般人而对结果无法预见，也不影响这种危险，因而应受处罚。（3）折中说。小野清一郎教授认为，"刑法以一般的当为为基本，但只能在行为人可能的范围内实行归责"。团藤重光教授认为，"如果行为人的注意能力低于通常人的注意能力，则仍应采取主观说，只是在行为人的注意能力高于通常人的注意能力时，才采取客观说"。大塚仁教授认为，"构成要件的过失采取客观说，但作为责任的过失则应采取主观说"。（4）能力区别说。作为心理作用的"注意"本来是以通常人为标准的，但作为其结果的"预见"，则应考虑行为人的身体条件、知识、经验、认识能力，采取主观的标准。前述对于结果加重犯成立范围的争议很多都聚焦于"结果预见可能性的基准问题"。参见张明楷《外国刑法纲要》（第二版），清华大学出版社2007年版，第236页。

② 参见［日］西田典之《日本刑法总论》，刘明祥、王昭武译，中国人民大学出版社2007年版，第208页。

基准，即便行为人违反客观注意义务而有构成要件的过失，如果行为人对于结果的发生主观上并无预见可能性或回避可能性，则不成立责任过失。① 当然，"属于责任能力者的一般人不具有一般人的能力这种事态是稀少的，所以，不会在存在构成要件性过失时频繁地发生否定责任过失的情形。在此，可以说实际上承认着构成要件性过失对责任过失的推定机能"②。根据新过失论，如果刑法规定结果加重犯的成立要求行为人对加重结果具有预见可能性，而没有提出结果回避义务的要求，便不能认为该规定与"对加重结果至少具有过失"是等同的。

应当说，"预见可能性"与"过失"不是完全相同的两个概念，过失犯罪应当以具有预见可能性为前提，但是具有预见可能性并不等于过失。但是，不能因为这两个概念具有差异，就认为这两种立法例会导致结果加重犯主观结构上的巨大差异。从刑法解释论的角度来看，要求对加重结果至少具有过失的规定与要求对加重结果具有预见可能性的规定只存在形式上的差别，不应据此认为这两种立法确立了不同的认定结果加重犯的规则。从责任主义原则出发，不能认同所谓"预见可能性说"（对加重结果只需具有预见可能性，不需具有过失）。行为人的主观责任包括故意和过失，并没有其他介于"过失"与"无过失"之间的责任形态。因此，要肯定行为构成结果加重犯，行为人须对加重结果有罪过，就必须认定其对加重结果要么具有故意，要么具有过失。不可能存在所谓的"行为人对结果具有预见可能性，但不具有过失"的责任状态。

要求结果加重犯的成立以行为人对加重结果具有预见可能性为前提的国家和地区，立法者在立法之初有可能认为结果加重犯的成立不要求行为人对加重结果至少具有过失。但是，在责任主义的价值被普遍认同的情势下，我们不能固守所谓的"立法本意"，而应当根据客观需要，对法律进行与时俱进的解释。既然责任主义要求行为人仅对其具有故意或者过失的结果承担刑事责任，结果加重犯的成立也应该

---

① 陈子平：《刑法总论》，中国人民大学出版社 2009 年版，第 254 页。
② ［日］大塚仁：《刑法概说（总论）》，冯军译，中国人民大学出版社 2003 年版，第402 页。

要求行为人对加重结果至少具有过失。从这个角度来讲，刑法总则是否有关于结果加重犯的一般性规定对于认定结果加重犯的主观方面不具有决定性的影响。

事实上，通过要求行为人对加重结果具有预见可能性的方式限制结果加重犯成立范围的立法方式越来越受到质疑。例如，我国台湾地区 2005 年全面修订"刑法"时，便有人建议修正第 18 条为："因犯罪致生加重结果，而有加重其刑之规定，若行为人并无过失者，不适用之。"理由为"现行刑法第 17 条将结果加重犯的加重结果规定为'致发生一定之结果'，不但语义不明，而且易与第 15 条第 1 项的'一定结果之发生'混淆。同时，以'行为人不能预见其发生'，并不足以显现结果加重犯的综合故意与过失，或者综合过失与过失的犯罪特质，故爰加修正。"①

三　"故意"与"过失"的关系

"故意 + 过失"类型的结果加重犯（纯正的结果加重犯）可以被分解为两个犯罪：一是故意的基本犯罪；二是对加重结果的过失犯罪。在很多场合，似乎要求回答某一纯正的结果加重犯应当被整体评价为故意犯罪还是过失犯罪。

例如，刑法第 25 条规定："共同犯罪是指二人以上共同故意犯罪。二人以上共同过失犯罪，不以共同犯罪论处；应当负刑事责任的，按照他们所犯的罪分别处罚。"在甲和乙以伤害故意共同对丙实施暴力，导致其死亡的情形，如果认为故意伤害罪（致人死亡）为故意犯罪，则甲和乙构成故意伤害罪（致人死亡）的共同犯罪；如果认为故意伤害罪（致人死亡）为过失犯罪，则甲和乙不构成共同犯罪。

又如，2003 年《中国共产党纪律处分条例》第 30 条规定："因故意犯罪被依法判处《中华人民共和国刑法》规定的主刑（含宣告缓刑）的"，"单处或者附加剥夺政治权利的"，"应当给予开除党籍

---

① 林山田：《2005 年刑法修正总评》，元照出版有限公司 2007 年版，第 359 页。但是，该修法建议未被采纳。

处分"，对于过失犯罪的则留有不开除党籍的余地。对于中国共产党党员来说，"开除党籍"相当于被判处"政治死刑"，是非常重的处罚，因此，必须严肃地认定某一犯罪应当从整体上被评价为故意犯罪还是过失犯罪。

再如，我国台湾地区《儿童及少年福利法》第70条第1项前段规定："成年人教唆、帮助或利用儿童及少年犯罪或与之共同实施犯罪或故意对其犯罪者，加重其刑至二分之一。"在类似"甲以伤害故意对其4岁的女儿乙实施暴力，过失导致乙死亡"的情形，便必须明确伤害致死是否属于应加重其刑二分之一的"故意犯罪"。

基于"一个罪名只有一个罪过"的立场，周光权教授提出了"主要罪过说"。他认为，认定结果加重犯的主观罪过在思维过程上有两个阶段：首先是罪过的搜寻过程【第一阶段】，然后在已经找出的两种罪过中，确定哪个是主要罪过，哪个是次要罪过，再根据主要罪过确定结果加重犯的最终罪过形式【第二阶段】。结果加重犯的基本犯罪中包含着容易使一定重结果发生的高度危险性。基本行为是造成加重结果的类型化、典型性行为，这种行为一旦实施，附带会导致加重结果发生的风险。基本行为及其罪过决定了结果的走向，基本犯的罪过属于主要罪过，行为人对加重结果的罪过属于次要罪过。可以将基本犯是故意、对加重结果是过失的犯罪确定为故意责任。[①] 依据"主要罪过说"处理前文列举的三种情形，比较容易得出结论。但是，我们认为"主要罪过说"存在诸多疑点：

第一，"主要罪过"和"次要罪过"的区分标准模糊而粗糙，说服力不强。在结果加重犯中，有两个交织在一起的罪过：对基本犯罪的故意和对加重结果的过失，两者相伴而生、平行运行、难分伯仲。事实上，并不是基本犯罪行为的罪过决定了结果的走向，支配结果走向是对加重结果的过失。相比较基本犯罪，结果加重犯的法定刑陡然升高，是因为发生了加重结果，而与加重结果相对应的罪过为过失。从这个角度来看，似乎过失才是结果加重犯的"主要罪过"。按照

---

① 周光权：《论主要罪过》，载《现代法学》2007年第2期，第38—48页。

"主要罪过说"的思路，在交通肇事罪中，"人身伤亡和财产损失"的结果是故意"违反交通运输管理法规"的行为导致的，似乎"违反交通运输管理法规"的故意是"主要罪过"。但"主要罪过说"认为，交通肇事罪中，"结果的发生主要是由于行为人的过失实质地加以支配，将过失作为主要罪过，并无不妥"。① 由此可见，"主要罪过说"的区分标准不具有确定性、一贯性。

第二，"主要罪过说"认为，【第一阶段】"搜寻到的'次要罪过'中的故意、过失概念和刑法上所规定的即规范意义上完整的故意、过失概念可能会有些许差别。换言之，次要罪过中的故意是事实意义上的犯罪故意，主要罪过中的故意是规范意义上的故意。同时，次要罪过中的过失有时可能是'危惧感说'（超新过失论）意义上的犯罪过失，行为人对于危害结果的发生有一般的不安感、危惧感即可；主要罪过中的过失是旧过失论意义上的过失，要求行为人对于危害结果要有具体预见"。② 问题是，区分主要罪过、次要罪过应当是【第二阶段】的工作，在【第一阶段】没有区分主要罪过、次要罪过时，怎么能够按照主要罪过、次要罪过的标准认定故意或者过失呢？不论是【第一阶段】的评价，还是【第二阶段】的选择，都应该按照统一的标准（刑法总则的规定），规范地评价行为人的主观罪过。什么是"事实意义上的犯罪故意"？为什么对作为"主要罪过"的过失与作为"次要罪过"的过失采取双重评价标准？对于这些问题，"主要罪过说"并没有给出令人信服的答案。

第三，"主要罪过说"费力地把"次要罪过"略去，主要目的是为了维护"一个罪名只有一个罪过"的判断。但"一个罪名只有一个罪过"是机械地理解刑法总则有关罪过的规定得出来的结论，并没有坚实的立法依据和法理基础。"一个罪名只有一个罪过"是套在"主要罪过说"身上的"枷锁"。

第四，"主要罪过说"背离了刑法总则关于罪过（故意和过失）

---

① 周光权：《论主要罪过》，载《现代法学》2007 年第 2 期，第 45 页。
② 同上。

的认定以意志、结果为本位的规定。根据"主要罪过说",结果加重犯的罪过(主要罪过)为故意,其认识与意志的对象均为基本犯罪结果。但是,结果加重犯的构成要件结果为加重结果,而不是基本犯罪结果,虽然在【第一阶段】讨论了对加重结果的过失问题,但最终确定的罪过(主要罪过)并未体现对加重结果的意志。这与周光权教授所提倡"在认识与意志的对立统一的矛盾关系中,意志占主导地位,认识属辅助地位"① 的立场相矛盾。

综上,"主要罪过说"在解释滥用职权罪、丢失枪支不报罪等法定犯的罪过方面具有一定的合理性,但解释故意伤害致死等作为自然犯的结果加重犯则疑点较多。我们认为,结果加重犯中的故意与过失具有紧密的内在联系,不像普通的想象竞合犯那样随机配对、联系松散。但结果加重犯可以被分解为:"基本犯罪的实行行为 + 对基本犯罪结果的故意 + 加重结果 + 对加重结果的过失"。结果加重犯中的故意和过失是统一于基本犯罪行为的两个罪过,两者并无主次。不能笼统地说,结果加重犯是故意犯罪还是过失犯罪。②

回到前文提到的三种情形,不需要回答结果加重犯应当从整体上被评价为故意犯罪还是过失犯罪也能解决相关问题:(1)根据行为共同说,只要两人以上共同故意实施基本犯罪行为便构成共同犯罪,导致加重结果发生的,所有共同犯罪人均应承担结果加重犯的刑事责任。(2)中国共产党党员的行为构成结果加重犯的,只要被依法判处主刑(含宣告缓刑)、单处或者附加剥夺政治权利的,应当给予开除党籍处分。(3)"甲以伤害故意对其 4 岁的女儿乙实施暴力,过失导致乙死亡"的,甲的行为属于我国台湾地区"儿童及少年福利法"第 70 条第1 项前段规定的"成年人故意对儿童及少年犯罪",应在结果加重犯法

---

① 参见周光权《刑法总论》,中国人民大学出版社 2007 年版,第 159 页。

② 《德国刑法典》第 11 条第 2 款规定:"如果某行为实现了对其行为而言以故意为前提、但是对其所造成的特别的结果而言以过失为已足的法律的构成要件,该行为在本法的意义上也是故意的。"根据该规定,可以认为结果加重犯为故意犯罪(参见［德］乌尔斯·金德霍伊泽尔《刑法总论教科书》(第 6 版),北京大学出版社 2015 年版,第 350 页)。但我国刑法没有类似的拟制性规定。

定刑的基础上，加重二分之一的刑罚。①

四　"故意＋轻率"：限制结果加重犯成立范围的尝试

有学者认为应当把行为人对加重结果的"轻率"作为结果加重犯的要件。在德国这是一种有力的学说，我国台湾地区亦有学者表示认同。所谓轻率是指对于一定结果的发生，行为人具有高度的预见可能性，但是却没有预见的主观罪过形态。结果加重犯"轻率说"认为，行为人只有对加重结果的发生具有轻率过失，才能认定成立结果加重犯。"轻率说"的立论依据在于，由于轻率是一种程度更高的过失，因此可以用来解释为什么结果加重犯的刑罚如此之高，其理论内核与"危险性说"一脉相承。

黄荣坚教授认为："所谓的轻率和特别的高风险，大抵上是相同情形的不同角度的观察。特别的高风险是从客观面而言，意指某一行为在行为时的背景之下非常有可能导致一定结果的发生。……行为人的轻率，则是从主观面而言，意指对于一定结果的发生，行为人有高度的预见可能性，但是却未预见。一般而言，行为人对于一定结果的发生是否有高度的预见可能性，也就是决定在客观上的高风险。然而，客观上的高风险并不永远保证行为人的高度的预见可能性。因为可能会有例外情况，亦即，如果行为人的认知及判断能力特别低，那么即使是客观上的高风险，行为人并不因此就会有高度的预见可能性。因此，如果低能力的行为人未能预见到客观上的高风险，我们还不能说他是轻率。整个来讲，在加重结果犯的适用条件的设定上，以行为人的轻率为要件，比单纯用客观上的高风险更周延。""民事关系大抵以财产之补偿为目的，相较之下应系着重于行为之结果，却犹有轻过失和重大过失之分。而刑法必须讲究行为本身期待可能性的概念，更可以有轻过失与重大过失的区别。因此，在实证法上对于过失并没有区分轻过失与重大过失的情况下，如果我们在结果加重犯的规

---

① 相同观点参见王效文《加重结果犯之性质与构造——评最高法院九十八年台上字第5310号刑事判决》，载《月旦裁判时报》第5期，第110页。

定当中另外设定轻率过失的概念，是有其意义。基于此，对于加重结果犯的构成，除了一行为该当于故意形态的基本犯罪以及过失形态的加重结果犯罪以外，就加重结果的部分，限定必须是轻率过失，亦即必须是一种高度的过失。如果对于加重结果的部分不是出以高度的过失，那么还是只能适用一个故意犯罪和一个过失犯罪的想象竞合，而不能适用施以重罚的加重结果犯的规定。"①

持"轻率说"的学者认识到结果加重犯的立法面临违反平等原则、法定刑过高的质疑，试图从主观层面对结果加重犯的成立范围进行限定，也认识到只有将加重结果限定在基本犯罪特有风险的实现的范围，才能"抵消"对结果加重犯的诟病。"轻率说"试图从"行为人预见可能性程度（高或者低）"的角度将"基本犯罪行为特有危险的实现"这一结果加重犯之立论根基转化为可供实务操作的判断标准，这种努力值得赞赏。但是，这种转化是否合理，值得商榷。

（一）"轻率说"有违反罪刑法定原则之嫌

在刑法总则规定结果加重犯的成立以行为人对加重结果"至少具有过失"或者"具有预见可能性"为前提的立法例中，如果刑法分则没有规定行为人对加重结果的具体主观罪过，出于限制结果加重犯范围的考虑，"轻率说"可能还有一点道理。但是，如果刑法分则有的条文规定了行为人对加重结果必须持轻率的过失，而有的条文没有规定的情况下，作为一般原则，要求所有的结果加重犯的成立以行为人对加重结果具有轻率过失就违背了区分轻率过失与普通过失的规范保护目的，违反了罪刑法定原则。例如，《德国刑法典》第176b条，第178条，第239a条第3款，第239b条第2款，第251条，第283条第4款第2点，第316c条第3款规定了行为人对加重结果必须具有轻率过失，但是其他很多结果加重犯条文并没有这样的规定，如第227条（伤害致死）等。罪刑法定原则要求在刑法解释时，不能恣意地扩大或者缩小刑罚处罚的范围。与罪刑相适应原则相比，罪刑法定原则具有更重要的价值。当两者发生冲突时，应该首先保障实现罪刑

---

① 黄荣坚：《基础刑法学》（上），中国人民大学出版社2009年版，第262页。

法定原则。

（二）"轻率"的概念并不清晰

"轻率"的内涵并不明确，我们从司法及理论界五花八门的理解便可看出端倪，① 将之作为限定结果加重犯成立范围的构成要件要素，并非明智选择。"重大过失"与"轻过失"之间的本质区别是什么，标准并不清晰，要求结果加重犯的成立以行为人对加重结果具有轻率过失，势必导致裁判流于恣意。根据"轻率说"，如果没有证据证明行为人对加重结果具有轻率过失，就必须按照想象竞合犯处理。如所周知，结果加重犯与想象竞合犯的法律效果差异巨大，将对这种差异的判断系于一个并不那么清楚的概念，实有"轻率"之嫌。在民法领域将过失区分为"重大过失、一般过失、轻过失"的观点便遭到多数英美学者和法院的批评和反对，他们认为，"三种过失之间的区分在本质上是含糊的、无法实际操作的，在原理上是没有根据的，只不过使由陪审团来把握的、本已十分模糊、不确定的注意标准变得更加难解和混乱"。② 迈克尔·杰斐逊曾经引用另一位学者的感叹："轻率在英国法中因其诸多不同的含义而臭名昭著。"③ "重大过失（轻率）这个概念，在民法上并没有清楚的轮廓。"④ 将这个模糊的概念引入刑法并不能解决问题。

（三）"轻率说"无法说明结果加重犯的本质

"轻率说"自认为回答了结果加重犯为何加重处罚，以及结果加重犯是否违背公平原则的问题，但事实并非如此。"轻率"仍不失为一种过失，在刑法没有对轻率规定独立法定刑的情况下，轻率过失

---

① 对于"轻率"的相关观点，参见［德］克劳斯·罗克辛《德国刑法学·总论》（第一卷），王世洲译，法律出版社 2005 年版，第 731 页以下。

② W. Page Keeton etc. *Prosser and Keeton on the Law of Torts*, 5th ed. , West Publishing Co. , 1984, p.210. 转引自叶名怡《重大过失理论的构建》，载《法学研究》2009 年第 6 期，第 78 页。

③ Michael Jefferson, *Criminal Law*, Pearson Education Lmited, 2001, p.109. 转引自邓子滨《罪过三分法的实践意义——以分化理论为切入点》，载屈学武主编《刑法理论研究新视界》，中国社会科学出版社 2008 年版，第 108 页。

④ ［德］克劳斯·罗克辛:《德国刑法学·总论》（第一卷），王世洲译，法律出版社 2005 年版，第 731 页。

适用的法定刑幅度与普通过失一致。"轻率说"没有否认结果加重犯与想象竞合犯具有相同的行为结构，对"复合形态论"的批评对"轻率说"仍有意义：为什么同样是一个行为触犯数个罪名，结果加重犯的刑罚效果要远高于想象竞合犯？这种批评并没有因为"轻率说"将行为人对加重结果的罪过限定为轻率而减弱力度。"轻率说"也没有解决结果加重犯违背公平原则的问题，根据该说，结果加重犯仍有违宪之嫌。除了结果加重犯，其他类型的犯罪也可能由于行为人的轻率导致加重结果的发生①，但为什么行为没有在这些犯罪之后规定结果加重犯？"轻率说"并未提出令人信服的论据。

（四）"轻率说"偏离了结果加重犯立法的目的

我们判断某一学说是否合理，重要标准之一就是：根据这种理论解释刑法能否将法条所蕴含的价值全部释放出来。"轻率说"并未达到这样的标准。根据"轻率说"能够过滤掉一些不宜以结果加重犯定罪处罚的行为，部分实现限制结果加重犯成立范围的目的，但并没有把结果加重犯的立法目的体现出来。如果严格贯彻"轻率说"，司法机关必然将精力集中于认定行为人对加重结果的主观方面，而忽视基本犯罪与加重结果之间的客观联系，而后者却是结果加重犯立法的根基所在。这种忽视基本犯罪与加重结果之间关系的解释思路，一方面会导致部分行为被不合理地排除于结果加重犯之外，例如，有的结果加重犯法定刑并不高，一旦要求行为人对加重结果必须具有重大过失，必然损害此规范的保护目的；另一方面导致部分行为不合理地被纳入结果加重犯的范畴，例如，在基本犯罪行为的机会内，行为人轻率地引起了加重结果，即便基本犯罪行为与加重结果之间不存在直接关联也被认为成立结果加重犯，这也偏离了结果加重犯的立法目的。行为人实施具有发生加重结果的高度危险的行为，最终也导致加重结果，如果行为人对加重结果仅有一般过失，根据"轻率说"的观点，行为人不构成结果加重犯，这种结论令人无法接受。

---

① 例如，行为人在寒冷的冬夜将乞丐赖以取暖的衣物偷走，"轻率"地导致乞丐被冻死。

综上，"轻率说"并没有为结果加重犯寻找到充足的理论根据，并不能说明结果加重犯的本质，合理性值得怀疑。

第二节　"故意＋故意"的结果加重犯类型

结果加重犯理论的产生和发展往往都是围绕基本犯罪为故意犯罪的结果加重犯类型展开的。由于各国刑法规定的结果加重犯往往不明确指明行为人对加重结果的主观方面，而以"因而致……"，"致人……"，"致……结果"等表达基本犯罪与加重结果之间的关系。有一些犯罪可以通过法条之间的逻辑关系判断行为人对加重结果的主观方面，例如，没有人认为故意伤害致人死亡的成立要求行为人对加重结果具有故意，因为如果行为人对加重结果具有故意，便构成故意杀人罪。但刑法中还有相当数量的罪名，通过法条之间的关系不容易判断行为人对加重结果应有故意还是过失，最突出的代表就是抢劫罪。此时，往往需要结合刑法总则关于结果加重犯一般规定以及刑法理论判断行为人对加重结果所持的主观方面。由于"故意＋过失"的结果加重犯类型被普遍认可，本节主要讨论所谓的"故意＋故意"的结果加重犯类型。

一　"肯定论"与"否定论"的对立

日本有学者认可"故意的结果加重犯、过失的结果加重犯和偶然的结果加重犯"的分类，认为"关于结果加重犯的结果，虽然一般地不以故意为必要，并且解释上限于没有故意的场合，但以故意为必要的场合还是有的。这种场合叫'有故意的结果加重犯'。"[①]《日本刑法典》第146条规定："将毒物或者其他足以危害他人健康的物质混入由水道供公众饮用的净水或者其水源内的，处两年以上有期惩役；因而

---

① 参见［日］木村龟二《刑法总论》，有斐阁1984年版，第172—173页。转引自马克昌《结果加重犯比较研究》，载《武汉大学学报》（社会科学版）1993年第6期，第120页。另参见［日］木村龟二主编《刑法学词典》，顾肖荣等译，上海翻译出版公司1991年版，第162页。

致人死亡的，处死刑、无期徒刑或者五年以上惩役。"江家义男认为，该条后段的规定为对加重结果有故意的结果加重犯的适例。① 大谷实教授在讨论强制猥亵、强奸致人伤害罪时认为："从致伤结果来看，强制猥亵、强奸的实行行为，多数情况下，伴随有伤害的结果，另外，一般情况下，上述行为是在未必的认识之下所实施的，因此，在行为人对致伤结果有预见的情况下，不适用本罪的话，就会导致不合理的结果。而且，不承认这一点，仅仅将上述情况看作为伤害罪和强奸罪的观念上的竞合的话，对该种情况只能按照强奸罪的法定刑处理，而强奸罪比强奸致伤罪的刑要轻，这样就会引起量刑上的不平衡。因此，在强奸致伤罪方面，应当承认故意的结果加重犯，对伤害结果具有故意的时候，就只成立强奸致伤罪，并不另外成立伤害罪。"② 大谷实教授在讨论颠覆火车等致人死亡罪的构成要件时认为，出于杀人故意而颠覆、破坏火车等，因而致人死亡的，构成该罪。这是因为："本罪的法定刑是死刑和无期徒刑，比杀人罪的法定刑要重，从这一点来考虑，应当说，即便出于杀人故意而实施本罪的场合，也应包括在本罪之内。另外，也不否定具有故意的结果加重犯，所以，对致死结果具有预见的场合，也只成立本罪一个罪名。"③ 前田雅英教授认为，"在重结果加重犯的规定当中，也包括有致以重结果之故意这种类型"。例如，"拘禁致人死伤罪，就其伤害也包括有故意的场合。"④

---

① 大塚仁教授认为，"净水污染致死罪、水道污染致死罪、净水毒物等混入致死伤罪"的成立，需要对死伤的结果没有故意。如果有故意则成立（故意）杀人罪、（故意）伤害罪，构成与净水污染罪、水道污染罪、净水毒物等混入罪的观念竞合。参见［日］大塚仁《刑法概说（总论）》，冯军译，中国人民大学出版社 2003 年版，第 477 页。我国台湾地区"刑法"第 190 条的规定与《日本刑法典》第 146 条的规定类似，但是，台湾学者认为，如果行为人以杀人或者故意致人重伤的故意实施"投放毒物或混入妨害卫生物品于供公众所饮用之水源、水道或自来水池"，"因而致人于死者"或者"致重伤者"，以妨害公众饮水罪与故意杀人罪或致人重伤罪，依牵连犯从一重罪处断，而不认为这是对加重结果持故意的结果加重犯的适例。参见洪福增《加重结果犯》，载蔡墩铭主编《法学论文选辑 8——刑法总则论文选集》，五南图书出版股份有限公司 1984 年版，第 343—344 页。

② ［日］大谷实：《刑法各论》，黎宏译，法律出版社 2003 年版，第 92 页。

③ 同上书，第 297 页。

④ ［日］前田雅英：《日本刑法各论》，董璠舆译，五南图书出版股份有限公司 2000 年版，第 39 页。

韩国多数学者认为："不仅基于过失引起的重的结果的情况，甚至在基于故意而引起的情况中，因为考虑到处罚的不均衡也有不得不认定成立结果加重犯的必要。"[1] 例如，韩国刑法中妨害交通致伤罪（第188条），重伤罪（第258条），妨害特殊公务致伤罪（第144条2项前段），现住建筑物放火致死伤罪（第164条2项），现住建筑物决水致死伤罪（第177条2项），重妨害权利行使罪（第326条），重损毁罪（第368条1项）等。韩国学者一般认为，这些结果加重犯的规定，行为人对加重结果既可以是故意的，也可以是过失的。

我国台湾地区有学者肯认对加重结果持故意的结果加重犯形态。例如，陈朴生教授认为，从罪刑均衡的角度来讲，应该肯定对加重结果持故意的结果加重犯形态。根据台湾地区"刑法"，强奸致人重伤的，处七年以上有期徒刑；强盗致人重伤的，处无期徒刑或七年以上有期徒刑；强盗、意图勒赎而掳人致人重伤处死刑或者无期徒刑。这些都比故意伤害致人重伤所处五年以上十二年以下有期徒刑重。如果行为人强奸故意致人重伤，强盗故意致人重伤，掳人勒赎故意致人重伤不依照结果加重犯论处，则必须按照想象竞合犯的法理处理，其获得的法律效果比行为人对重伤结果持过失的法定刑还要轻，这并不是立法的本意。所以"各该条项所规定之加重结果犯，……应解为包括故意之情形在内，即认为有故意之加重结果犯之存在。"[2]

我国内地，也有不少学者认为结果加重犯应当包括"故意＋故意"的情形。[3] 有学者认为，应当承认对加重结果持故意的结果加重犯形态，原因在于：第一，我国刑法中没有结合犯的规定，对"致人重伤或死亡"不包括对加重结果持故意的情形，一旦出现故意重伤、故意杀人时就必须数罪并罚或按想象竞合犯处理，这样便徒增诉讼上的困难。第二，在抢劫的过程中故意杀人的按照数罪并罚予以处理的

---

① ［韩］金日秀、徐辅鹤：《韩国刑法总论》，郑军男译，武汉大学出版社2008年版，第147页。

② 陈朴生：《结果加重犯之责任要素》，载《法令月刊》第28卷第3期，第7页。

③ 承认对加重结果持故意心态的结果加重犯形态的论述参见聂妍铧《也论结果加重犯的特征和成立条件》，载《法学杂志》2008年第4期；吴振兴、李韧夫：《结果加重犯无未遂探论》，载《当代法学》1993年第2期，第14—15页。

观点不科学。因为如果抽去行为人故意杀人的行为，抢劫罪的"暴力、胁迫"手段行为就没有了，抢劫罪就不成立了，无法数罪并罚。①

也有不少学者否认"故意＋故意"的结果加重犯类型。例如，大塚仁教授认为："故意的结果加重犯这种观念不妥当。故意的结果加重犯，其实体不外乎是纯粹的故意犯。因此，只应该把所谓过失的结果加重犯理解为结果加重犯。"② 马克昌教授认为，如果认为对重结果可以出于故意，结果加重犯就难以与结合犯区分开来。有故意的结果加重犯，归根到底就是故意犯，并非故意犯以外的东西。③ 余振华教授认为："对于故意之结果加重犯之情形，因为该种犯罪类型之本质属于故意犯之一种，故依据一般原则即可成立故意犯，因之，并无特别讨论之必要性。"④

二　"基本犯罪＋致人重伤"的情形

我们先看一个例子：

甲恨乙入骨，意欲以强奸的方式致乙重伤。最终，甲的强奸行为导致乙重伤。

对于本案，可能有如下两种处理思路：

思路1：甲的一个行为同时构成了故意伤害罪（致人重伤）和强奸罪，按照想象竞合犯从一重罪处断。强奸罪的法定刑为"三年以上十年以下有期徒刑"，故意伤害致人重伤的法定刑为"三年以上十年以下有期徒刑"，从一重罪处断，应在"三年以上十年以下有期徒刑"的范围内定罪量刑。

---

① 参见李邦友《结果加重犯基本理论研究》，武汉大学出版社 2001 年版，第 44—45 页。

② ［日］大塚仁：《刑法概说（总论）》，冯军译，中国人民大学出版社 2003 年版，第 181 页。

③ 马克昌：《结果加重犯比较研究》，载《武汉大学学报》（社会科学版）1993 年第 6 期。

④ 余振华：《刑法深思·深思刑法》，元照出版有限公司 2005 年版，第 249 页。

思路2：根据刑法第236条的规定，强奸妇女，致使被害人重伤的，处十年以上有期徒刑、无期徒刑或者死刑。甲的行为符合本条规定，应以强奸罪的结果加重犯在十年以上有期徒刑、无期徒刑或者死刑的范围内量定刑罚。

很明显，思路1会造成罪刑失衡。如果行为人使用暴力对被害人实施强奸，过失导致被害人重伤的都要在"十年以上有期徒刑、无期徒刑或者死刑"的幅度内度量刑罚，行为人对重伤结果持故意的反而只能在"三年以上十年以下有期徒刑"的幅度内量刑，不符合罪刑平衡原则。因此，思路2更加合理。

同样的道理也适用于抢劫罪。例如：

行为人甲以致人重伤的故意对乙实施暴力，试图压制乙的反抗，以便抢劫财物。最终，甲抢取财物并造成乙重伤。

如果按照想象竞合犯处理，那么只能在"三年以上十年以下有期徒刑"的范围内量定刑罚。如果按照结果加重犯处理，则可在"十年以上有期徒刑、无期徒刑或者死刑"的范围内量刑。很明显，后者的处理方式更加合理，因为抢劫过失致人重伤的都要在"十年以上有期徒刑、无期徒刑或者死刑"的幅度内定罪处罚，抢劫故意致人重伤的，罪责更重，接受的刑罚处罚也应该更重。

分析至此，似乎可以得出这样的结论：应当承认对加重结果持故意的结果加重犯类型，但此类结果加重犯的范围仍须进一步讨论。

再举一例：

甲长期虐待母亲，动辄拳打脚踢，最终导致母亲重伤。[①]

刑法第260条规定：虐待家庭成员，致使被害人重伤的，处两年以上七年以下有期徒刑。如果按照本条处理此案，认定甲构成虐待罪的结

---

① 假设有充分证据证明甲对重伤结果具有间接故意。

果加重犯，则又会造成罪刑不均衡。根据刑法第 234 条的规定，故意伤害致人重伤的，处三年以上十年以下有期徒刑。行为人作为被害人的子女，以致被害人重伤的故意实施虐待行为，承受的刑罚反而比普通的故意伤害致人重伤还要低，不符合规范的保护目的。因此，不能认为刑法第 260 条规定的结果加重犯包含对加重结果具有故意的情形。[1]

同样是故意致人重伤，为什么有的情况下成立结果加重犯，有的情况下仍须根据竞合理论进行处理？本书认为，作出不同选择的"指挥棒"是宪法上的公平原则，体现在刑法领域便是罪刑均衡原则。判断刑法分则中结果加重犯是否包括对加重结果具有故意的情形，应在不违反罪刑法定原则的前提下，将行为符合的犯罪构成——罗列，用足竞合理论，寻找最佳解决方案。按照这个思路，我们审视刑法分则条文中以"致人重伤"为标志的结果加重犯就会发现，绝大多数的法定刑均高于故意伤害罪（致人重伤），也就意味着，行为人在实施基本犯罪行为时，如果对重伤结果具有故意，原则上应适用结果加重犯的规定。只有在适用结果加重犯的规定明显违反罪刑均衡原则时，才考虑进一步运用竞合原理。

三　"基本犯罪 + 致人死亡"的情形

与"基本犯罪 + 致人重伤"的情形类似，我们判断"基本犯罪 + 致人死亡"的结果加重犯类型是否包括对加重结果持故意的情形，也应以罪刑法定原则为基础，综合运用竞合理论，选择最有利于实现罪刑均衡的方案。我们重点讨论在理论上争议比较大的三类犯罪：拘禁杀人、强奸杀人和抢劫杀人。

（一）拘禁杀人

例 1：甲以杀人的目的对乙实施非法拘禁，乙由于被限制人身自由，多日不进水、米后死亡。

---

[1] 参见 2015 年 3 月 2 日最高人民法院、最高人民检察院、公安部、司法部《关于依法办理家庭暴力犯罪案件的意见》第 17 条。

本案中，甲的行为符合刑法第 238 条的规定：非法拘禁他人或者以其他方式非法剥夺他人人身自由，致人死亡的，处十年以上有期徒刑；同时，甲具有杀人故意，又有杀人的实行行为（使他人处于无法获得水和食物的境地），符合故意杀人罪的犯罪构成，根据刑法第 232 条的规定，应在"死刑、无期徒刑或者十年以上有期徒刑"的范围内定罪量刑。① 根据竞合原理，应以重罪故意杀人罪追究甲的刑事责任。根据竞合原理，通过比较刑罚，我们可以得出结论：刑法第 238 条规定的"非法拘禁致人死亡"，不应包括对加重结果具有故意的情形。

（二）强奸杀人

例 2：甲以杀人的目的对乙实施强奸，乙被"强奸而死"。

本案中，甲的行为符合刑法第 236 条的规定：以暴力、胁迫或者其他手段强奸妇女，致使被害人死亡的，处十年以上有期徒刑、无期徒刑或者死刑；同时，甲具有杀人故意，又有杀人的实行行为（强奸行为），符合故意杀人罪的犯罪构成，根据刑法第 232 条的规定，应在"死刑、无期徒刑或者十年以上有期徒刑"的范围内定罪量刑。故意杀人罪刑罚的排列顺序为：死刑、无期徒刑、十年以上有期徒刑，体现出立法者要求司法者在适用本条时从重到轻选择刑罚的倾向，从这个角度讲，故意杀人的刑罚要重于强奸致人死亡的刑罚。因此，应以故意杀人罪追究甲的刑事责任。根据竞合原理，通过比较刑罚，我们可以得出结论：刑法第 236 条规定的"强奸致人死亡"，不应包括对加重结果具有故意的情形。

（三）抢劫杀人

例 3：行为人一开始目标就很明确，先杀死被害人，然后取走被害人的钱财。行为人按照计划杀人取财。

---

① 以非法拘禁的方式杀人，很难说其"情节较轻"，因此，不宜在"三年以上十年以下有期徒刑"的范围内量定刑罚。

例4：行为人先使用暴力实施抢劫，失败之后起杀意，将被害人杀死之后取财。

刑法第263条规定，抢劫致人死亡的，处十年以上有期徒刑、无期徒刑或者死刑，并处罚金或者没收财产。对于如何理解"抢劫致人死亡"，理论界主要有以下六种观点：

第一，"抢劫致人死亡"对死亡结果的主观方面只能是过失，抢劫财物过失致人死亡是结果加重犯。如果行为人故意杀人劫财，应当认定为抢劫罪和故意杀人罪，成立实质的数罪。[①]

第二，"抢劫致人死亡"包括故意杀人和过失杀人两种情形，故意杀人而劫财的，定抢劫罪，是抢夺罪与杀人罪的结合犯。[②]

第三，杀人抢劫而致人死亡既是结合犯也是结果加重犯，是两者的竞合。[③]

第四，以故意杀人为手段实施抢劫的，应该以故意杀人罪一罪定罪处罚。[④] "对于故意致人死亡的，从杀人与占有财物的不可分割的直接联系看，实际上是一个行为同时触犯故意杀人罪（图财杀人）和抢劫罪（杀人抢劫）两个罪名，符合想象竞合犯的特征。"[⑤]

第五，以杀人故意抢劫财物的，应该认定为成立独立的抢劫杀人罪。[⑥]

第六，以故意杀人的方式抢劫财物的，应该认为是抢劫罪的结果

---

①　参见王尚文、王婧华《论"抢劫致人重伤、死亡"》，载《中国人民公安大学学报》2003年第3期。

②　参见喻伟《结合犯新探》，载《中国法学》1990年第5期。

③　参见马克昌主编《犯罪通论》，武汉大学出版社1999年版，第658页。

④　参见陈兴良《罪名指南（上册）》，中国政法大学出版社2000年版，第778—781页；谢彤：《我国刑法中抢劫罪的暴力是否包括故意杀人》，载《华侨大学学报》（哲学社会科学版）2003年第3期。

⑤　王作富：《认定抢劫罪的若干问题》，载《刑事司法指南（第1辑）》，法律出版社2000年版，第1页以下。

⑥　参见张先钦《抢劫财物过程中致人死亡案件的定罪和处罚》，载《中央政法管理干部学院学报》1996年第3期。

加重犯。①

对此问题，2001 年 5 月 23 日最高人民法院《关于抢劫过程中故意杀人案件如何定罪问题的批复》规定："行为人为劫取财物而预谋故意杀人，或者在劫取财物过程中，为制服被害人反抗而故意杀人的，以抢劫罪定罪处罚。行为人实施抢劫后，为灭口而故意杀人的，以抢劫罪和故意杀人罪定罪，实行数罪并罚。"表明司法实践认为，刑法第 263 条规定的"抢劫致人死亡"包括行为人故意杀人的情形。

本书认为，以劫财目的故意杀人的行为既符合抢劫致人死亡的犯罪构成，又符合故意杀人的犯罪构成，应根据竞合理论决定最后适用的条文。抢劫致人死亡的法定刑为"十年以上有期徒刑、无期徒刑或者死刑，并处罚金或者没收财产"，而故意杀人的法定刑为"死刑、无期徒刑或者十年以上有期徒刑"，由于前者附加财产刑，可以认为前者的刑罚重于后者。因此，对于例 3、例 4 中的行为人均应以抢劫罪的结果加重犯定罪处罚。我们也可以得出这样的结论：刑法第 263 条规定的"抢劫致人死亡"包括对死亡结果持故意的情形。

四　"故意 + 故意"的结果加重犯的范围

刑法分则条文往往没有对结果加重犯的主观方面进行限定，因此不能武断地否定"故意 + 故意"的结果加重犯类型。除前述"基本犯罪 + 致人重伤""基本犯罪 + 致人死亡"可能存在对加重结果持故意的情形外，还有其他类型的结果加重犯包含对加重结果持故意的情形。

数额加重犯是结果加重犯的一个类型，对此本书第一章第三节已有论述。在数额加重犯中，如果行为人对基本犯罪结果是故意，对加重结果也必然是故意。例如，刑法第 266 条规定："诈骗公私财物，数额较大的，处三年以下有期徒刑、拘役或者管制，并处或者单处罚金；数额巨大或者有其他严重情节的，处三年以上十年以下有期徒刑，并处罚

---

① 参见赵秉志、肖中华、左坚卫《刑法问题对谈录》，北京大学出版社 2007 年版，第 366 页以下。

金；数额特别巨大或者有其他特别严重情节的，处十年以上有期徒刑或者无期徒刑，并处罚金或者没收财产。"行为人诈骗数额巨大或者诈骗数额特别巨大便是诈骗罪所规定的结果加重犯的情形。此时，行为人对"数额巨大"以及"数额特别巨大"的公私财物必须具有故意（包括直接故意和间接故意），如果行为人对加重结果不具有故意，则不能将该重结果归责于行为人，这是责任主义的必然要求。从数额加重犯的角度可以肯定对加重结果持故意的结果加重犯形态。

正如本书第一章第三节已经论述到的，部分以重结果作为加重情节的情节加重犯也被视为结果加重犯。"情节"是一个概括性非常强的法律术语，一切对定罪量刑有意义的要素都可谓"情节"。行为人对重结果持过失的态度，可以认为是严重情节而加重法定刑，行为人对重结果持故意的态度，更可以认为是严重情节而加重法定刑，成为作为情节加重犯的结果加重犯。根据《最高人民法院关于审理为境外窃取、刺探、收买、非法提供国家秘密、情报案件具体应用法律若干问题的解释》，为境外窃取、刺探、收买、非法提供国家秘密或者情报，具有下列情形之一的，属于"情节特别严重"：（1）为境外窃取、刺探、收买、非法提供绝密级国家秘密的；（2）为境外窃取、刺探、收买、非法提供三项以上机密级国家秘密的。对此两类重结果，行为人应具有故意，才构成作为情节加重犯的结果加重犯。

第三节 "过失 + 过失"的结果加重犯类型

基本犯罪为过失犯的结果加重犯是指刑法中规定了过失的基本犯罪，当该基本犯罪导致了重结果时，刑法规定了更重法定刑的犯罪形态。对于基本犯罪为过失犯的结果加重犯，理论界存在"肯定说"和"否定说"的对立。

一 "肯定说"与"否定说"的对立

"肯定说"认为："就理论而言，过失基本行为与过失加重结果之间亦有可能存在特别的危险关系，例如犯失火罪而竟导致被害人死亡的结果"。①

　　以 1975 年《联邦德国刑法典》第 309 条、第 314 条、第 320 条规定为依据，不少德国、日本及我国台湾地区学者认可基本犯罪为过失犯的结果加重犯类型。《联邦德国刑法典》第 309 条规定："过失引起第 306 条和第 308 条所述火灾的，处三年以下自由刑或罚金；因失火致他人死亡的，处五年以下自由刑或罚金。"第 320 条规定："过失犯第 318 条（指损害重要设备——笔者注）和第 319 条（指危害公共安全的投毒——笔者注）所述之罪，造成损失的，处一年以下自由刑或罚金；致人死亡的，处五年以下自由刑或罚金。"②

　　大塚仁教授认为："德国刑法承认了以过失犯为基本犯罪的结果加重犯（第 309 条后段：失火致死罪）。另外，在我国，《关于处罚有关人的健康的公害犯罪的法律》第 3 条第 2 项也规定着基于过失犯的结果加重犯。"③ 我国台湾地区的学者往往从立法论上肯定基本犯罪为过失犯的结果加重犯，作为论据，往往引德国刑法的有关规定。④ 我国内地也有学者认为德国刑法的上述规定是结果加重犯的适例，但并不认为我国刑法中有类似的规定，因而不承认基本犯罪为过失犯的结果加重犯。⑤ 根据《澳门刑法典》第 264 条的规定，只要过失行为造成火灾、爆炸等事故而对他人的生命、健康造成危险的，即使没有伤亡，也要定罪处罚。另根据该法第 272 条，如果过失放火或者过失爆炸等造成他人伤亡的，则要加重处罚。有学者认为，这样的规定继受了德国刑法的立法精神，

---

　　① 林钰雄：《新刑法总论》，元照出版有限公司 2006 年版，第 89 页。

　　② 需要注意的是，1998 年 11 月 13 日公布，1999 年 1 月 1 日生效的《德国刑法典》将该类基本犯罪为过失犯罪的结果加重犯形态全部删除。参见赵彦清《结果加重犯的归责基础》，政治大学法律研究所硕士论文，第 29 页。

　　③ ［日］大塚仁：《刑法概说（总论）》，冯军译，中国人民大学出版社 2003 年版，第 181 页。《关于处罚有关人的健康的公害犯罪的法律》第 3 条第 2 项："犯怠于业务上必要之注意，因工场或事业场所之事业活动，排出有害人之健康之物质，致公众之生命或身体发生危险之罪，因而致人于死伤者，处……"。相同见解参见［日］川端博《刑法总论二十五讲》，余振华译，元照出版有限公司 1999 年版，第 228 页。

　　④ 参见郑逸哲《论结果加重犯》，载《法制现代化之回顾与前瞻》，月旦出版社股份有限公司 1997 年版，第 623 页；纪俊乾：《从实务观点论结果加重犯之运用》，载《政大法学评论》第 50 期，第 100 页；柯耀程：《变动中的刑法思想》，中国政法大学出版社 2003 年版，第 109 页注 1。

　　⑤ 参见顾肖荣《试论结果加重犯》，载上海社会科学院法学研究所编《法治论衡：上海社会科学院法学研究所论文精选》，上海社会科学院出版社 2008 年版，第 267—268 页。

属于基本犯罪为过失犯的结果加重犯类型。①

　　我国内地有学者认为，应该从理论上承认"过失＋过失"的结果加重犯类型，我国刑法中存在为数不少的该类型的结果加重犯。② 例如刑法第131条（重大飞行事故罪）、第132条（铁路运营安全事故罪）、第136条（危险物品肇事罪）③、第138条（教育设施重大安全事故罪）、第139条（消防责任事故罪）、第436条（武器装备肇事罪）等。

　　"肯定说"的理由是："（1）从基本犯、加重构成、加重构成之逻辑关系看，作为加重构成前提的过失犯行为导致的社会危害同样具有大小层次之分。（2）从加重构成的构成特征看，将过失犯排除在外没有合理根据。（3）立法规定加重构成，是因为某种犯罪行为之危害超出了基本犯的罪质与罪责范围，为体现罪刑相适应而有必要规定加重构成。因而，在基本犯中排斥过失犯缺乏立法根据。"④

　　有的学者虽然肯定"过失＋过失"类型的结果加重犯，但是，认为这种类型的结果加重犯仅限于基本结果与加重结果性质不同，并且每一种结果都可以单独构成犯罪的情形。在此情形下，行为人实施一个行为同时造成这两种结果，可能与想象竞合犯混淆，因而应当承认其为结果加重犯。例如德国旧刑法第309条规定的失火致死罪，发生火灾是基本结果，而火灾致人死亡则是加重结果，由于失火罪与过失致人死亡罪在性质上不同，对此完全可以适用想象竞合犯的原理进行处理，因此有必要将这样的情形认定为结果加重犯，以便与想象竞合犯进行区别。我国刑法没有类似的规定。对于被学者普遍认为是基本犯罪为过失犯罪的结果加重犯的情形，由于基本犯罪与加重结果的性质同一，行为人的过失行为只能造成其中一种结果，但是不论造成哪种结果都不会改变行为性质，由于在理解上与认定上都没有什么争

---

　　① 参见赵国强《澳门刑法总论》，澳门基金会1998年版，第71页。

　　② 参见张明楷《刑法学》（第三版），法律出版社2007年版，第156页；聂妍铧：《也论结果加重犯的特征和成立条件》，载《法学杂志》2008年第4期；金泽刚：《结果加重犯的结果及其未遂形态问题》，载《上海交通大学学报》2001年第2期等。

　　③ 承认该条属于基本犯罪为过失犯的结果加重犯类型的观点参见余剑主编《刑法总则》，法律出版社2000年版，第365页。

　　④ 劳东燕：《规范的保护目的与结果加重犯的界定》，载陈泽宪主编《刑事法前沿》（第四卷），中国人民公安大学出版社2008年版，第128页。

议，直接根据造成的结果定罪量刑就可以了，没有必要承认为结果加重犯。[1]

不少日本学者根据本国的立法，否认基本犯罪为过失犯的结果加重犯类型。一些学者在对结果加重犯进行定义时就鲜明地表明了自己的立场：结果加重犯的基本犯罪只能是故意犯罪。例如，野村稔教授认为："结果加重犯……是作为故意犯的基本犯与作为过失犯的重结果的结合犯。"[2] 我国台湾地区也有学者认为，基本犯罪为过失犯的结果加重犯是所谓的"不纯正的结果加重犯"，而不纯正的结果加重犯根本就不是结果加重犯。[3]

我国内地有学者认为，基本犯罪为过失犯的结果加重犯不具有理论上的合理性。首先，基本罪为过失犯的结果加重犯与重结果的结果犯没有本质的区别。在基本罪为过失犯的结果加重犯中，行为人对基本犯罪的结果和加重结果都持有相同的过失心态。将这种类型的"结果加重犯"解释为结果犯不会引起理论上的混乱。其次，承认基本犯罪为过失犯的结果加重犯，只有在承认对加重结果既无故意、又无过失的偶然的结果加重犯的情况下才有意义。因为在承认偶然的结果加重犯的前提下，基本犯罪为过失犯的结果加重犯与普通的结果犯意义才不一样了：前者不需要行为人对加重结果具有罪过，后者则要求对加重结果具有过失。但是根据责任主义，不能承认偶然的结果加重犯，因此，认可基本犯罪为过失犯的结果加重犯类型便没有什么意义。再次，司法实践中，承认基本犯罪为过失犯的结果加重犯，可能极易扩大被告人承担刑事责任的范围，甚至将本不是被告人行为引起的结果归属于被告人。[4]

---

[1]　参见周铭川《结果加重犯争议问题研究》，载《中国刑事法杂志》2007年第5期。

[2]　参见马克昌《结果加重犯比较研究》，载《武汉大学学报》（哲学社会科学版）1996年第6期。

[3]　参见柯耀程《变动中的刑法思想》，中国政法大学出版社2003年版，第127页以下。

[4]　参见李邦友《结果加重犯基本理论研究》，武汉大学出版社2001年版，第37—38页；相同见解参见林亚刚《论结果加重犯的若干争议问题》，载《法学评论》2004年第6期，第74页；马克昌主编：《犯罪通论》，武汉大学出版社1999年版，第652页；陈家林：《共同正犯研究》，武汉大学出版社2004年版，第209页。

二　"过失＋过失"的结果加重犯的结构

本书认为，没有理由否认基本犯罪为过失犯的结果加重犯。以刑法第131条为例，该条规定："航空人员违反规章制度，致使发生重大飞行事故，造成严重后果的，处三年以下有期徒刑或者拘役；造成飞机坠毁或者人员死亡的，处三年以上七年以下有期徒刑。""造成飞机坠毁或者人员死亡的，处三年以上七年以下有期徒刑"符合"因发生加重结果而加重刑罚"的结果加重犯的典型特征。基本犯罪为过失犯的结果加重犯同样要求行为人对加重结果具有过失，不会扩大被告人承担刑事责任的范围。但是，也应当看到，基本犯罪为过失的结果加重犯与"故意＋过失"的结果加重犯在结构上的差异。

"故意＋过失"的结果加重犯将本质上构成想象竞合犯的两个犯罪"合并"为一个犯罪。如果刑法完全取消"出现加重结果，刑法规定较重法定刑"的立法模式，基本罪为过失犯的情形，仍为一罪，而"故意＋过失"的情形则构成两罪，须根据想象竞合原理进行处理。基本犯罪为过失犯的结果加重犯与"故意＋过失"的结果加重犯之间的区别如下图所示：

（1）基本犯罪为过失犯的结果加重犯

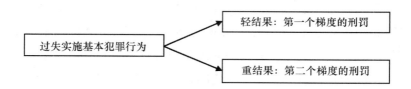

（2）"故意＋过失"类型的结果加重犯

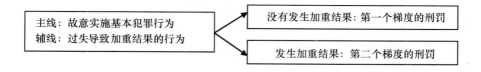

通过以上比较可知，基本犯罪为过失的结果加重犯与一般的过失犯在行为结构上并没有本质的区别，只是对严重程度不同的结果配置

了不同的刑罚。这种立法方式的优势在于，可以更好地限制法官的自由裁量权，可以促使行为人产生避免重结果的动力。"故意＋过失"的结果加重犯与基本犯罪为过失的结果加重犯均具有这样的价值。这种立法方式的劣势在于，会使一些条文变得很长。例如，刑法第131条完全可以缩减为："航空人员违反规章制度，致使发生重大飞行事故的，处三年以上七年以下有期徒刑或者拘役"。这是基本犯罪为过失的结果加重犯往往出现于篇幅比较长的刑法典中的原因。需要注意的是，在基本犯罪为过失的结果加重犯中，只有一个对加重结果的过失，不存在对基本犯罪的过失与对加重结果的过失的竞合问题，因此"过失＋过失"的表述并不严谨。

第四节　"过失＋故意"的结果加重犯类型

一　问题的提出

许玉秀教授认为，应该否认前行为保证人的类型，但是，这样必然会导致过失作为之后行为人故意不作为情形的处罚困境。如果按照数罪并罚论处，则因故意只是消极地利用前过失作为的因果流程，并没有积极地操纵因果流程，而难以以独立的一个行为论断。如果按照想象竞合犯处断，则因事后故意消极利用前行为因果流程，以致有额外侵害其他法益的加重结果出现，是否完全可以论以一行为，亦不无可疑，特别是从一重之处断往往无法吸收每个犯罪行为过程中的所有的不法。因此，只剩下所谓"粗糙综合评价"的结果加重犯可以利用。过失犯也可以衍生较重的结果，增加侵害法益的范围，没有不可以成立结果加重犯的道理，虽然行为人于过失之后产生对结果的兴趣，但是整个发生结果的因果流程还是由前过失行为所造成的，事后故意的产生，并不影响加重结果是前过失作为所造成的事实，同时事后故意正好可以作罪责的评价基准，以结果加重犯处理，并无不妥。[1]

我国刑法第133条规定："违反交通运输管理法规，因而发生重大

---

① 许玉秀：《当代刑法思潮》，中国民主法制出版社2005年版，第700—701页。

事故，致人重伤、死亡或者使公私财产遭受重大损失的，处三年以下有期徒刑或者拘役；交通运输肇事后逃逸或者有其他特别恶劣情节的，处三年以上七年以下有期徒刑；因逃逸致人死亡的，处七年以上有期徒刑。"通说认为，交通肇事罪的基本犯罪是典型的过失犯罪，但对于"因逃逸致人死亡"的主观方面则有不同的观点。一般认为，逃逸致人死亡仅限于行为人对死亡结果具有过失的情形。"过失或间接故意说"则认为，"逃逸致人死亡"是指逃逸者主观上并不希望发生被害人死亡的后果，没有救助被害人或者未采取得力的救助措施，导致发生被害人死亡结果的情形，主观罪过兼含过失和间接故意。[①] 根据"过失或间接故意说"，如果认为交通肇事罪的基本犯罪为过失犯，似乎"因逃逸致人死亡的，处七年以上有期徒刑"符合许玉秀教授所提倡的"过失＋故意"结果加重犯的构造。

二　"因逃逸致人死亡"的性质

通说认为，"因逃逸致人死亡"是指出现交通事故后，肇事者逃离事故现场，置受伤人于不顾，致使受伤人得不到及时救助而死亡。[②]关于"因逃逸致人死亡"的性质，理论上有独立犯罪说、结果加重犯说等观点的对立。

"独立犯罪说"认为，由于"逃逸致人死亡"不是交通肇事罪的

_____

① 　参见孙军工《〈关于审理交通肇事刑事案件具体运用法律若干问题的解释〉的理解与适用》，载《刑事审判参考》（第 3 卷上），法律出版社 2002 年版，第 311 页；李洁：《析交通肇事罪的罪过形式》，载《人民检察》1998 年第 11 期。

② 　参见鲍遂献、雷东生《危害公共安全罪》，中国人民公安大学出版社 1999 年版，第 350 页；张穹主编：《修订刑法条文实用解说》，中国检察出版社 1997 年版，第 153 页。司法实践也持这种观点，参见《最高人民法院关于审理交通肇事刑事案件具体应用法律若干问题的解释》第 5 条。张明楷教授原认为，"因逃逸致人死亡"，应仅限于过失致人死亡，即事实上发生二次交通肇事，已发生交通事故后，行为人在逃逸过程中又发生交通事故进而导致其他人死亡。显然刑法将同种数罪规定了一个法定刑。后来，他修正了自己的观点，认为："逃逸致人死亡"除了连续造成两次交通事故的情形，即已经发生交通事故后，行为人在逃逸过程中又发生交通肇事过失致人死亡的情形之外，还应该包括前述通说的情形。参见张明楷《刑法学》（第三版），法律出版社 2007 年版，第 543 页。相同见解参见赵秉志主编《疑难刑事问题司法对策》，吉林人民出版社 1999 年版，第 110 页；吴学斌、吴声：《浅析交通该肇事罪中"因逃逸致人死亡"的含义》，载《法律科学》1998 年第 6 期。

基本犯罪"违反交通运输管理法规"行为引起的，因此，该加重结果与第一段规定的基本罪行之间不具有因果关系，不符合结果加重犯的特征。"因逃逸致人死亡"，行为人对死亡结果具有放任的故意，即，行为人在认识到自己不对被害人进行救治就会导致被害人死亡的前提下，能够对之进行救治而不进行救治。该行为具有独立的构成，该条第三段对此种行为规定了独立的法定刑，因此，"本段规定不是交通肇事罪本身，而应该是一种独立的犯罪。"①

"结果加重犯说"认为，该段规定是交通肇事罪的结果加重犯。"行为人交通肇事后逃逸，在当时的情形下行为人明知其逃逸后被害人受伤严重有死亡的可能，却不采取积极有效的措施对被害人进行救助，致使被害人因得不到及时救助而死亡的，对被害人的死亡是疏忽大意的过失或者过于自信过失，只构成交通肇事罪。此时，因逃逸致人死亡的心态是过失。"②肖中华教授认为因逃逸致人死亡的交通肇事行为为结果加重犯，但没有说明属于哪种类型的结果加重犯。③

也有学者从肯定结果加重犯的加重结果"兼合故意说"出发，认为，"因逃逸致人死亡"应当包括间接故意，不管行为人逃逸对于被害人死亡的结果持故意还是过失，都认为是交通肇事罪的结果加重犯。至于法定最高刑仅为十五年有期徒刑，与故意杀人罪的法定刑不协调，这是立法技术的问题，与结果加重犯理论本身没有关系。④

还有观点认为，"因逃逸致人死亡"这种情况应该视为交通该肇事罪的转化犯，即，认定为间接故意杀人罪。刑法第 133 条关于"因逃逸致人死亡"的规定是立法上的失误，应删除此条款，或者作出修改。⑤

---

① 李邦友：《结果加重犯基本理论研究》，武汉大学出版社 2001 年版，第 39 页。
② 陈兴良、周光权：《刑法学的现代展开》，中国人民大学出版社 2006 年版，第 471 页。
③ 参见肖中华《论转化犯》，载《浙江社会科学》2000 年第 3 期，第 46 页。相同见解参见李金明《不真正不作为犯研究》，中国政法大学博士论文，2005 年，第 127 页。
④ 参见吴振兴《我国刑法中结果加重犯新探》，载《刑事法新论集萃·何鹏教授八十华诞纪念文集》，法律出版社 2005 年版，第 8 页。
⑤ 参见侯国云、白岫云《新刑法疑难问题解析与适用》，中国检察出版社 1998 年版，第 350—357 页。

三　"因逃逸致人死亡"的结构

结合 2000 年 11 月 10 日最高人民法院《关于审理交通肇事刑事案件具体应用法律若干问题的解释》，刑法第 133 条的内容可作如下分解：

位置	罪状	行为表现	刑罚
前段	违反交通运输管理法规，因而发生重大事故，致人重伤、死亡或者使公私财产遭受重大损失	**行为 1**：死亡 1 人或者重伤 3 人以上，负事故全部或者主要责任。 **行为 2**：死亡 3 人以上，负事故同等责任。 **行为 3**：造成公共财产或者他人财产直接损失，负事故全部或者主要责任，无能力赔偿数额在 30 万元以上。 **行为 4**：交通肇事致 1 人以上重伤，负事故全部或者主要责任，并有下列情形之一：（1）酒后、吸食毒品后驾驶机动车辆。（2）无驾驶资格驾驶机动车辆。（3）明知是安全装置不全或者安全机件失灵的机动车辆而驾驶。（4）明知是无牌证或者已报废的机动车辆而驾驶。（5）严重超载驾驶。 **行为 5**：交通肇事致 1 人以上重伤，负事故全部或者主要责任，为逃避法律追究逃离事故现场。	三年以下有期徒刑或者拘役
中段	交通运输肇事后逃逸或者有其他特别恶劣情节	**行为 6（交通肇事后逃逸）**：实施行为 1—4，在发生交通事故后，为逃避法律追究而逃跑。 **行为 7（有其他特别恶劣情节）**：（1）死亡 2 人以上或者重伤 5 人以上，负事故全部或者主要责任。（2）死亡 6 人以上，负事故同等责任。（3）造成公共财产或者他人财产直接损失，负事故全部或者主要责任，无能力赔偿数额在 60 万元以上。	三年以上七年以下有期徒刑
后段	因逃逸致人死亡	**行为 8**：行为人在交通肇事后为逃避法律追究而逃跑，致使被害人因得不到救助而死亡。	七年以上有期徒刑

行为人实施中段的逃逸行为，致使被害人因得不到救助而死亡的，符合后段"因逃逸致人死亡"的构成。此时，后段的规定符合结果加重犯的特征：因发生重结果（被害人死亡）而刑法规定了更重的法定刑（由"三年以上七年以下有期徒刑"升格为"七年以上有期徒刑"）。只有明确中段和后段的罪过形态，才能确定"因逃逸

致人死亡"的结果加重犯类型。

（一）"交通运输肇事后逃逸"是故意犯罪

通说认为，"交通运输肇事后逃逸"是交通肇事罪的情节加重犯，其主观方面与交通肇事罪的基本犯罪一致，亦为过失。本书认为，应当区别普通的对结果持过失的交通肇事行为与交通肇事逃逸行为。中段的规定（交通运输肇事后逃逸）与交通肇事罪的基本罪状（违反交通管理法规，因而发生重大事故，致人重伤、死亡或者使公司财产遭受重大损失）相比，其评价的重点已经从结果（致人重伤、死亡或者使公司财产遭受重大损失）转移到了逃逸行为及其蕴含的危险（人身、财产损失的扩大以及追缉犯罪难度的增加等）。根据主客观相统一的原则，对主观方面进行评价的重点也应放在"行为人对逃逸行为及危险的认识、意志"之上。我们认为，"交通运输肇事后逃逸"的主观方面为："明知自己交通肇事之后逃逸的行为会造成被害人处于生命、身体的危险状态及使自己摆脱承担交通肇事责任的结果，并且追求或者放任这种结果发生"的心理状态。[①]

[①]　如果认为遗弃罪为故意犯罪，就应该认可"交通肇事逃逸"为故意犯罪。"交通肇事后逃逸"与"遗弃"行为具有相似性，甚至可以认为前者是刑法中遗弃罪的特殊规定。我们可以将"交通肇事后逃逸"与"遗弃"进行比较（参见张明楷《刑法学》（第三版），法律出版社 2007 年版，第 650 页）：

遗弃	交通肇事逃逸
行为主体是对年老、年幼、患病或者其他没有独立生活能力的人负有抚养义务的人。	行为人的先前交通肇事行为使被害人的法益处于危险状态，因此具有救助被害人的义务。
行为对象是年老、年幼、患病或者其他没有独立生活能力的人。	发生交通肇事之后，交通肇事的被害人就成为"没有独立生活能力的人"。
行为内容为"拒绝抚养"。抚养是指扶助没有独立生活能力的人，使其能够像人一样生存。将他人生命、身体置于危险境地，或者不救助他人生命、身体的行为，也应该属于"拒绝扶养"的遗弃行为。	行为人交通肇事之后逃逸，将被害人遗留在危险的场所，与"拒绝抚养"的要求具有一致性。

客观方面的一致性，决定了遗弃与交通肇事逃逸在主观上的一致性。奇怪的是，很少有人认为遗弃罪是过失犯罪，但很多人认为交通肇事逃逸属于过失犯罪。

（二）"因逃逸致人死亡"：行为人对死亡结果具有过失

我们认为，构成刑法第 133 条后段之"因逃逸致人死亡"，要求行为人对死亡结果具有过失。如果行为人明知道自己不进行救助的行为会导致被害人死亡的结果，则应以故意杀人罪定罪处罚。得出这个结论主要是基于罪刑均衡的考虑。故意杀人罪的法定刑为"死刑、无期徒刑或者十年以上有期徒刑"，交通肇事"因逃逸致人死亡"的法定刑为"七年以上有期徒刑"，同样是故意杀人（不论是直接故意还是间接故意）而刑罚差距如此之大，让人无法接受。司法实践中，一般无法判断行为人对于被害人死亡的主观心态是故意还是过失，但是可以肯定行为人的主观心态至少是过失，根据"对案件事实存疑时，做有利于被告人的解释"的原则，一般认定行为人的主观罪过为过失。①

综上，行为人实施符合刑法第 133 条中段规定的行为，进而导致被害人死亡的，属于"故意 + 过失"的结果加重犯类型。

需要注意的是，刑法第 133 条后段并非限于中段行为导致加重结果的情形。例如，行为人甲违反交通运输管理法规，交通肇事致 1 人重伤，负事故全部责任，为逃避法律追究逃离事故现场，导致被害人因得不到及时救助而死亡。被害人死亡之前，甲的行为符合刑法第 133 条前段的规定，将死亡结果纳入评价范围后，符合后段的规定。在此情形下，后段的规定便不是中段的结果加重犯。再如，行为人甲违反交通运输管理法规，交通肇事致 1 人轻伤，负事故全部责任，为逃避法律追究逃离事故现场，导致被害人因得不到及时救助而死亡。被害人死亡之前，甲的行为不符合刑法第 133 条前段及中段的规定，只有将死亡结果纳入评价范围后，甲的行为符合后段的规定。在此情形下，后段的规定也不是中段的结果加重犯。因此，不能笼统地说，

---

①　这里涉及的另外一个问题是故意和过失的关系。如果认为故意和过失是完全排斥的两种主观罪过，那么在无法判断行为人的主观罪过是故意还是过失的情况下，似乎只能认定行为人没有主观罪过。但是，如果认为故意和过失之间区别仅仅是"结果回避可能性"的程度不同，则可以认为过失的罪过包容故意，在此情形下，如果无法判断行为人的罪过是故意还是过失，但是可以认定行为人至少具有过失的情况下，就可以认定行为人对危害结果具有过失。

刑法第 133 条后段的规定是中段的结果加重犯。

综上，本书认为，我国刑法中没有"过失＋故意"的结果加重犯类型。事实上，如果承认先前行为是作为义务的来源，需要通过设立"过失＋故意"的结果加重犯来解决的问题，均可根据不作为犯有关原理得到令人满意的结果。

第四章

基本犯罪与加重结果的形态

第一节　基本犯罪预备、未遂的结果加重犯

一　"基本犯罪预备＋加重结果"的情形

一般而言，基本犯罪在预备阶段不会导致加重结果，但是，由于因果关系认识错误等原因，加重结果提前到行为预备阶段便实现的情况也时有发生。这种认识错误能否阻碍行为人对加重结果承担结果加重犯的刑事责任呢？

【案例】行为人甲以伤害被害人乙的故意调制了一杯毒酒，想约请乙晚上到自己家里喝酒的时候毒害乙。甲调制完毒酒之后便将其放在酒架上，自己去上班了。乙当天中午到甲家里串门，发现酒架上有一杯酒便一饮而尽，喝完之后毙命。原来，甲由于疏忽大意，在酒里放置了足以致人死亡的毒药。

本案中，行为人甲具有因果关系的认识错误：预想的因果关系进程与实际发生的因果关系进程不一致。这种不一致是否影响行为人对乙死亡的结果承担故意伤害致人死亡的刑事责任？即，该案例中甲的行为构成故意伤害致人死亡一罪还是构成故意伤害罪（预备）与过失致人死亡罪的想象竞合犯？

对于基本犯罪可否为预备行为，我国学者一般持否定态度，认为基本犯罪的预备行为连发生基本犯罪结果的危险性都没有，遑论发生加重结果的现实危险？[①] 根据该论断，前述案例应认定为故意伤害罪

---

① 参见李邦友《结果加重犯基本理论研究》，武汉大学出版社 2001 年版，第 32 页。

（预备）与过失致人死亡罪的想象竞合犯，又由于故意伤害罪一般只处罚造成轻伤以上的行为，因此，本案应以过失致人死亡罪（假定行为人对死亡结果具有过失）定罪处罚。

本书认为，只有在行为人着手之后，才能认为行为人的因果关系认识错误不影响故意的成立。在犯罪预备阶段，行为人的行为还仅仅处于抽象的危险阶段，危害结果（包括加重结果）提前实现，不能认为不影响故意的成立。因此，在基本犯罪预备阶段，加重结果提前实现的，不能认为行为人构成结果加重犯。如果行为人对加重结果具有过失，应以基本犯罪的预备犯与相应的过失犯的想象竞合犯处理。

二　"基本犯罪未遂 + 加重结果"的情形

基本犯罪未遂但发生加重结果的情形并不少见。例如，甲对乙实施强奸，在未奸入之前，甲的暴力行为过失导致被害人死亡；再如，甲对乙实施暴力抢劫，过失导致乙死亡，但未劫得钱财。此类情形是否构成结果加重犯，其犯罪形态为何，在理论上存在争议。

一种观点认为，基本犯罪未遂的，即便发生加重结果也不构成结果加重犯。日本学者渡边一弘在讨论日本刑法中"颠覆火车等致死罪"时认为，[①] 如果颠覆火车或者破坏现有人在内的火车或者电车，颠覆、沉没或者破坏现有人在内的舰船而未遂的，即便发生了致人死亡的结果，也不构成颠覆火车等致死罪（颠覆火车等罪的结果加重犯）。[②] 这种观点机械地理解结果加重犯的成立要件，被通说否定。

有学者认为应当将基本犯罪行为未遂，但是由于基本行为导致加重结果发生的情况分为两大类型。第一类是指加重结果发生只要与其基本犯罪的着手实行相关联就可以，不管基本犯罪是否既遂，都应该依照加重结果犯的责任论断。强制性交致死罪、强盗致死罪就是这种

---

① 日本刑法第 126 条规定：
"颠覆或者破坏现有人在内的火车或者电车的，处无期徒刑或者三年以上惩役；
颠覆、沉没或者破坏现有人在内的舰船的，与前项同。
犯前两项之罪，因而致人死亡的，处死刑或者无期惩役。"
② ［日］大塚仁：《刑法概说（分论）》，冯军译，中国人民大学出版社 2003 年版，第 386 页。

类型。第二类是指加重处罚的结果条件建立在基本犯罪的结果之上，如果没有发生基本犯罪的结果，就不可能成立结果加重犯。例如，如果伤害未遂，便不可能成立伤害致死的结果加重犯。[①] 也就是说，成立伤害致死的结果加重犯，基本犯罪必须既遂。如果故意伤害的基本犯罪未遂，则不可能成立伤害致死的结果加重犯。[②]

由于对结果加重犯本身的性质、结构、类型有不同的认识，对犯罪预备、中止、未遂等犯罪停止形态有不同的理解，对刑法中具体的分则规定亦有不同的看法，学界对结果加重犯的犯罪停止形态问题众说纷纭。结果加重犯的犯罪停止形态问题涉及刑法总则关于犯罪预备、未遂、中止的规定能否适用于结果加重犯的问题，对于准确认定行为人的刑事责任具有重要的理论意义和实践价值。对于基本犯罪未遂而发生了加重结果的情形，理论上有两种观点：（1）不成立结果加重犯未遂；（2）成立结果加重犯未遂。

（一）不成立结果加重犯未遂的观点

在结果加重犯理论发展的不同阶段都有学者持"结果加重犯不存在犯罪未遂"的观点。

那些认为结果加重是古代结果责任的残留，持偶然的结果加重犯论的学者往往认为结果加重犯不可能存在未遂。因为，行为人实施基本行为的时候，不需要对加重结果有故意或者过失，加重结果完全是客观的处罚条件。如果出现加重结果就认定为结果加重犯，如果没出现就不认为是结果加重犯，自然就不存在结果加重犯的未遂问题。这种学说在德国曾经占据主导地位。这种将加重结果作为客观的处罚条件的学说由于违背责任主义的原则，渐次退出主流。学者们开始从责任主义立场出发，认定结果加重犯的犯罪停止形态。

德国刑法学界曾有一些学者认为，犯罪未遂规定的适用以犯罪从整体上能被评价为故意犯罪为前提。由于故意与过失相组合的结果加重犯类型不是完全由故意犯罪组成，行为人对加重结果持过失的心

---

① 参见苏俊雄《刑法总论（二）》，作者发行，1997 年版，第 362—363 页。

② 相同观点见黄常仁《刑法总论：逻辑分析与体系论证》，新学林出版股份有限公司 2009 年版，第 131 页。

态，因此，从概念上就可以排除对整个结果加重犯论以未遂犯的可能性。① 这种德国早期的学说，在我国目前仍然是理论上的通说：结果加重犯不可能存在未遂，这与过失犯不可能存在未遂是一个道理。②

对于如何认定基本犯罪未遂但发生加重结果情形的犯罪停止形态，学界有两种观点：

一种观点认为，由于犯罪未遂成立的前提是行为人在行为之时便已经认识到所有的构成要件。如果以结果加重犯之未遂处罚行为人，那么行为人所需具备的故意也必须及于所有的犯罪构成要件（包括基本犯罪的结果和加重结果）。如果行为人在实施基本犯罪行为时，过失地导致了加重结果的发生，而基本犯罪结果没有发生的，应当对行为人以基本犯罪的未遂犯与过失造成加重结果的犯罪，依照观念竞合的原则从一重罪处断。③ 但是，这种观点受到批评。有学者认为，结果加重的重心在于由于重结果而形成的一个加重构成要件上。在结果加重犯的结构上，重结果是结果加重犯构成要件的结果，如果这个结果发生了，即使基本犯罪处于未遂状态，也是符合结果加重犯的构成要件的，因此，当然成立结果加重犯的既遂。④ 反对观点的核心在于，结果加重犯既遂的认定应该以加重结果是否出现为中心，基本犯罪的结果不是认定结果加重犯犯罪停止形态的依据。⑤

另外一种观点则认为，应按照结果加重犯的既遂定罪处罚。有学者认为，判断结果加重犯既遂和未遂的标准在于是否发生了加重结果，是否发生了基本犯罪的结果并不重要。进而认为，只要行为人在实施基本犯罪的过程中过失地导致了加重结果的发生，不管基

---

① 蔡蕙芳：《结果加重犯之未遂问题》，载《自由·责任·法：苏俊雄教授七轶祝寿论文集》，元照出版有限公司 2005 年版，第 118 页。

② 参见马克昌《结果加重犯比较研究》，载《武汉大学学报》（社会科学版）1993 年第 6 期，第 122 页。

③ Vgl. Ulsenheimer, Zur Problematik des Versuchs Erfolgsqualifizierter Delikte, GS 66, 262f. 转引自蔡蕙芳《结果加重犯之未遂问题》，载《自由·责任·法：苏俊雄教授七轶祝寿论文集》，元照出版有限公司 2005 年版，第 118 页。

④ 参见 [日] 福田平《刑法总论》，有斐阁 1984 年版，第 214 页。

⑤ 参见 [日] 前田雅英《刑法各论讲义》，东京大学出版会 1995 年版，第 243 页。

本犯罪是否既遂，都应该认定为结果加重犯的既遂。① 陈朴生教授认为："加重结果犯有无未遂犯之存在，固与加重结果犯之概念有关。在有故意之加重结果犯，有罚其未遂之可能。惟本法所定之加重结果犯，系以因犯罪致发生一定之结果，而有加重其刑之规定为前提。如未发生加重之结果，既不成加重结果犯，自无处罚其未遂犯之余地，此观之第二百七十八条②、第三百五十三条之三项③未遂犯之处罚，不及其第二项之规定自明。"④ 又如，周冶平教授认为："法律规定处罚基本行为结果以外之重结果时，即成立加重结果犯，苟无此结果，即不予加重处罚，故纯为结果责任，行为人就此重结果既无故意，又无所谓着手，因而亦无所谓未遂。反对论者以行为人对重结果有故意时，则不问基本行为是否既遂，如未生结果即为结果加重犯之未遂。此说与结果加重犯之基本观念相矛盾。盖如对加重结果有故意，有时成立结合犯，如强盗杀人；有时另成立独立之犯罪，如以伤害致死之意而杀人，则应成立杀人罪也。惟如犯强盗罪因而致人于死者，如强盗未遂而致被害人于死或者重伤者，则既有加重结果发生，即不问其基本罪是否既遂，仍应依第三百二十八条第三项⑤之规定处断。例载'刑法（旧）第二百四十条第五项之罪，

---

① 参见［日］前田雅英《刑法各论讲义》，东京大学出版会1995年版，第243—244页。

② 台湾地区"刑法"第278条（重伤罪）：
"使人受重伤者，处五年以上十二年以下有期徒刑。
犯前项之罪因而致人于死者，处无期徒刑或七年以上有期徒刑。
第一项之未遂犯罚之。"

③ 台湾地区"刑法"第353条（毁坏建筑物、矿坑、船舰罪）：
"毁坏他人建筑物、矿坑、船舰或致令不堪用者，处六月以上五年以下有期徒刑。
因而致人于死者，处无期徒刑或七年以上有期徒刑，致重伤者，处三年以上十年以下有期徒刑。
第一项之未遂犯罚之。"

④ 转引自蔡墩铭《刑法总则争议问题研究》，五南图书出版股份有限公司1988年版，第226页。

⑤ 台湾地区"刑法"第328条（普通强盗罪）：
"意图为自己或第三人不法之所有，以强暴、胁迫、药剂、催眠术或他法，至使不能抗拒，而取他人之物或使其交付者，为强盗罪，处五年以上有期徒刑。
以前项方法得财产上不法之利益或使第三人得之者，亦同。
犯强盗罪因而致人于死者，处死刑、无期徒刑或十年以上有期徒刑；致重伤者，处无期徒刑或七年以上有期徒刑。
第一项及第二项之未遂犯罚之。
预备犯强盗罪者，处一年以下有期徒刑、拘役或三千元以下罚金。"

只须加害人对于妇女已着手于强奸行为，以致激成羞愤自杀之结果，即属成立。至其奸淫目的是否既遂，与本罪之构成要素无关'可资佐证。"① 再如，蔡墩铭教授认为："我国刑法之加重结果犯，皆用'因而致'表示，而所引起之加重结果，除少数之例外（例如刑法第一百八十四条第二项），皆指被害人之死亡或重伤。惟是基本犯之构成要件行为，必须有足以导致被害人死伤之危险，苟缺乏此项危险性，殊失去规定为加重结果犯之必要。至加重结果犯虽无基本犯应出现之普通结果，仅有加重结果出现，仍无妨视为符合结果加重犯之构成要件，即应视为既遂而非未遂。"② 前田雅英教授在讨论强奸致人死伤罪时谈道："如产生死伤结果，即使奸淫行为未遂也成立致人死伤罪。如犯强奸未遂罪而产生死伤结果的强奸案致人死伤，就足以成立 181 条（即强奸致死伤罪——笔者注），而不成立未遂。"③

我国内地亦有学者持否认结果加重犯存在未遂状态的观点。例如，有的学者认为，结果加重犯的特点决定了它只有是否构成的区分，而没有既遂和未遂的分别，不可能存在犯罪的未遂形态。④

（二）成立结果加重犯未遂的观点

有学者认为，应该肯定结果加重犯存在未遂的犯罪停止形态。行为人实施的基本犯罪行为导致了加重结果的发生，如果基本犯罪未遂，即基本犯罪结果没有发生时，是结果加重犯的未遂。例如，行为人强奸行为未遂，但是导致被害人重伤或者死亡的情形，行为人成立强奸致人重伤或者强奸致人死亡的未遂。"由于基本犯罪行为是否为既·未遂对整

---

①　周治平：《刑法总论》，第 315—316 页。转引自蔡墩铭《刑法总则争议问题研究》，五南图书出版股份有限公司 1988 年版，第 227 页；另请参见林山田《刑法通论（下）》，作者自版 2002 年版，第 196 页。

②　蔡墩铭：《刑法总则争议问题研究》，五南图书出版股份有限公司 1988 年版，第 227 页。

③　［日］前田雅英：《日本刑法各论》，董璠舆译，五南图书出版股份有限公司 2000 年版，第 100 页

④　赵秉志：《犯罪未遂的理论与实践》，中国人民大学出版社 1987 年版。相同的观点参见肖开权《谈结合犯与结果加重犯——兼与马克昌同志商榷》，载《法学》1983 年第 4 期；吴振兴、李韧夫：《结果加重犯无未遂探论》，载《当代法学》1993 年第 2 期。

体的结果加重犯的不法的量和行为人的责任程度均产生相当的影响，所以当能够认定基本犯罪行为是未遂，重结果是由基本犯罪的未遂行为所直接引起时，认定结果加重犯的未遂而不是既遂并考虑处罚上的差异是妥当的。"①

德国学者李斯特基于结果加重犯之客观处罚条件说认可这种观点："所谓客观的处罚条件，乃系与适合于构成要件的行为本身无关，而独立地伴随于外部的事情。在此限度上言之，是否成立重结果，应依存于基本犯；从而，基本犯如系未遂时，则包含于基本犯之加重结果犯，当然亦系未遂。"② 由于李斯特的这种观点将重结果解释为客观处罚条件，违反了责任主义的原则，因而受到批判。

日本学者平野龙一认为，结果加重犯应该分为两种类型：（1）类似于伤害致死罪，由伤害（第一结果）导致死亡（加重结果）；（2）类似于强盗致死罪，行为人用暴力手段，一方面取得财物的结果（第一结果）；另一方面又导致死亡的结果（第二结果）。在后一种情况下，即便第一种结果没有出现，有的时候也可能出现第二种结果，只要其中一种结果没有发生，就应该认定为未遂。③

另有学者总结了对于如何处理"行为人基本犯罪未遂，但是发生了加重结果"的几种理论：④

第一，结果危险理论。结果加重犯的未遂犯的构成，原则上只有一种情况，就是基础犯罪已经既遂，但是行为人具有故意的加重结果的部分未遂。例如，行为人故意以非法拘禁的方式来达到使被害人受重伤的目的，但是最终没有导致被害人重伤。如果基本犯罪部分仍然未遂，那么根本就不可能成立结果加重犯的未遂犯。如行为人强奸被

---

① ［韩］金日秀、徐辅鹤：《韩国刑法总论》，郑军男译，武汉大学出版社 2008 年版，第 457 页。

② 参见洪福增《刑法之理论与实践》，刑事法杂志社 1988 年版，第 167 页。

③ ［日］平野龙一：《刑法总论（二）》，有斐阁 1975 年版，第 309 页。另参见 ［日］小野清一郎《刑法讲义总论》，有斐阁 1928 年版，第 244 页；［日］泷川幸辰：《刑法各论》，世界思想社 1951 年版，第 133 页。

④ 相关论述参见黄荣坚《刑法问题与利益思考》，月旦出版社股份有限公司 1995 年版，第 427 页以下。另参见黄翰义《案例刑法讲义》，新学林出版股份有限公司 2012 年版，第 303—305 页。

害人既遂之前过失导致被害人死亡的，不可能构成强奸致人死亡的结果加重犯的既遂。该观点的立论基础是：结果加重犯之所以在发生严重的结果之后对之进行加重处罚是因为基本犯罪的结果具有导致加重结果的特殊的危险性。如果基本犯罪没有既遂，就丧失了加重处罚的根据。[①] 也就是说，结果加重犯的加重处罚基础在于"基本犯罪结果"具有导致"加重结果"的高度危险性。

第二，行为危险理论。即使基本犯罪未遂，但是如果导致了加重结果的发生，则均构成结果加重犯的未遂犯。持该观点的学者认为，结果加重犯加重处罚的根据在于基本犯罪行为具有发生加重结果的特殊危险性，这种危险性并不因为基本犯罪没有既遂而有所减损。这种危险行为的存在已为处罚加重结果提供了根据，不需要发生基本犯罪的既遂结果之后再发生加重结果。

第三，区别理论。对于基本犯罪未遂而发生加重结果的情形是否适用结果加重犯的规定，应该区别对待，不能一概而论。如果某一特定的结果加重犯的规定是基于基础犯罪行为本身的危险性而加重处罚的，那么虽然基础犯罪没有既遂，仍然应该以结果加重犯的未遂定罪处罚。如果某一特定的结果加重犯的规定是基于基础犯罪的结果的危险性而加重刑罚的，那么基础犯罪未遂，就使加重处罚丧失基础。[②] 前者的情况如强奸罪、抢劫罪。强奸行为和抢劫行为本身就已经具有了导致重结果发生的高度危险性，因此，不需要强奸既遂或者抢劫既遂之后发生重伤、死亡结果后才认定为结果加重犯。但是，如故意伤害致人重伤、死亡的，则是基于基本犯罪的结果（而不是行为）具有发生重伤、死亡的危险而加重处罚，因此，基础犯罪未遂，不能成立结果加重犯。在此种情况下，基础犯罪的既遂与结果加重犯的既遂可以同时出现，但是不能出现基础犯罪未遂而结果加重犯既遂的情形。

---

① Hillenkamp, 28 Probleme aus dem Strafrecht AT, S. 87f. 转引自黄荣坚《刑法问题与利益思考》，月旦出版社股份有限公司 1995 年版，第 427 页。

② 黄荣坚：《刑法问题与利益思考》，月旦出版社股份有限公司 1995 年版，第 428 页。

三　"危险性说"的贯彻

根据"危险性说"，结果加重犯的本质在于加重结果是基本犯罪固有的、定型化危险的实现。只要行为人着手实施基本犯罪行为，这种危险就已经很具体了。结果加重犯的成立"不以基本构成要件该当之行为既遂为必要，因为纵使是未遂的基本行为，与加重结果之间也可能存在这种特殊危险关系"①，对因基本犯罪固有的危险导致的加重结果，行为人当然要承担结果加重犯的刑事责任。当然，基本犯罪未遂的结果加重犯的认定应该与基本犯罪既遂的结果加重犯一样，要求加重结果与基本犯罪行为之间具有直接性。

如果刑法规定在不处罚基本犯罪的未遂或者司法实践实际上不处罚基本犯罪未遂的情况下，是否影响结果加重犯的成立呢？即基本犯罪未遂的结果加重犯的成立是否必须以基本犯罪未遂可罚为前提条件？有的国家规定处罚所有犯罪的未遂，如奥地利、波兰以及美国有些州的刑法。有的国家规定只处罚比较严重犯罪的未遂，如丹麦、南斯拉夫、瑞士等国的刑法。② 有的国家和地区的分则条文有明确规定时才处罚未遂，如日本、瑞典、我国台湾地区。③ 有的国家则一方面规定所有重罪的未遂都处罚；另一方面规定轻罪法律有明文规定时才处罚未遂。

有德国学者认为，如果基本犯罪没有处罚未遂的规定④，那么，基本犯罪未遂而导致加重结果的，不可能成立结果加重犯，更不可能出现结果加重犯的未遂。例如，《德国刑法典》第 221 条规定：

"遗弃。1. 行为人将某人

---

① 林钰雄：《新刑法总则》，元照出版有限公司 2006 年版，第 88 页。

② 当然，认定何为"比较严重犯罪"的标准不一。有的国家区分重罪、轻罪和违警罪，只处罚重罪和轻罪的未遂（瑞士）；有的国家以法定刑为标准，如南斯拉夫规定仅处罚法定刑为五年以上重惩役的故意犯的未遂。

③ 参见［日］野村稔《未遂犯的研究》，成文堂 1984 年版，第 89 页。

④ 《德国刑法典》第 12 条规定："（1）重罪是以一年或者一年以上的自由刑相威吓的违法行为。（2）轻罪是最低以更轻微的自由刑或者以罚金相威吓的违法行为。"第 23 条规定："重罪的力图（未遂）总是可罚的，轻罪的力图（未遂）只有在法律明确规定时才是可罚的。"

（1）置于无助的状况或者

（2）在无助的状况丢下不管，尽管行为人保护着该人或者其他有义务帮助该人，

和因此使该人遭受死亡或者严重的健康损害的危险的，处三个月以上五年以下的自由刑。

2. 处一年以上十年以下的自由刑，如果行为人

（1）针对其儿童或者委托他教育或者进行生活指导照料的人实施该行为，或者

（2）由该行为导致被害人严重的健康损害。

3. 如果行为人由该行为导致被害人死亡的，处不低于三年的自由刑。

4. 在第2款的较轻的严重情形中处六个月以上五年以下的自由刑，在第3款的较轻的严重情形中处一年以上十年以下的自由刑。"

如果行为人着手实施该条第一款的遗弃罪，但是因某种原因未遂，却因过失导致死亡结果的发生，由于《德国刑法典》第221条第1款不处罚遗弃罪的未遂，便不能根据第221条第3款的规定认定行为人构成遗弃致死罪，也不能在此基础上根据《德国刑法典》第22条的规定，认为行为人构成遗弃致死罪的未遂。只能根据《德国刑法典》第222条，判处行为人构成过失致死罪。得出该结论的基本理由是："被基本犯罪所保护的法益是由基本犯罪本身来限制。基本犯罪未设有处罚未遂的规定，理由可能是立法者认为这类行为对所要保护的法益而言，是不危险或者至少是不被视为危险的。既然故意实行的基本犯罪行为在刑法的处罚界限下，那么，不知是否会发生，而且是行为人故意所不及的加重结果部分，也应该被认为是不受处罚的。"[①]

德国1998年刑法修正之前，上述争议还突出体现在第239条剥夺他人自由罪的适用之上。现行《德国刑法典》第239条规定：

"剥夺自由。1. 行为人因禁某人或者以其他方式剥夺自由的，处

---

① 参见蔡蕙芳《结果加重犯之未遂问题》，载《自由·责任·法：苏俊雄教授七轶祝寿论文集》，元照出版有限公司2005年版，第122页。

五年以下的自由刑或者金钱刑。

2. 力图可罚。

3. 处一年以上十年以下的自由刑，如果行为人

（1）剥夺被害人的自由达一周以上或者

（2）通过该行为或者在该行为期间实施的行为造成被害人严重的健康损害。

4. 如果行为人通过该行为或者在该行为期间实施的行为造成被害人死亡的，处不低于三年的自由刑。

5. 在第 3 款的较轻的严重情形中处六个月以上五年以下的自由刑，在第 4 款的较轻的严重情形中处一年以上十年以下的自由刑。"

1998 年刑法修正之前，没有前引第 2 款"力图可罚"的规定。彼时，由于基本犯罪（剥夺他人自由罪）不处罚未遂，"基本犯罪未遂，产生加重结果"的可罚性是否因此而丧失，成为争议所在。修正后的《德国刑法典》第 239 条明确规定该罪基本犯罪处罚未遂，才平息了争论。

大塚仁教授在讨论"同意堕胎致死罪"时认为，对比日本刑法第 215 条、第 216 条①和第 213 条②的规定，刑法不处罚同意堕胎罪的未遂，因此"同意堕胎罪终于未遂时，即使产生了死伤的结果，也不应该成立本罪，而是只不过可能成立过失致死伤罪"。③ 而大谷实教授则认为："同意堕胎行为即便以未遂告终，也成立本罪。堕胎行为伴随着对母亲的健康损害，该危险是和堕胎是否既遂无关的客观存在，因此，在堕胎未遂但引起了孕妇死伤结果的时候，还是成立本罪。"④

---

① 日本刑法第 215 条规定："未受女子的嘱托，或者未得其承诺，而使其堕胎的，处六个月以上七年以下惩役。前项犯罪的未遂，应当处罚。"该法第 216 条规定："犯前条之罪，因而致女子死伤的，与伤害罪比较，依照较重的刑罚处断。"

② 日本刑法第 213 条规定："受女子的嘱托或者得其承诺而使其堕胎的，处两年以下惩役；因而致女子死伤的，处三个月以上五年以下惩役。"

③ ［日］大塚仁：《刑法概说（分论）》，冯军译，中国人民大学出版社 2003 年版，第 68 页。

④ ［日］大谷实：《刑法各论》，黎宏译，法律出版社 2003 年版，第 48 页。

郑逸哲教授认为，"在罪刑法定主义的限制下，若刑法未明文就特定未遂构成要件规定其结果加重构成要件，即使因而发生'事实的'意外重结果，也无其结果加重构成要件可以适用"①。以我国台湾地区"刑法"第 328 条的适用为例：由于"刑法"第 328 条第 3 项未规定强盗（未遂）致死的结果加重构成要件，对于"行为人着手实施强盗行为，但在制服被害人的过程中，不小心将被害人勒死，遂惊恐空手逃逸"一类的案例，虽然发生了"事实的"死亡结果，也不构成强盗致人死亡罪。②

认为刑法不处罚基本犯罪的未遂，行为人实施基本行为的过程中过失导致加重结果发生的情形，也应该以结果加重犯（既遂和未遂是另外一个问题）论处的观点认为：结果加重犯皆为基本犯罪具有导致加重结果的内在危险的犯罪，加重结果与基本犯罪联系紧密，基本犯罪是否既遂与导致加重结果发生的高度危险性没有必然的关系。未遂的基本犯罪触发的加重结果与既遂的基本犯罪触发的加重结果在本质上没有区别，也就是说，加重结果"覆盖"了基本犯罪，只要实施了基本犯罪行为并且导致加重结果的发生，就可以认定构成结果加重犯，刑法是否处罚基本犯罪的未遂并不重要。

认为如果刑法规定不处罚基本犯罪的未遂，而当行为人在实施基本犯罪未遂的机会中导致加重结果的发生，不应该认定为结果加重犯，而只能认定为对加重结果的过失犯（前提是刑法处罚此类过失犯罪）的观点的基本论证思路是：在结果加重犯的格局中，基本犯罪是核心，因此，分析问题都应该以基本犯罪为出发点和落脚点。如果基本犯罪没有规定处罚未遂，就表明立法者认为，这种情况下，此类基本行为的社会危害性（法益侵害性）没有达到应受刑罚处罚的程度。既然基本犯罪是结果加重犯的重心，加重结果不是处罚的根据而是据以加重的条件，那么，基本犯罪必须处罚未遂才能为在基本犯罪未遂而发生加重结果的情况下以结果加重犯论处提

---

① 郑逸哲：《"未遂行为"与"结果加重构成要件"》，载《月旦法学教室》第 37 期，第 19 页。

② 同上。

供依据。

我国刑法没有像德国、日本以及我国台湾地区"刑法"一样，规定犯罪未遂处罚的范围。这种立法模式仿佛宣示所有故意犯罪的未遂都是可以处罚的，但可以根据刑法第13条的规定："情节显著轻微危害不大的，不认为是犯罪"进行出罪处理。在这种立法模式下，仿佛讨论所谓"结果加重犯成立未遂犯之前提"问题没有什么实际意义。事实上，对于所有犯罪的未遂都应该进行处罚的观点，在我国受到了广泛的批判。虽然立法没有明确规定哪些犯罪的未遂不进行处罚，但学者们从不同角度框定了未遂犯的实际处罚范围，在司法实践中也并非只要行为人着手之后由于犯罪分子意志以外的原因而没有既遂的一律都判处刑罚。例如，行为人以伤害故意对他人实施暴力，如果没有导致轻伤以上结果，一般不以犯罪论处。从这个意义上来讲，在我国讨论"基本犯罪未遂是否影响结果加重犯的成立"问题具有价值。

本书认为，不论刑法是否规定对基本犯罪处罚未遂，也不管实践中是否单独对基本犯罪的未遂进行处罚，只要行为人在实施基本犯罪的机会中，造成了加重结果，且加重结果与基本犯罪之间具有直接性，行为人就应该承担结果加重犯的刑事责任。

首先，我们不能将结果加重犯的评价重心放在基本犯罪上。立法者在刑法中规定了结果加重犯，便赋予了加重结果区别于基本犯罪的特质，就已经明确地宣示了立法者的态度：这种情况下，不适用想象竞合理论。因此，只要发生了加重结果，我们就应该将基本犯罪与加重结果作为一个整体来进行考察。立法者在制定刑法之初，已经考虑到了基本犯罪导致加重结果发生的高度危险性，保护的重点已从基本犯罪侵犯的法益转移到加重结果所代表的法益。结果加重犯的法定刑往往远远高于基本犯罪的法定刑和过失导致加重结果的犯罪的法定刑之和，从侧面说明了结果加重犯的评价重点是加重结果而不是基本犯罪。因此，基本犯罪结果是否发生在行为人导致了加重结果的情况下便不是重要的事情。如果仅仅因为刑法不处罚基本犯罪的未遂，或者实践中不实际处罚基本犯罪的未遂就否认成立结果加重犯，便违背了立法设定结果加重犯的初衷。

其次，只要行为人着手实施了基本犯罪行为，导致加重结果的现实危险就已经存在了。该危险并没有因为基本犯罪未遂而有所减损，基本犯罪结果与加重结果所代表的法益不具有同质性的时候更是如此（如强奸致人死亡）。仅仅因为刑法没有规定处罚或者实践中不处罚基本犯罪的未遂，就否认在基本犯罪行为的机会内导致加重结果要承担结果加重犯的刑事责任，是忽视结果加重犯规范保护目的的表现。

最后，如果因为立法规定不处罚基本犯罪未遂，或者司法实践实际上不处罚基本犯罪未遂，就认为基本犯罪未遂时不成立结果加重犯，可能造成刑罚的不均衡，在基本犯罪结果与加重结果具有紧密联系的时候，还会造成认定上的困难。例如，在故意伤害致人死亡的情形中，如果被害人当场死亡，很难认定基本犯罪既遂还是未遂。如果认为死亡结果和伤害结果是互斥的关系，并且认为基本犯罪未遂的情况下不可能成立结果加重犯，在故意伤害的机会内致人死亡的很难被认定为结果加重犯，这个结论令人无法接受。

四　"基本犯罪未遂 + 加重结果"的犯罪停止形态

张明楷教授认为，"我国的结果加重犯与基本犯成立的是相同的罪名，而非不同的罪名，故在造成加重结果但基本犯未遂的情况下，可以认定为结果加重犯的既遂，但必须承认基本犯未遂。例如，行为人造成了被害妇女的重伤，但是没能奸淫被害妇女时，宜认定为结果加重犯的既遂，同时肯定基本犯的未遂。（如果认定为犯罪既遂，恐怕连被害的妇女也会反对）。……我国的法定刑较重，宜适用总则关于未遂犯的规定，可以根据结果加重犯的法定刑从轻或者减轻处罚"。[1]

本书认为，基本犯罪未遂而发生加重结果的，应该认定为结果加重犯的既遂，且不能适用刑法总则的规定比照结果加重犯既遂从轻或者减轻处罚。

---

[1]　张明楷：《刑法学》（第三版），法律出版社 2007 年版，第 291 页。

首先，判断犯罪既遂、未遂的标准应该是行为人的行为是否导致了构成要件结果的发生。在结果加重犯的场合，构成要件结果就是加重结果。如果加重结果出现了则构成要件结果实现，当然应该认定为犯罪既遂。在已经发生了加重结果的情况下，仍然认为是结果加重犯的未遂，恐怕难以取得公众的认同。

其次，结果加重犯是基本犯罪的特殊危险导致加重结果而加重法定刑的犯罪，因此，当基本犯罪（不管是既遂还是未遂）引发了加重结果之后，基本犯罪的使命就完成了。基本犯罪既遂还是未遂对于我们评价加重结果不应该产生影响。因此前述张明楷教授的观点值得商榷。按照张明楷教授的思路，如果基本犯罪中止，就应该"适用刑法总则关于中止犯的规定，比照结果加重犯的法定刑减轻处罚"，这种结论似乎不太合理。例如，甲强奸乙，过失致乙重伤，甲在能继续强奸的情况下，自动放弃强奸行为，逃之夭夭。如果以甲构成强奸罪中止而认为对之应当比照结果加重犯的法定刑减轻处罚，似乎不太合理。事实上，如果被害人知道认定行为人强奸罪既遂可以使行为人受到较重的惩罚，她们不会在乎认定行为人为强奸罪的既遂。

五　故意的结果加重犯的情形

案例1：王某、李某预谋杀人劫财。两人在某村口蹲守，等待目标、伺机动手。被害人张某骑车经过此地。二人拦住张某，使用事先准备好的道具对张某头部、胸部等要害部位乱捅。张某一边躲闪，一边大喊"救命"。孙某驾车经过此地，见状就吆喝一声："你们干什么，警察来抓你们了。"王某、李某害怕逃走，后被巡逻的警察抓获。经鉴定，张某受到轻伤。[①]

案例2：被告人朱某、房某合谋以骗租出租车至乡村偏僻路段的方式，先杀人再劫财，然后将尸体放入出租车后备厢，驾车驶离

---

① 周清水、李中华：《为劫取财物而预谋故意杀人但致人轻伤应如何定性》，载《中国检察官》2012年第1期，第77页。

作案现场再至城区弃车规避侦查。某日 23 时 30 分左右，两人携带水果刀和尼龙绳，租乘罗某某的出租车，于次日 0 时 30 分，到一偏僻路段。房某用尼龙绳勒住罗某某颈部猛地向后拉，朱某用水果刀扎刺罗某某的手臂和腹部。暴力行为导致罗某某口吐白沫、不省人事。朱某、房某劫得手机 1 部、人民币 400 元。后来朱某、房某将被害人抬出车外，由于未能打开出租车后备厢，便将其推至路下。两人将车开回 A 市后弃车逃匿。被害人罗某某于 2 时苏醒，经鉴定所受伤害为轻伤。①

对于以上两个案例，我国司法实务的通说认为，行为人构成故意杀人罪未遂【故意杀人罪未遂说】，理由为：

第一，杀人和劫取财物两个行为之间具有手段与目的的牵连关系，成立牵连犯，因此应采取择一重罪处断的原则。

第二，抢劫杀人只有在造成被害人重伤、死亡的情况下，才适用"十年以上有期徒刑、无期徒刑或者死刑，并处罚金或者没收财产"。抢劫杀人的，如果杀人未遂并且没有出现重伤后果，就应当适用"三年以上十年以下有期徒刑，并处罚金"的刑罚。而故意杀人的，法定刑为死刑、无期徒刑或者十年以上有期徒刑，情节较轻的，处三年以上十年以下有期徒刑。行为人抢劫杀人，但杀人未遂的，如果按照抢劫罪定罪处罚，其法定刑的适用范围为"三年以上十年以下有期徒刑，并处罚金"。如果按照故意杀人罪定罪处罚，应在"死刑、无期徒刑或者十年以上有期徒刑"的档次内判处刑罚。因此，应根据牵连犯的处断原则，对"抢劫杀人，但未致人死亡"的行为按照故意杀人罪（未遂）定罪处罚。②

如何认定"以杀人的方式抢劫财物"行为的罪数，理论上曾有

---

① 《为劫取财物而预谋故意杀人但仅致人轻伤且劫取财物数额不大的应如何定罪处罚》，载《中国刑事审判指导案例——侵犯公民人身权利、民主权利罪》，法律出版社 2009 年版，第 524 页。

② 周清水、李中华：《为劫取财物而预谋故意杀人但致人轻伤应如何定性》，载《中国检察官》2012 年第 1 期，第 77 页。

较大争议。日本曾有判例认为该行为属于强盗致死罪和故意杀人罪的观念竞合①，有学者认为是强盗罪（非结果加重犯——作者注）与杀人罪的观念的竞合，而通说的观点认为，即使行为人以杀意实施了该行为，也仅仅适用"强盗致人死亡的，处死刑或者无期惩役"就够了，不需要一并适用杀人罪的规定。② 我国理论和实务的通说也采纳这种观点。根据《最高人民法院关于抢劫过程中故意杀人案件如何定罪问题的批复》，"行为人为劫取财物而预谋故意杀人，或者在劫取财物过程中，为制服被害人的反抗而故意杀人的，以抢劫罪定罪处罚"。将"抢劫杀人"这种实践中极常出现的情形构成要件化有利于刑法的公众认同和刑法预防价值的实现，也有利于避免采取竞合理论而导致的"法定刑的下限过低"的弊端。③ 在我国，将"以杀人的方式强取财物"的行为以抢劫罪论处，符合历史传统④，具有合理性。一旦认为刑法中"抢劫致人死亡"包括"以杀人的方式抢劫财物"，抢劫罪与故意杀人罪应为法条竞合关系，就不能依据牵连犯的理论处理"为劫取财物而预谋故意杀人但仅致人轻伤"的行为。

我们认为，对于"为劫取财物而预谋故意杀人但仅致人轻伤"的行为应以抢劫罪结果加重犯（抢劫致死）的未遂定罪处罚【抢劫罪结果加重犯未遂说】。

首先，"抢劫罪结果加重犯未遂说"维护了抢劫罪构成要件的稳定性。一方面承认"抢劫致人死亡"包括"以杀人的方式抢劫财物"；另一方面却认为"为劫取财物而预谋故意杀人但仅致人轻伤"应以故意杀人罪（未遂）定罪处罚，仅根据死亡结果是否发生而认为

---

① 该观点两次评价了"致人死亡"的结果，因此是不恰当的。

② ［日］大塚仁：《刑法概说（分论）》，冯军译，中国人民大学出版社 2003 年版，第 225—226 页。

③ 以我国刑法的规定为例，如果以想象竞合的理论处理"抢劫杀人"的情形，则应以抢劫罪（基本罪）与故意杀人罪中的重罪定罪处罚，以故意杀人罪定罪处罚应在"死刑、无期徒刑或者十年以上有期徒刑或三年以上十年以下有期徒刑"的范围内量刑。其下限为"三年有期徒刑"，而"抢劫（过失）致死"的下限为"十年有期徒刑"。

④ 我国历史上往往将"杀人越货"的行为定性为"强盗"。

犯罪性质发生了变化，事实上否定了构成要件的稳定性，是结果责任思维方式衍生的结论。这种解释思路使得理论界、实务界将"杀人抢劫行为"类型化的努力毁于一旦，使用竞合理论解决了本应由犯罪停止形态理论解决的问题。

其次，"抢劫罪结果加重犯未遂说"全面评价了非法占有他人财物行为和故意杀人行为，判决结论更容易为公众接受。"故意杀人罪未遂说"的判决结论仅评价了杀人行为，"取财行为"没有得到应有的刑法评价。刑法将抢劫罪规定于"侵犯财产罪"一章，即认为其主要法益为"财产权"。"故意杀人罪未遂说"忽视"财产权"法益，其结论值得商榷。

最后，"抢劫罪结果加重犯未遂说"有利于实现罪责刑相均衡。根据"故意杀人罪未遂说"，"为劫取财物而预谋故意杀人但仅致人轻伤"的行为，可以比照故意杀人罪既遂的法定刑从轻或者减轻处罚。由于故意杀人罪没有规定财产刑，因此对于"为劫取财物而预谋故意杀人但仅致人轻伤"的行为不能适用财产刑。对于侵犯财产罪不能适用财产刑，其结论的合理性值得怀疑。根据"抢劫罪结果加重犯未遂说"则可以适用"并处罚金或者没收财产"的财产刑。

上述结论可推而广之，在对加重结果持故意的结果加重犯中，如果行为人已经着手实行犯罪，由于犯罪分子意志以外的原因而未得逞的，应以结果加重犯的未遂定罪处罚。

第二节　基本犯罪的对象与加重结果的对象

案例1：行为人甲对乙实施抢劫。丙见义勇为，试图阻止甲实施抢劫行为。甲在对丙实施暴力时，过失致丙死亡。

案例2：行为人甲在高速公路服务区伺机实施麻醉抢劫。甲见乙将半瓶饮料放置于厕所外桌子上，便将麻药倒入瓶中，于远处观望，意图待乙昏迷后取其财物。乙出来之后，因为要赶路而急速将饮料携带上车，沿路继续饮用，逐渐昏迷，在无意识状态下，不幸将在路边施工的丙撞死。①

案例 3：行为人甲对乙实施强奸。丙见义勇为，试图阻止甲实施强奸行为。甲在对丙实施暴力时，过失致丙死亡。

案例 4：行为人甲拐卖妇女乙的过程中，导致阻碍其拐卖行为的乙的儿子丙死亡。

案例 5：行为人甲拐卖妇女乙，乙的丈夫得知自己的妻子被拐卖之后自杀身亡。

这 5 个案例中，定罪的难点在于死亡或者重伤结果能否与基本犯罪结合为结果加重犯，问题的关键是结果加重犯的成立是否要求基本犯罪的犯罪对象与加重结果针对的对象必须同一。

一 对象的一致性：结果加重犯成立的前提

对于结果加重犯的成立是否要求基本犯罪的对象与加重结果针对的对象一致，在理论上存在争议。

一种观点认为，结果加重犯的成立要求基本犯罪行为的对象与加重结果的对象必须一致，否则不能认定为结果加重犯。② 日本有判例认可这种观点。例如，行为人对醉酒的甲实施暴力，甲摇摇晃晃将其旁边的乙撞倒，乙因此肋骨骨折而死亡。日本大阪高等法院认为，行为人的暴力行为与乙的死亡之间虽然具有因果关系，但是，由于该暴行不是直接对乙实施的，而是间接施加的，因此，不成立伤害致死罪。③

---

① 本案例改编自高金桂《结合犯与加重结果犯之纠葛》，载《月旦法学教室》第 68 期，第 20 页。

② 参见张明楷《严格限制结果加重犯的范围与刑罚》，载《法学研究》2005 年第 1 期；陈朴生：《刑法专题研究》，三民书局 1988 年版，第 146 页。

③ 参见大阪高等法院 1963 年 12 月 8 日的判决（《高刑集》第 16 卷第 1 号，第 23 页）。转引自［日］大谷实《刑法各论》，黎宏译，法律出版社 2003 年版，第 27 页。前田雅英教授认为，本案例属于认识错误的情形，根据法定的符合说，行为人对甲实施暴力，而暴力波及于乙时，也应成立对乙的暴力罪。如此，则成立行为人对乙的伤害致死。从犯罪行为的情况看，对乙的死亡如果能承认预见可能性，就应承认伤害致死罪。（参见［日］前田雅英《日本刑法各论》，董璠舆译，五南图书出版股份有限公司 2000 年版，第 41 页）

我国台湾学者邱忠义认为重结果原则上必须发生于与基本犯相同之行为客体。但是，也有例外。例如，台湾地区"刑法"第328条第3项："犯强盗罪因而致人于死者，处死刑、无期徒刑或十年以上有期徒刑；致重伤者，处无期徒刑或七年以上有期徒刑。"如果强盗行为导致帮忙防护的第三人于死亡或者重伤的，也属于该条规定的加重结果犯。[①]

一种观点认为，"加重结果之被害人不以基本罪之被害人为限，只要是对基本罪实施处所之第三人，发生加重结果，甚至于是基本罪之行为及结果之风险效应作用下所发生的加重结果，只要具备因果关系，即或与基本罪之实施已形成时空上之脱逸情形，仍得以成立结果加重犯"。[②] 对于前述大阪高等法院案例，日本学者大谷实认为，"将伤害致死罪限定于直接暴行的根据并不存在，只要行为和结果之间具有相当因果关系，行为人对于致死结果具有过失，就应该构成本罪"。[③] 有日本判例支持这种观点。例如，行为人出于恶作剧的意图将汽车靠边的时候，由于方向盘操作失误和甲的车相撞，导致甲受伤的同时，还将甲的汽车挤到相反的车道上去，致使其和乙的车相撞，导致乙死亡。法院认为，汽车靠边行驶的行为相当于暴行，所以行为人对甲成立伤害罪，对乙成立伤害致死罪。[④] 日本学者团藤重光在讨论抢劫罪的结果加重犯时指出："死伤的结果不要求由作为抢劫手段的暴力、胁迫行为造成，但导致死伤的原因行为必须是在抢劫的机会中实施的，而且仅此就够了。"[⑤] 按照该观点，抢劫行为人在逃跑的过程中偶然遇到以前的仇人而将其杀害的，也成立抢劫罪的结果加

---

① 参见邱忠义《刑法通则新论》，元照出版有限公司2007年版，第88页。

② 参见高金桂《结合犯与加重结果犯之纠葛》，载《月旦法学教室》第68期，第21页。该学者也提出一个例外——强奸致人死亡的情形："观乎强制性交罪之结合犯或结果加重犯，其结合罪或加重结果之被害人，系以基本罪之被害人为限，经由系统解释，此应为合理之推论。"

③ ［日］大谷实：《刑法各论》，黎宏译，法律出版社2003年版，第27页。

④ 参见东京地方法院1973年11月7日的判决（《判例时报》第319号，第295页）。转引自［日］大谷实《刑法各论》，黎宏译，法律出版社2003年版，第27页。

⑤ ［日］团藤重光：《刑法纲要各论》（第3版），创文社1990年版，第594页。转引自张明楷《论升格法定刑的适用依据》，载《法律适用》2015年第4期，第39页。

重犯。

有学者认为，我国刑法中的结果加重犯可以分为同一对象的结果加重犯和不同对象的结果加重犯。"行为阶段性的结果加重犯因是刑法基于保护法益的需要对某种犯罪做了阶段性的划分，其侵害的对象往往能够保持一致；而手段延伸性的结果加重犯则因行为方式的暴力性，极有可能对目标对象以外的客体造成侵害。"① "不同对象的结果加重犯"如行为人暴力危及飞行安全导致其基本犯罪行为针对的对象之外的人重伤、死亡的，也可以成立暴力危及飞行安全的结果加重犯。再如，对抢劫致死的情形而言，由于暴力手段既可能造成被抢劫人死亡，又有可能造成第三人死亡，而抢劫罪（致人死亡）的危险实现关系只要在抢劫行为与死亡结果之间发生即可，所以其基本对象与加重对象便可以不同一。②

正如前文所述，结果加重犯的本质在于加重结果是基本犯罪特有的内在风险的实现，如果基本犯罪的对象与加重结果针对的对象不一致，便很难认为加重结果是基本犯罪内在风险的实现。正如后文还要论述到的，基本犯罪与加重结果之间必须具有"直接性"的关系，如果行为人实施的导致"加重结果"产生的行为不属于基本犯罪行为，即基本犯罪的对象与加重结果的对象不一致，那么就没有这种"直接性"存在的空间。因此，认定前述案例中的行为人是否构成结果加重犯的关键在于承受加重结果的被害人能否被认定为是基本犯罪的对象。如果被害人承受的加重结果是基本犯罪作用于被害人导致的，那么就可以认定行为人构成结果加重犯。我们必须从规范的保护目的出发，分析加重结果是否仍处于基本犯罪的射程之内。

无论是所谓的行为阶段性的结果加重犯还是手段延伸性的结果加重犯都应符合结果加重犯成立的本质要求，加重结果都应是基本犯罪

---

① 所谓行为阶段性的结果加重犯是指基本犯罪行为本身蕴含产生加重结果的危险，加重结果是由基本行为的整体促成的结果加重犯类型，如故意伤害致死罪；所谓手段延伸性的结果加重犯是指加重结果由基本行为所使用的手段造成，加重结果系由延伸的结果或是因为行为的手段方式所致的结果加重犯类型，如非法拘禁致人死亡。

② 参见郭莉《结果加重犯结构研究》，中国人民公安大学出版社 2013 年版，第 205 页以下。

内在风险的实现。在"手段延伸性的结果加重犯"中，承受加重结果的犯罪对象必然也是基本犯罪的侵害对象，虽然有时承受加重结果的犯罪对象从形式上看不是基本犯罪针对的"主要对象"。否则，加重结果不能与基本犯罪结合为结果加重犯。以前文提到的暴力危及飞行安全罪为例：行为人对飞机上的乘客甲、乘务员乙实施暴力，导致飞机迫降落入河中，丙被淹死。由于暴力危及飞行安全罪是危害公共安全犯罪，虽然行为人实施的暴力行为从形式上看仅针对甲和乙，但侵害的法益（飞行安全）却涵括包括丙在内的所有乘客、甚至地面潜在被害人的人身生命安全。因此，行为人在对甲、乙实施暴力时，也已经对丙的生命构成了威胁，即基本犯罪的影响已经及于所谓的"第三方"。从规范的角度来看，本例中基本犯罪的对象与加重结果的对象仍是一致的。

基本犯罪行为"导致"的下列结果不能与基本犯罪结合为结果加重犯：

第一，对被害人亲属造成的结果。例如，故意伤害行为导致被害人的亲属精神失常（尚未造成被害人重伤、死亡的结果）的，不构成故意伤害罪的结果加重犯。

第二，对无关的第三者或者一般人造成的结果。例如，行为人在公共场所连续对数人实施抢劫行为，路人甲由于害怕心梗死亡的，不构成抢劫罪的结果加重犯。

第三，对行为人自身造成的结果。由于对自身造成的结果不影响违法性，因此不能作为"加重结果"。例如，行为人实施抢劫的过程中为被害人的反抗行为所伤，造成瘫痪的，行为人不承担抢劫致人重伤的刑事责任。

第四，对共犯造成的结果。共犯人并非基本犯罪的侵害对象，因此，在犯罪的机会内，对其造成的结果不能与基本犯罪结合为结果加重犯。例如，甲与乙共同对丙实施抢劫，在三人纠缠、搏斗中，甲"误伤"乙，致其死亡。甲对乙不承担抢劫致人死亡的刑事责任。

二 "一致性"标准的展开

下面,通过对具体罪名及案例的分析,考察"一致性"的具体表现形式。

(一) 抢劫罪

抢劫罪是通过暴力、胁迫或者其他方式抢劫公私财物的行为,因此,在行为人实施抢劫行为时,任何阻碍其取得财物占有的人都是抢劫罪的犯罪对象,都可以认为是"被抢劫人"。被抢劫的人并不限于财产的所有者,也不限于财产的占有者,甚至不限于客观上实际是阻碍行为人取得财物的人,只要行为人主观上认为是阻碍其取得财物的人就可以认为是抢劫罪基本犯罪的对象。例如,甲盗窃乙家财物之后,从房间内往楼道搬运财物的时候,丙偶然经过此处。甲以为丙是该住户的主人,便对丙实施殴打行为,失手将丙打死。甲的行为构成抢劫致人死亡。前述案例 1 中,丙虽然不是财物的占有人,但其却是阻碍行为人抢取财物的人,因此,可以认为是抢劫罪基本犯罪行为的对象。所以,行为人致丙死亡的行为,构成抢劫罪的结果加重犯。[①] 前述案例 2 中,丙并非甲实施麻醉抢劫("其他方式")的行为对象,也不是阻碍甲劫取财物的人员,因此不能认为丙死亡的结果是由甲的抢劫行为导致的,甲不构成抢劫致人死亡。本案中,甲可能构成以危险方法危害公共安全罪与抢劫罪(未遂)的想象竞合犯。

(二) 强奸罪

强奸罪是以暴力、胁迫或者其他手段强奸妇女的行为,该罪设立结果加重犯的规范目的在于通过设置结果加重犯严厉处罚那种导致了被害妇女死亡结果的暴力、胁迫或者其他手段行为。强奸罪结果加重犯保护的重点在于妇女的性自主权和身体健康权、生命权。因此,强奸罪的结果加重犯的基本犯罪行为应该仅限于强奸妇女的行为。行为

---

① 日本曾经有判例认为,行为人在实施强盗行为之后,为了避免逮捕,致警察死伤的,也成立强盗致人死伤罪。参见 [日] 大塚仁《刑法概说(分论)》,冯军译,中国人民大学出版社 2003 年版,第 65 页。

人为了排除他人对自己强奸行为的妨碍，对被强奸人之外的第三人实施的暴力行为不是强奸罪的基本犯罪行为，其导致的结果也不能与强奸基本犯罪行为结合为结果加重犯，而应该以强奸罪和相应的犯罪按照数罪并罚定罪处罚。案例 3 中行为人甲构成强奸罪和故意伤害致人死亡的结果加重犯。

（三）拐卖妇女、儿童罪

刑法第 240 条第 1 款第 7 项将拐卖妇女、儿童"造成被拐卖的妇女、儿童或者其亲属重伤、死亡或者其他严重后果"作为拐卖妇女、儿童罪的结果加重犯。从法条表述上看，仿佛该罪的结果加重犯并不需要基本犯罪行为的被害人与加重结果的被害人是同一对象。本书认为，造成被拐卖的妇女、儿童的亲属重伤、死亡的结果必须由拐卖妇女、儿童的基本行为直接导致，否则不能成立结果加重犯。例如，行为人在实施拐卖活动时，由于被拐卖妇女、儿童的亲属阻止、反抗等，行为人对之实施暴力、胁迫导致亲属重伤、死亡的，才能适用拐卖妇女、儿童罪的结果加重犯的规定。此时，行为人实施的暴力、胁迫行为就是拐卖妇女、儿童罪的基本犯罪行为，被拐卖妇女、儿童的亲属也是基本犯罪的对象。如果被拐卖的妇女、儿童的亲属的重伤或者死亡结果不是由行为人为了达到拐卖目的而实施的暴力、胁迫行为导致的，而是自杀导致的，则不能认为是行为人的基本犯罪行为导致的加重结果，不能认定为结果加重犯。因此，前述案例 4 可以认为是拐卖妇女罪的结果加重犯，而案例 5 则不能认为是拐卖妇女罪的结果加重犯。①

---

① 1992 年 12 月最高人民法院、最高人民检察院发布的《关于执行〈全国人大常委会关于严惩拐卖、绑架妇女、儿童的犯罪分子的决定〉的若干问题的解答》规定，《全国人大常委会关于严惩拐卖、绑架妇女、儿童的犯罪分子的决定》第 1 条第 1 款第 5 项规定的"造成被拐卖的妇女、儿童或者其亲属重伤、死亡或者其他严重后果的"，是指由于犯罪分子拐卖妇女、儿童的行为，直接、间接造成被拐卖的妇女、儿童或者其亲属重伤、死亡或者其他严重后果的。例如：由于犯罪分子采取拘禁、捆绑、虐待等手段，致使被害人重伤、死亡或者造成其他严重后果的；由于犯罪分子的拐卖行为以及拐卖中的侮辱、殴打等行为引起的被害人或者其亲属自杀、精神失常或者其他严重后果的，等等。应当认为，该解答不合法理。

三　认识错误的情形

例 A：行为人甲欲伤害乙，但是误将丙当作了乙加以伤害，失手将丙打死。（对象错误）

例 B：行为人甲以伤害故意对乙射击橡胶子弹，但是由于枪法不准，误中乙旁边的丙。不小心击中丙的要害，致丙死亡。（打击错误）

对于类似于例 A 的对象认识错误的情形，不论是认识错误的具体的符合说还是法定的符合说，都认为行为人甲构成故意伤害致人死亡的结果加重犯。本书认为，行为人想要伤害他所认为的"那个人"，客观上实施了伤害"那个人"的行为，因该伤害行为导致"那个人"死亡的，行为人当然要承担结果加重犯的刑事责任。

对于类似于例 B 的打击错误的情形，具体的符合说和法定的符合说得出来的结论并不一致。法定符合说认为甲构成故意伤害致人死亡的结果加重犯；而具体的符合说则认为，甲符合故意伤害罪的未遂和过失致人死亡罪的犯罪构成，应当按照想象竞合犯的原理进行处理。笔者认为，在我国的立法模式下，具体的符合说比较合理。① 在案例 B 中，行为人想要伤害"那个人"，但是由于自己枪法不准而将别人打死，因此行为人对于要杀的"那个人"具有伤害故意，对于第三人则无伤害的故意，如果其对死亡结果具有过失则认定为过失致人死亡罪，然后按照想象竞合犯的原理定罪处罚。

---

① 参见刘明祥《错误论》，法律出版社、日本成文堂联合出版 1996 年版，第 70 页。

第三节　基本犯罪的结果与加重结果

一般情况下，基本犯罪与结果加重犯均为实害犯。但在某些情况下，为保护重大法益，立法者倾向于在发生实害结果之前便动用刑罚，在刑法中规定了大量的危险犯，同时将发生实害结果作为刑罚升格的依据。对于危险犯能否成为结果加重犯的基本犯罪，"危险"能否成为结果加重犯的"加重结果"，在理论上没有形成共识。

一　基本犯罪的类型：是否包括危险犯

对于结果加重犯的基本犯罪能否为危险犯，理论上有否定说与肯定说的争论。否定说认为，危险犯中不可能存在结果加重犯，因为危险犯是不需要犯罪结果的犯罪，如果危险犯中出现了侵害结果，则成立结果犯而不是结果加重犯。肯定说则主张危险犯并不以具体侵害结果的发生作为成立条件，但危险本身就是一种结果。所以，出现危险之外的具体侵害结果时，需要加重其刑的，则明显属于结果加重犯。[①]

日本学者正田满三郎认为，加重结果是基于结果犯的加重结果，不然就不成为加重结果，故基本犯以结果为其构成要件，即基本犯必须是结果犯。他认为："所谓结果加重犯，指产生一个构成要件相当的结果后，在发生超过行为者预见的一定结果（重结果）的场合，加重刑罚的犯罪。"[②] 我国也有学者认为，较重结果相对于另一较轻的结果，才能称为重结果，"如果基本犯构成不是结果犯，无论出现了什么样的结果，仅仅是一结果，结果的轻重无从比较，这种情形，本来就是结果犯，而不是结果加重犯。同时，一个行为过程，先阶段触犯危险犯，后阶段进而构成实害犯，依实害法

---

① 参见劳东燕《规范的保护目的与结果加重犯的界定》，载陈泽宪主编《刑事法前沿（第四卷）》，中国人民公安大学出版社 2008 年版，第 129 页。
② ［日］正田满三郎：《刑法体系总论》，良书普及会 1979 年版，第 110 页。转引自马克昌主编《犯罪通论》，武汉大学出版社 1999 年版，第 653 页。

吸收危险法，成立法规竞合的单一罪，而不构成结果加重犯"①。

马克昌教授认为："行为犯只要实施一定的行为就够了，并不以发生一定的结果为必要，与结果加重犯的本质不符，自不发生结果加重犯的问题。"但是认为，危险犯能否成立结果加重犯，应该根据刑事立法的规定具体分析，有的成立结果加重犯，有的不成立结果加重犯。例如，《日本刑法典》第217条规定，"遗弃因年老、年幼、身体障碍或者疾病而需要扶助的人的，处一年以下惩役"，被认为是危险犯。同时该法第219条规定，犯该法第217条规定之罪，"因而致人死伤的，与伤害罪比较，依照较重的刑罚处断"，此为遗弃罪结果加重犯的规定。② 另有学者认为结果加重犯的基本犯罪既可以是结果犯，也可以是危险犯和行为犯，我国刑法第144条的规定为适例。③ 还有学者认为结果加重犯的公式为"基本犯＋加重结果＝基本犯的结果加重犯"。其中基本犯罪行为可以是举动犯、行为犯或者危险犯，更可以是结果犯。因此刑法第141条、第143条、第144条、第344条、第336条第1款、第336条第2款都是基本犯罪为危险犯、行为犯的结果加重犯。④日本的通说认为危险犯可以成为结果加重犯的基本犯罪行为。以遗弃致死伤罪为例，虽然对于遗弃罪是具体的危险犯还是抽象的危险犯存

---

① 马克昌主编：《犯罪通论》，武汉大学出版社1999年版，第654页。

② 马克昌：《结果加重犯比较研究》，载《武汉大学学报》（社会科学版）1993年第6期，第118—119页。

③ 参见李邦友《结果加重犯基本理论研究》，武汉大学出版社2001年版，第6页。刑法第144条规定：在生产、销售的食品中掺入有毒、有害的非食品原料的，或者销售明知掺有有毒、有害的非食品原料的食品的，处五年以下有期徒刑或者拘役，并处或者单处销售金额百分之五十以上二倍以下罚金；造成严重食物中毒事故或者其他严重食源性疾患，对人体健康造成严重危害的，处五年以上十年以下有期徒刑，并处销售金额百分之五十以上二倍以下罚金；致人死亡或者对人体健康造成特别严重危害的，依照本法第一百四十一条的规定处罚（指十年以上有期徒刑、无期徒刑或者死刑，并处销售金额百分之五十以上二倍以下罚金或者没收财产——笔者注）。2011年2月25日全国人大常委会《中华人民共和国刑法修正案（八）》对本条进行了修订，将原条文中"造成严重食物中毒事故或者其他严重食源性疾患，对人体健康造成严重危害"修改为"对人体健康造成严重危害或者有其他严重情节"，将"销售金额百分之五十以上二倍以下罚金"修改为无限额罚金，取消了基本犯"单处罚金"的规定，并将"对人体健康造成特别严重危害"修改为"有其他特别严重情节"。

④ 参见吴振兴《我国刑法中结果加重犯新探》，载《刑事法新论集萃·何鹏教授八十华诞纪念文集》，法律出版社2005年版，第3页。

在争议，但是，学界通说认为遗弃致人死伤，"与伤害罪比较，依照较重的刑罚处断"是结果加重犯的规定。[①] 也有台湾学者认为，基本犯罪结果可能是危险结果。我国台湾地区"刑法"第293条第2项、第294条第2项为适例。[②]

二　基本犯罪结果与加重结果的组合形态

对于行为犯、危险犯、结果犯、实害犯等概念的内涵，理论界争议很大。[③] 例如，对于行为犯与结果犯的区别，理论界就有既遂说、成立说、间隔说等学说的对立。"既遂说"认为，行为犯是指以法定犯罪行为的完成作为既遂标志的犯罪；结果犯是指不仅要实施具体犯罪构成客观要件的行为，而且必须发生法定的危害结果才构成既遂的犯罪。[④] "成立说"认为，不应以犯罪既遂为界限划分行为犯与结果犯，而应该以犯罪成立为界限划分行为犯和结果犯，即发生侵害结果才构成犯罪的，是结果犯，如过失类犯罪、滥用职权罪等，此类犯罪不存在犯罪未遂、中止与预备；没有发生侵害结果也

---

① ［日］山中敬一：《刑法各论》，成文堂2004年版，第99页；［日］西田典之：《日本刑法各论》，刘明祥、王昭武译，中国人民大学出版社2007年版，第33页；［日］大谷实：《刑法各论》，黎宏译，法律出版社2003年版，第56—57页；［日］大塚仁：《刑法概说（分论）》，冯军译，中国人民大学出版社2003年版，第65页。

② 参见林山田《论结果加重犯》，载《台湾本土法学》2007年第10期，第8页以下。台湾地区"刑法"第293条规定：遗弃无自救力之人者，处六月以下有期徒刑、拘役或一百元以下罚金。因而致人于死者，处五年以下有期徒刑；致重伤者，处三年以下有期徒刑。第294条规定：对于无自救力之人，依法令或契约应扶助、养育或保护者，处六月以上、五年以下有期徒刑。因而致人于死者，处无期徒刑或七年以上有期徒刑；致重伤者，处三年以上十年以下有期徒刑。

③ 参见张明楷《外国刑法纲要》（第二版），清华大学出版社2007年版，第111页以下；张明楷：《法益初论》，中国政法大学出版社2003年版，第342页以下。

④ 参见高铭暄、马克昌主编《刑法学》，北京大学出版社、高等教育出版社2003年版，第161页。日本学者大塚仁认为："在构成要件中，也像伪证罪那样，也有只把行为人一定的身体动静作为构成要件性行为的，但是，在大部分构成要件中，像杀人罪、盗窃罪等，除了构成要件性行为外，还需要进而发生一定的结果。前者称为举动犯（单纯行为犯），后者称为结果犯。"（［日］大塚仁：《刑法概说（总论）》，冯军译，中国人民大学出版社2003年版，第125页）台湾学者高仰止认为，结果犯的犯罪构成，"以发生一定结果为要件，即其行为以对法益构成侵害或危险为内容。"举动犯（行为犯）以实行与构成要件该当之一定行为即成立既遂罪，其行为不以对法益构成侵害或危险为内容。（参见高仰止《刑法总则精义》，五南图书出版股份有限公司1999年版，第48页）

构成犯罪的，是行为犯，如故意杀人罪、抢劫罪等。①"间隔说"认为，行为犯与结果犯的区别在于行为终了与结果发生之间是否具有时间上的间隔。结果犯是指行为的终了与结果的发生之间具有时间上的间隔的犯罪形态；行为犯是指行为终了与结果发生之间不具有时间上的间隔的犯罪形态。还有观点认为，行为犯与结果犯的区别在于行为是否侵害了特定的行为对象。结果犯是指对特定行为对象的侵害属于构成要件要素的犯罪；行为犯是指对特定行为对象的侵害不是构成要件要素的犯罪。②

　　本书认为，行为犯和结果犯的区别没有意义，所有的犯罪都是结果犯。众所周知，犯罪的本质是侵害法益，而刑法上的危害结果就是行为对法益的侵害或危险。如果某个行为对法益没有造成任何侵害或者危险，就不能认定其为犯罪，犯罪的预备和未遂也是如此。我们认为，可以以犯罪既遂及危害结果的样态为标准，将犯罪分为侵害犯（实害犯）和危险犯。侵害犯是指以法益受到实质侵犯作为犯罪既遂构成要件的犯罪，如盗窃罪、诈骗罪、故意杀人罪等；危险犯是指只要发生了法定的危险就认为是犯罪既遂的犯罪，如遗弃罪等。危险犯还可以分为具体的危险犯和抽象的危险犯。抽象的危险犯、具体的危险犯也有犯罪结果，只不过这种结果表现为危险而不是实害，如果刑法因为发生较重的结果而加重法定刑，没有理由否定其成立结果加重犯。本书认为，结果加重犯的基本犯罪可以是危险犯。③

　　根据结果加重犯的定义，加重结果必须是可被评价为比基本犯罪结果更严重的结果。基本犯罪结果与加重结果的搭配可能有以下几种情形：④

①　参见张明楷《刑法学》（第三版），法律出版社 2007 年版，第 155 页注 59。

②　参见张明楷《法益初论》，中国政法大学出版社 2003 年版，第 346 页以下。

③　相同见解参见陈朴生《刑法专题研究》，三民书局 1988 年版，第 156—161 页；高铭暄、马克昌主编：《刑法学》，北京大学出版社、高等教育出版社 2000 年版，第 194 页；王作富、党建军：《论我国刑法中结果加重犯的结构》，载《政法论坛》1995 年第 2 期；马克昌：《结果加重犯比较研究》，载《武汉大学学报》（社会科学版）1993 年第 6 期；鲜铁可：《新刑法中的危险犯》，中国检察出版社 1998 年版，第 136 页等。

④　参见张明楷《严格限制结果加重犯的范围与刑罚》，载《法学研究》2005 年第 1 期，第 88 页。

基本犯罪结果	加重结果①	适例
危险	实害结果	捏造事实诬告陷害他人，意图使他人受到刑事追究，造成严重后果的（第243条）②
实害结果	性质相同且更为严重的实害	故意伤害致人死亡的（第205条）；抢劫数额巨大的（第263条）
实害结果	性质不同，且更为严重的结果	暴力干涉婚姻自由致人死亡的（第257条）；抢劫致人死亡的（第263条）

---

① 根据加重结果类型的不同，可以将结果加重犯分为人身伤亡类的结果加重犯、财产损失类的结果加重犯与特定指标类的结果加重犯。人身伤亡类的结果加重犯是以人身伤亡作为加重结果的结果加重犯类型，法条一般表述为："致人重伤、死亡的，处……"例如，刑法第236条第2款第5项（强奸罪）、第234条（故意伤害罪）等。根据刑法是否对致人重伤和致人死亡规定了不同的刑罚阶梯，人身伤亡类的结果加重犯又可以分为同一刑罚阶梯的人身伤亡类结果加重犯、不同刑罚阶梯的人身伤亡类结果加重犯和单项指标的人身伤亡类结果加重犯。同一刑罚阶梯的人身伤亡类结果加重犯是指对致人重伤和致人死亡的加重结果，刑法配置了相同的法定刑幅度的结果加重犯类型。例如，刑法第236条第2款第5项规定"致使被害人重伤、死亡的"，处"十年以上有期徒刑、无期徒刑或者死刑"。不同刑罚阶梯的人身伤亡类结果加重犯是指已经符合一个具体的构成的犯罪行为，因发生了致人重伤或者致人死亡的不同加重结果，刑法规定了不同的刑罚梯度的结果加重犯类型。例如，刑法第238条规定，非法拘禁致人重伤的，"处三年以上十年以下有期徒刑"，致人死亡的，"处十年以上有期徒刑"。单项指标的人身伤亡类结果加重犯是指只规定了重伤或者死亡的结果加重犯。例如，刑法第257条规定的暴力干涉婚姻自由罪，只规定了致使被害人死亡的结果加重犯的情形，没有规定致人重伤的结果加重犯的情形。财产损失类的结果加重犯是指以财产损失的出现或者增加而加重法定刑的结果加重犯类型，通常表述为"造成重大损失的，处……"、"造成特别重大损失的，处……"等。例如，刑法第186条规定违法向关系人发放贷款"造成特别重大损失的，处五年以上有期徒刑，并处二万元以上二十万元以下罚金"。特定指标的结果加重犯，是指加重结果具有规范性和特定性的特定物的结果加重犯类型。如刑法第121条规定，以暴力、胁迫或者其他方法劫持航空器致使航空器遭受严重破坏的，"处死刑"。再如，刑法第328条规定，盗掘具有历史、艺术、科学价值的古文化遗址、古墓葬造成珍贵文物严重损坏的，"处十年以上有期徒刑、无期徒刑或者死刑，并处罚金或者没收财产"（参见吴振兴《我国刑法中结果加重犯新探》，载《刑事法新论集萃·何鹏教授八十华诞纪念文集》，法律出版社2005年版，第1页以下）。

② 有的学者认为，我国刑法第243条规定的"造成严重后果的，处三年以上十年以下有期徒刑"仅是作为加重处罚的情节，不是结果加重犯中的加重结果（参见李邦友《结果加重犯基本理论研究》，武汉大学出版社2001年版，第18页）。但是，有意大利学者认为这样的情形属于结果加重犯，意大利刑法典第243条、第286条、第501条为适例（参见［意］杜里奥·帕多瓦尼《意大利刑法学原理》，陈忠林译，中国人民大学出版社2004年版，第206页）。

从理论上分析，基本犯罪结果与加重结果不限于上述几种组合。只要刑法对重结果配置了较重的法定刑就可以认定其为结果加重犯，因此，完全可能出现基本犯罪结果是抽象的危险，但是第一层次的加重结果是具体的危险，第二层次的加重结果是实害结果的情形。例如，德国刑法第316条规定："行为人在交通中驾驶交通工具，尽管他由于饮用酒精饮料或者其他醉人的药物而不能安全地驾驶交通工具的，处一年以下的自由刑或者金钱刑。"第315条C规定："行为人在道路交通中驾驶交通工具，尽管他由于饮用酒精饮料或者其他醉人的药物而不能安全地驾驶交通工具，因此给他人的身体或者生命或者具有重大价值的物品造成危险的，处五年以下的自由刑或者金钱刑。"一般认为，前者为抽象危险犯的规定，后者为具体危险犯的规定[①]，后者因为危险层级的上升而提高了法定刑的幅度，符合结果加重犯的特征。也可能出现基本犯罪是实害结果，但是，加重结果是代表更重要法益的具体或者抽象的危险结果。因此，基本犯罪的结果与加重结果之间的搭配应该根据实体法的具体内容进行实证分析。

三　刑法第115条第1款的性质

我国刑法第114条规定："放火、决水、爆炸以及投放毒害性、放射性、传染病病原体等物质或者以其他危险方法危害公共安全，尚未造成严重后果的，处三年以上十年以下有期徒刑。"第115条第1款规定："放火、决水、爆炸以及投放毒害性、放射性、传染病病原体等物质或者以其他危险方法致人重伤、死亡或者使公私财产遭受重大损失的，处十年以上有期徒刑、无期徒刑或者死刑。"第115条第2款规定："过失犯前款罪的，处三年以上七年以下有期徒刑；情节较轻的，处三年以下有期徒刑或者拘役。"关于刑法第114条与第115条第1款之间的关系，有不同认识。

观点1："未遂—既遂"而非"基本犯罪—结果加重犯"

黎宏教授认为，刑法第114条规定的是放火罪等罪名的未遂形

---

① 林东茂：《危险犯与经济刑法》，五南图书出版股份有限公司1996年版，第20页。

态，第 115 条第 1 款规定的是放火罪等罪名的既遂形态，后者并非前者的结果加重犯。以放火罪为例：如果认为刑法第 115 条第 1 款是结果加重犯的规定，"在行为人的放火行为造成严重后果的场合，是刑法第 115 条第 1 款所规定的放火罪的既遂犯；在没有造成严重后果的场合，就是刑法第 114 条所规定的放火罪的既遂犯。这样，就放火罪而言，岂不是有两个既遂形态吗？"如果认为刑法第 115 条第 1 款是结果加重犯的规定，那么"刑法第 115 条第 2 款有关失火罪的规定中所规定的'过失犯前款罪的'的条款就只能理解为'过失犯放火等罪的结果加重犯'了。过失犯故意罪的结果加重犯，该是什么样的一种情形呢？难以想象"。"结果加重犯可以分为两种情况，一是故意伤害致死之类的单一行为的结果加重犯，行为人对于致死的加重结果，只能持过失。……二是抢劫致人重伤或者死亡之类的复合行为的结果加重犯，行为人对于加重结果的心理态度，则既可以是故意，也可以是过失。如果说刑法第 115 条第 1 款所规定的放火罪是第 114 条所规定的放火罪的结果加重犯，最多也只能看作为单一行为的结果加重犯。因为，放火等行为是单一行为。……行为人对于刑法第 115 条第 1 款中所规定的'致人重伤、死亡或者使公私财产遭受重大损失'的结果只能是持过失态度。但是，刑法第 115 条第 2 款明文规定，过失犯前款罪的，另外构成失火罪，明确地排除了行为人故意放火，过失引起了人身伤亡或者财产损失而适用刑法第 115 条第 1 款规定的放火罪的可能。既然行为人对于放火行为引起的伤亡结果或财产损失持追求或者放任的态度，怎么能说刑法第 115 条第 1 款所规定的放火罪是刑法第 114 条所规定的放火罪的结果加重犯呢？"①

观点 2："未遂—既遂"和"基本犯罪—结果加重犯"

张明楷教授认为，刑法第 115 条第 1 款是对放火罪等罪既遂的规定，第 114 条是对放火罪等罪未遂的规定，所以，"尚未造成严重后果时，不再适用刑法总则关于未遂犯的处罚规定。但是，在尚未造成严重后果的情况下，行为人自动中止犯罪，避免了严重后果的，应认

---

① 黎宏：《如何理解放火罪两个法条之间的关系》，载《检察日报》2005 年 4 月 7 日。

定为犯罪中止，适用刑法第114条以及总则关于中止犯的处罚规定。"① 张明楷教授同时认为，刑法第115条第1款为放火罪等罪结果加重犯的规定。"第115条第1款规定的犯罪，完全具备结果加重犯的特征。从表面上看，第115条第1款虽然没有像第114条那样要求'危害公共安全'，但适用第115条第1款显然以'危害公共安全'（发生具体的公共危险）为前提。否则，第115条第1款就不属于危害公共安全的犯罪了。既然适用第115条第1款以发生具体的公共危险（基本结果）为前提，就表明第115条第1款是因为发生了伤亡实害结果（加重结果）而提高了法定刑。所以，第115条第1款包含了结果加重犯。与结果加重犯相对应，刑法第114条又是对基本犯的规定。换言之，即使行为人主观上只是希望或放任具体的公共危险的发生，但只要行为人对实际发生的实害结果具有过失，就必须适用刑法第115条第1款。""倘若既承认过失的结果加重犯，又承认故意的结果加重犯，也可以认为，刑法第114条规定的是基本犯，第115条规定的是结果加重犯。亦即，一方面，当行为人对具体的公共危险（基本结果）具有故意，对所发生的伤亡实害结果（加重结果）具有过失时，是过失的结果加重犯，理当适用刑法第115条第1款；另一方面，当行为人不仅对具体的公共危险（基本结果）具有故意，而且对所发生的伤亡实害结果（加重结果）具有故意时，是故意的结果加重犯，也应适用刑法第115条第1款。"②

观点3："基本犯罪（既遂）—结果加重犯"

这种观点认为，我国刑法分则的立法模式以犯罪既遂为标准，对于犯罪未完成形态的规定集中于刑法总则之中。"犯罪既遂的标准乃是来源于刑法分则中各个具体犯罪规定的内容，所以否认我国刑法分则的立法模式乃是以犯罪既遂为标准，则犯罪既遂的标准就失去了刑法文本的支持，丧失了统一的规范标准和讨论基础。"因此，刑法第114条应为放火罪等罪既遂的规定。此外，如果将刑法第114条解释

---

① 张明楷：《刑法学》（第三版），法律出版社2007年版，第518页。

② 张明楷：《刑法分则的解释原理》，中国人民大学出版社2011年版，第694—695页。

为放火罪等罪的未遂，表面上鼓励犯罪人中止犯罪，减轻刑罚，但实际上会带来放火罪整体刑罚提高的后果，有悖于现代刑法轻刑化的趋势。犯放火等罪，未造成严重后果的，"处三年以上十年以下有期徒刑"，如果认为该条文是放火罪的未遂，可以独立适用，无须再比照刑法总则中关于犯罪未遂的规定，则由此得出的结论是，若无自首、立功等量刑情节，放火罪的宣告刑最低为三年。相对来说，如果将刑法第114条作为单独的犯罪既遂，则很可能出现犯罪的中止、预备、未遂，通过刑法总则相关条款的适用，即使没有自首、立功等量刑情节，放火罪的宣告刑完全可能在三年以下。在否认刑法第114条与第115条第1款之间为未遂与既遂的关系的基础上，该观点进一步认为，基本犯为危险犯，实害犯为结果加重犯的现象为多国刑法理论所公认。刑法第114条所规定的各个犯罪的既遂的成立要求发生危害公共安全的具体危险，必须采取一种看得见的结果作为司法上评价具体危险的依据，例如，放火罪的既遂要求对象物独立燃烧。具体危险犯的成立需要存在一个指明危险的替代结果存在，这为具体的危险犯存在结果加重犯提供了理论支撑。"将刑法第114条、第115条第1款解释为结果加重犯关系，符合我国现行刑法理论和立法目的，能够体现结果加重犯制度的要求，并不存在所谓的理论困难。"[1] 有学者认为，是不是结果加重犯的决定因素不在于结果加重犯的规定与基本犯的规定是否处于同一条款。第114条和第115条第1款之间是基本犯罪和结果加重犯的关系。"只要承认加重结果的罪过形式包括故意，加上这条中对危害结果的具体形态做了明确规定，理应逻辑地得出的结论是：第115条是结果加重犯。需要说明的是，该条中与'致人重伤、死亡'并列规定的'使公私财产遭受重大损失'，也是加重结果，不应列入严重情节之列。"[2]

---

[1] 以上参见陈玮《刑法第114条、第115条第1款之放火罪解释论》，载《湖南警察学院学报》2011年第2期。

[2] 吴振兴：《我国刑法中结果加重犯新探》，载《刑事法新论集萃·何鹏教授八十华诞纪念文集》，法律出版社2005年版，第9页。相同观点参见鲜铁可《新刑法中的危险犯》，中国检察出版社1998年版，第139页。

观点4："危险犯（既遂）—结果犯（既遂）"

有学者认为刑法第115条第1款不是结果加重犯的规定，而是普通的结果犯。其基本理由是：首先，结果加重犯本身只是一罪的特殊犯罪形态，加重结果不是具体的犯罪，不具有独立的意义，只能依附基本犯罪才具有刑法意义，将刑法第115条第2款规定的"犯前款罪"理解为犯第1款规定的"结果加重犯"，将在理论上引起混乱。其次，如果将"过失犯前款罪"理解为指犯第1款的"结果加重犯"，那么，第2款就应该是基本罪为过失犯的结果加重犯，因为"过失犯前款罪"的前款罪是故意的结果加重犯，因此，过失犯故意的结果加重犯的情况只能是基本罪为过失犯的结果加重犯。如果这样理解却找不到第2款的基本罪，因为刑法第114条的过失犯不予处罚，因此不合适。再次，结果加重犯与普通的结果犯罪过失形式不一致。如果认为在结果加重犯中，加重结果的罪过形式不包括故意，那么结果加重犯的主观结构与结果犯的主观结构之不同殊为明显；如果认为在结果加重犯中，加重结果的罪过形式包括故意，那么行为人对加重结果持过失心态也应该构成结果加重犯。[①] 但是刑法第115条第2款已经单独地规定了放火、决水、爆炸、投放危险物质等的过失犯，这说明刑法第115条第1款只规定了对加重结果持故意心态的情形。[②] 因此，不符合结果加重犯的条件。基于同样的道理，该学者认为刑法第119条第1款也不是第116条、第117条、第118条规定的破坏交通工具罪、破坏交通设施罪、破坏易燃易爆设备罪的结果加重犯；同样，刑法第124条第2款也不是破坏广播电视设施、公用电信设施罪的结果加重犯。与此相类似的一种观点认为，虽然可以将第114条理解为放火罪的基本犯，但是第115条第1款并非结果加重犯。由于行为人的行为造成公共危险后，既可能造成实害结果，也有可能未造成实害结果，因此第115条第1

---

① 李邦友：《结果加重犯基本理论研究》，武汉大学出版社2001年版，第15页。

② 参见黎宏《如何理解放火罪两个法条之间的关系》，载《检察日报》2005年4月7日。

款是第 114 条的特别条款。①

关于刑法第 114 条与第 115 条第 1 款之间关系的争论聚焦于以下几个问题：第一，刑法第 114 条是犯罪既遂的规定（危险犯或者实害犯）还是犯罪未遂的特殊规定？第二，如果是犯罪既遂的规定，那么第 115 条第 1 款是第 114 条的结果加重犯的规定吗？第三，如果是犯罪未遂的规定，是否仍有认定第 115 条第 1 款是第 114 条的结果加重犯的空间？

如果认为刑法第 114 条为犯罪未遂的特殊规定，第 115 条为犯罪既遂的规定，可能面临一系列理论上的难题。我们仍以放火罪为例进行分析：

第一，将"致人重伤、死亡或者使公私财产遭受重大损失"视为放火罪的既遂结果，便意味着将放火罪侵害的法益——"公共安全"的外延限定在"致人重伤、死亡或者使公私财产遭受重大损失"的范围内。而刑法中所谓"公共安全"是指不特定或多数人的人身、财产安全，不特指重伤、死亡和重大财产损失三类。例如，不特定或者多数人轻伤的结果亦可被评价为"公共安全受到侵害"。如果将放火罪既遂结果限定在"致人重伤、死亡或者使公私财产遭受重大损失"的范围内，当行为人为追求"致人重伤、死亡或者使公私财产遭受重大损失"之外的危害公共安全的结果（如，造成不特定多数人轻伤②）而实施放火行为时，即便该结果发生了，也仅构成放火罪的未遂，这样的结论令人难以接受。根据该观点，"行为人以追求多人死亡的故意对有人居住的房屋实施放火行为，但点燃房屋后良心发现，及时扑灭大火，但仍造成数人轻伤"的情形应该认定为放火罪中止。行为人放火后危害公共安全的结果已经出现，但

---

① 谭京凯、洪建平：《论放火罪的停止形态——从焚烧本人财物引发火灾的情形说起》，载《中国检察官》2010 年第 10 期，第 20 页。

② 行为人一旦实施放火行为，其对结果的控制力较弱，对于使不特定多数人受轻伤的结果一般无法准确把握。但是，从理论分析的角度来说，做这样的讨论还是有意义的。在那些可以对结果进行较为精确控制的危害公共安全犯罪中，做这样的讨论可能更有说服力。例如，行为人甲明知自己在公用饮水机里面放置毒药会致使不特定多数人中毒（轻伤），而执意为之，最终导致 60 余人轻伤。如果认定行为人构成投毒罪的未遂，恐难令人接受。

却认定为犯罪中止，这样的结论也让人难以接受。由此可见，认为第114条为未遂犯的特殊规定、第115条第1款为既遂犯的观点曲解了"公共安全"的含义，其直接后果便是将放火罪等罪的既遂标准提得太高，不利于犯罪预防目的的实现。

第二，此观点排斥了刑法总则中有关未遂犯的规定，导致对于"行为人放任或追求重结果（致人重伤、死亡或者使公私财产遭受重大损失）的发生，但由于意志以外的原因重结果未发生"的情形只能在"三年以上十年以下有期徒刑"的范围内量刑。刑法总则规定，"对于未遂犯，可以比照既遂犯从轻或者减轻处罚"。即如果没有刑法第114条的"特殊规定"，刑法第115条第1款规定的犯罪未遂，"可以"以"十年以上有期徒刑、无期徒刑或死刑"为基准从轻或减轻处罚。即便行为没有导致重结果，但根据犯罪情节，仍可能判处行为人十年以上有期徒刑、无期徒刑，甚至死刑。如果将刑法第114条认定为犯罪未遂的规定，相当于将放火罪的"未遂"的刑罚范围封闭于"三年以上十年以下有期徒刑"之间，其实际效果是：放火罪的未遂一律"应当"减轻处罚。这便动摇了未遂犯与既遂犯之间统一的刑罚关系，有违反宪法公平原则之嫌。据此观点，对于"行为人为泄愤对有人居住的职工宿舍实施放火行为，大火被消防官兵及时扑灭，但造成13人轻伤"的情形，因未发生重结果而构成放火罪的未遂犯，适用第114条的规定，处"三年以上十年以下有期徒刑"。根据2007年8月15日最高人民法院《关于审理破坏电力设备刑事案件具体应用法律若干问题的解释》的规定，"破坏电力设备，造成10人以上轻伤的"，属于"造成严重后果"，"处十年以上有期徒刑、无期徒刑或者死刑"。① 同样是危害公共安全的犯罪②，造成同样的结果，在刑罚的选用上却存在如此之大的差距，使我们不得不反思对法条的解释是否存在瑕疵。可能有

① 2007年1月15日最高人民法院、最高人民检察院《关于办理盗窃油气、破坏油气设备等刑事案件具体应用法律若干问题的解释》第2条也有类似规定。

② 放火罪相比较破坏电力设备罪，在实践中更加易发多发，是刑法重点打击的对象，具有适用重刑的实质理由。

人认为，刑法分则可以对刑法总则的规定作出特别的例外规定，是"特别法优于一般法"的表现形式之一，因此，刑法第114条作为放火罪等罪未遂犯的特殊规定不存在问题。我们不否认刑法分则可以对刑法总则的规定进行例外的规定，但是这种例外必须有足够的法理支撑。放火罪等危害公共安全的犯罪是严重的自然犯，其社会危害性和行为人的人身危险性都非常高，其未遂形态没有理由比其他的犯罪的未遂形态接受更轻的非价（刑罚）。

第三，如果认为刑法第114条是放火罪未遂犯的特殊规定，随之而来的问题是：为什么不能说第114条也是中止犯的特殊规定呢？从文义解释的角度来看，刑法第114条没有任何表述标明该条为放火罪未遂的规定。既然刑法分则可以突破刑法总则的规定，放火罪的中止犯也是"未发生严重后果"，为什么不能适用刑法第114条？认为刑法第114条为未遂的学者中没有人认为该条也是放火罪中止犯的特殊规定，但基于什么样的理由厚彼而薄此则语焉不详。

第四，构成要件具有故意规制功能，故意是指对该当于不法构成要件的事实的认知及意欲。如果认为刑法第115条第1款为既遂的规定，势必要求放火等罪的既遂以行为人对"致人重伤、死亡或者使公共财产遭受重大损失"的结果具有故意。但是，这似乎违背了刑法规定放火罪的规范保护目的。在司法实践中，放火行为对于重结果（特别是致人重伤、死亡）往往仅具有过失，如果这种行为不能适用刑法第115条第1款，而仅以放火罪（第114条）和过失致人死亡（重伤）的想象竞合犯进行处罚，很难做到罪责刑相适应。

综上，认为第114条为未遂犯的特殊规定、第115条第1款为既遂犯规定的观点值得商榷。那么，能否认为第114条是危险犯（既遂），第115条第1款为实害犯（既遂）呢？我们认为，第114条不是危险犯，仍以放火罪为例：

第一，根据第114条的规定，放火罪的罪状为"放火，危害公共安全，尚未造成严重后果"。从文义解释的角度来看，构成本条规定的犯罪要求放火行为"危害公共安全"，但排除"造成严重后果"的情形。即本条要求的犯罪结果为"危害公共安全",而"危害公共安全"是实害结果。如果将第114条理解为危险犯,势必将构成要件结果降低为"危害公共安全的危险",属于没有合理依据的扩大解释,扩大了被告人承担刑事责任的范围,违反罪刑法定原则,违背保障人权的理念。

第二,如果认为第114条为危险犯,会使认定放火罪未遂非常困难。由于犯罪未遂的本质是危险犯,如果犯罪既遂也是危险犯,如何区分作为犯罪未遂标志的危险和作为犯罪既遂标志的危险是一件十分困难的事情,势必导致既遂标准模糊。独立燃烧说、丧失效用说、重要部分燃烧说、毁弃说等既遂标准的争议从侧面说明,将第114条理解为危险犯会造成理论和实践上的困扰。

事实上,"犯罪既遂的原始意义,一定是结果犯,而且是实害结果犯","主观上的要件永远包含了对实害状态的认识"。"犯罪既遂的不法构成要件,在基本上应该表征法益实害结果的发生。因此故意犯罪既遂的构成,客观上必须有实害结果发生,主观上也必须认识到实害结果的发生。"① 这种观点虽然极端,但有一定道理。我们在解释刑法分则有关故意犯罪的条文时,要以将之解释为实害结果犯为原则,只有在没有任何解释空间,且有充分理由时,才能将其解释为危险犯。因此,我们认为,刑法第114条为实害犯,而非危险犯。本条规定的"尚未造成严重后果"是对既遂最低标准的描述,但同时也必须满足"公共安全已经遭到侵害"的要求,具体表现在:不特定或者多数人的人身、财产受到侵害。

本书认为刑法第115条第1款规定的是放火罪、决水罪、爆炸罪、投放危险物质罪以及以危险方法危害公共安全罪的结果加重犯,第114条与第115条第1款的关系应为"作为实害犯的基本犯罪—结果加重犯"。事实上,刑法第114条和第115条第1款完全可以合并为:

---

① 黄荣坚:《刑罚的极限》,元照出版有限公司1998年版,第216、217、221页。

　　"放火、决水、爆炸以及投放毒害性、放射性、传染病病原体等物质或者以其他危险方法危害公共安全的，处三年以上十年以下有期徒刑；

　　犯前款罪，致人重伤、死亡或者使公私财产遭受重大损失的，处十年以上有期徒刑、无期徒刑或者死刑。"

　　做这样的处理后，刑法第 114 条与第 115 条第 1 款之间的关系便非常清晰了：第 114 条为放火罪等罪的基本犯罪，第 115 条第 1 款则为结果加重犯的规定。如果认可刑法第 238 条第 2 款前段为非法拘禁罪的结果加重犯①，势必认为第 115 条第 1 款为放火罪等罪的结果加重犯，因为两者在结构并没有区别，都符合"犯基本罪，由于发生了重的结果，刑法加重处罚"的特征。结果加重犯的成立并不会因为立法者将本可用一个法条涵括的情形分成两个法条而发生变化。例如，《日本刑法典》第 204 条规定："伤害他人身体的，处十五年以下惩役或者五十万元以下的罚金或者科料。"第 205 条规定："伤害身体因而致人死亡的，处三年以上有期惩役。"虽然伤害和伤害致死分别规定于两个条文，但没有人否认第 205 条为伤害罪的结果加重犯。②

　　可能会有这样的疑问，如果将刑法第 114 条和第 115 条第 1 款糅在一起，就会丢失第 114 条"尚未造成严重后果的"的否定性构成要件，有违反罪刑法定原则之嫌。我们认为，该法第 114 条规定的"尚未造成严重后果"为刑法中的注意规定。即使该条没有规定"尚未造成严重后果"，也不会对第 114 条的解释产生实质影响。由于第 115 条第 1 款已经规定了"致人重伤、死亡或者使公

---

　　①　刑法第 238 条的规定为：

　　"非法拘禁他人或者以其他方法非法剥夺他人人身自由的，处三年以下有期徒刑、拘役、管制或者剥夺政治权利。

　　犯前款罪，致人重伤的，处三年以上十年以下有期徒刑；致人死亡的，处十年以上有期徒刑。使用暴力致人伤残、死亡的，依照本法第二百三十四条、第二百三十二条的规定定罪处罚。"

　　②　参见 [日] 西田典之《日本刑法各论》，中国人民大学出版社 2007 年版，第 41 页；[日] 大谷实：《刑法各论》，黎宏译，法律出版社 2003 年版，第 26 页。

私财产遭受重大损失"的"严重后果",意味着第 114 条中表征"危害公共安全"的结果不包括"致人重伤、死亡或者使公私财产遭受重大损失",从体系解释的角度来看,已经包含了"尚未造成严重后果"的意思。也就是说,"尚未造成严重后果的"完全可以删除。

持"结果犯说"的学者一方面否认放火罪、决水罪、爆炸罪、投放危险物质罪、以危险方法危害公共安全罪、破坏广播电视设施、公用电信设施罪存在结果加重犯,但却承认刑法第 123 条规定的暴力危及飞行安全罪存在结果加重犯。① 但是,刑法第 123 条除了没有规定过失暴力危及飞行安全外,与前述"刑法第 114 条与第 115 条","第 116、117、118 条与第 119 条"规定的行为结构并无二致。如果承认第 123 条后段的规定为结果加重犯,就没有理由否认第 115 条第 1 款的规定为结果加重犯。

将刑法第 115 条第 1 款理解为结果加重犯,并不会导致第 115 条第 2 款的解释困境。第 115 条第 2 款规定的"过失犯前款罪"是指"过失放火、决水、爆炸以及投放毒害性、放射性、传染病病原体等物质或者以其他危险方法致人重伤、死亡或者使公私财产遭受重大损失",而不是所谓的"过失犯结果加重犯"。

根据前述论断,我们可以得出以下具体的结论:

第一,行为人放火将他人的草垛(价值不高)烧毁,如果具有危害公共安全的性质,构成刑法第 114 条规定的放火罪(既遂)。

第二,行为人放火将他人的别墅烧毁,造成被害人遭受重大财产损失,构成刑法第 115 条第 1 款规定的放火罪的结果加重犯。

第三,行为人放火将他人的草垛(价值不高)烧毁,过失将在草垛上休息的小孩烧成重伤,构成刑法第 115 条第 1 款规定的放火罪的结果加重犯。

第四,行为人放火意欲烧死房间内的人员,大火最终导致 5 人死

---

① 刑法第 123 条的规定:"对飞行中的航空器上的人员使用暴力,危及飞行安全,尚未造成严重后果的,处五年以下有期徒刑或者拘役;造成严重后果的,处五年以上有期徒刑。"参见李邦友《结果加重犯基本理论研究》,武汉大学出版社 2001 年版,第 10 页。

亡，行为符合刑法第115条第1款规定的放火罪的结果加重犯的构成要件。同时，行为符合故意杀人罪的构成要件，应根据竞合理论决定最后适用的罪名及刑罚。①

第五，行为人意欲烧死反锁在一间房中的5人，点燃房子后离开。大火被及时赶来的消防战士扑灭。5人中仅有一人受轻伤。行为符合刑法第115条第1款规定的放火罪的结果加重犯（未遂）的构成要件。同时，行为符合故意杀人罪（未遂）的构成要件，应根据竞合理论决定最后适用的罪名及刑罚。

第四节 "基本犯罪 + 不作为 + 加重结果"的性质

不作为导致加重结果能否构成结果加重犯，在理论上争议很大。有两个问题值得研究：一是结果加重犯的基本犯罪能否为不作为犯罪？二是行为人实施了基本犯罪之后，故意不作为导致加重结果的发生，构成结果加重犯还是不作为的故意犯罪？

例1：甲跑步的时候不小心将乙撞倒在地。甲发现乙是自己的仇人，根据情势判断，如果自己不对乙实施救助会造成乙轻伤的结果。甲为了追求这种结果的发生，没有对乙实施救助。乙由于没有得到及时救助而死亡。

例2：保姆甲为了报复雇主，在自己看管的小孩玩弄开水瓶的时候不予以管理，意图将小孩烫伤。小孩果然将开水瓶弄倒，将自己烫伤，后由于伤势过重，不治身亡。

例3：甲看到自己的丈夫殴打自己与前夫所生之子而不予以制止，导致其子被其夫殴打重伤不治而死。

基于不作为犯与作为犯具有等价性的考虑，本书认为，前述案例

---

① 参见张明楷《论以危险方法杀人案件的性质》，载《中国法学》1999年第6期。

中行为人皆构成故意伤害罪的结果加重犯。基本犯罪表现为作为还是不作为，不应影响结果加重犯的成立。以故意伤害致人死亡为例，只要行为人以不作为的方式实施故意伤害行为，又过失导致被害人死亡的加重结果，则可以认定行为人构成故意伤害罪的结果加重犯。我国刑法中还规定了纯正的不作为犯的结果加重犯。例如第 445 条规定："战时在救护治疗职位上，有条件救治而拒不救治危重伤病军人的，处五年以下有期徒刑或者拘役，造成伤病军人重残、死亡或者有其他严重情节的，处五年以上十年以下有期徒刑。"下面重点对"行为人实施基本犯罪之后，故意不作为导致加重结果的发生的情形"进行讨论。

一　"基本犯罪+不作为"导致加重结果的行为类型

通说认为危险前行为是不纯正不作为犯的保证人类型。[①] 但是，不纯正不作为犯的保证人类型是否包括犯罪则是理论界中一个存在争议的问题。通说认为过失犯罪是作为义务的来源[②]，因此，"犯罪能否成为先行行为"的问题主要集中在故意犯罪能否成为作为义务来源之上，即如果行为人故意犯罪着手之后，构成要件的结果没有立即出现或者该危险行为有可能造成超出原犯罪构成要件结果的情况下，行为人是否负有防止结果发生的义务。故意不法前行为与后续不作为之间的关系可能表现为以下四种情形：

---

① 参见张明楷《刑法学》（第三版），法律出版社 2007 年版，第 144 页以下；陈兴良、周光权：《刑法学的现代展开》，中国人民大学出版社 2006 年版，第 109—111 页；黄荣坚：《基础刑法学（下）》，元照出版有限公司 2003 年版，第 256 页；林钰雄：《新刑法总则》，元照出版有限公司 2006 年版，第 513 页；何秉松主编：《刑法学教科书》，中国法制出版社 2000 年版，第 348 页；[日] 大塚仁：《刑法概说》，冯军译，中国人民大学 2003 年版，第 149—150 页。立法例上亦有明示危险前行为为不作为犯之保证人类型者，如我国台湾地区"刑法"第 15 条第 2 项规定："因自己行为致有发生犯罪结果之危险者，负防止其发生之义务。"再如《韩国刑法典》第 18 条规定："负有防止危险发生的义务或者因自己的行为引起危险，而未防止危险之结果发生的，依危险所致的结果处罚。"学者中更有甚者认为，危险前行为是"唯一"的保证人类型（参见黄荣坚《基础刑法学（下）》，元照出版有限公司 2003 年版，第 247 页以下）。

② 参见张明楷《刑法学》（第三版），法律出版社 2007 年版，第 145 页以下。

情形一：故意作为侵害法益后故意不作为，两者侵害的法益一致，作为的预期结果与因"不作为"导致的结果相同。[1]

【例1】甲以杀人故意对乙实施加害行为，乙重伤倒地。甲明知自己不救助乙会导致乙数小时后死亡，仍然扬长而去。后乙因为没有得到及时救助而死亡。

【例2】甲以伤害故意对乙实施加害行为，乙受到打击晕倒在地，甲明知自己不救助乙会导致乙重伤，仍然溜之大吉。后乙因为没有得到及时救助而落下残疾。

情形二：故意作为侵害法益后故意不作为，两者侵害的法益不一致，因"不作为"而导致的危害结果超过原作为预期导致的结果。

【例3】（刑法没有规定结果加重犯的情形）甲在黑夜盗伐林木，护林员知悉后偷偷接近正在砍伐树木的甲。此时，甲正好砍倒一棵大树，大树将护林员砸倒。护林员被砸晕，血流如注。甲发现之后为了逃避罪责，丢下护林员，逃之夭夭。护林员因得不到及时救治而死亡。

【例4】（刑法规定了结果加重犯的情形）甲以伤害故意对乙实施加害行为，导致乙昏迷不醒，流血不止。甲见此情形，明知自己不积极救治的行为会导致乙死亡的结果，仍然绝意离之而去，乙因此而毙命。[2]

---

[1] 此情形乍看毫无讨论意义，因为这仿佛是先制造问题，再解决问题，完全是多此一举（参见许玉秀《主观与客观之间》，春风煦日编辑小组出版1997年版，第437页）。许多学者也认为即使认为后面的不作为构成不作为犯罪，但是由于仅针对先行作为论以故意的作为犯就足以评价整个犯罪，所以，紧随于故意作为之后的不作为到最后还是通过竞合的规则被排除，完全没有独立评价的意义。但是，在涉及第三人参与犯罪（如第三人在他人实行行为之后教唆其不作为的情形），行为人在不具有责任能力的状态下故意实施了犯罪，但是在行为人造成了危险的状态之后取得了刑事责任能力，以及"在行为人于不作为的阶段又另外实现了（前行为所不具备的）加重处罚事由，或者是前阶段的作为具备（后阶段之不作为所欠缺的）减轻处罚事由时，也还是或有讨论应如何评价随后不作为的实益。"参见蔡圣伟《刑法问题研究（一）》，元照出版有限公司2008年版，第221页以下；黄荣坚《基础刑法学（下）》，元照出版有限公司2003年版，第257页。

[2] 再如：2011年6月26日晚，被告人韦风驾驶摩托车外出。当晚10时40分许，在无锡市崇安区广勤中学附近看到李某（女，殁年17岁）独行，即上前搭讪，后将李某强行带至无锡市通江大道安福桥南岸桥洞下斜坡处，并采用语言威胁、拳打、卡喉咙等暴力手段欲对李某实施强奸，因遭到李某反抗而未果。李某在逃离过程中滑落河中。韦风看到李某在水中挣扎，明知李某处于危险状态而不履行救助义务，并逃离现场。后李某溺水死亡。参见最高人民法院刑事审判一至五庭主办《刑事审判参考（总第90集）》，法律出版社2013年版，第63—67页。

情形三：故意作为侵害法益，后过失不作为，两者侵害的法益一致，作为的预期结果与因不作为导致的结果同一。

【例5】甲以伤害故意对乙实施加害行为，乙受创倒地。甲原本想继续实施加害行为，以达到致乙重伤的目的，但是看见乙昏厥倒地，心生怜悯，意图救治。甲见乙无明显外伤，认为仅是暂时昏迷，无甚大碍，待其醒来，自当无事。于是甲放弃继续伤害，离乙而去。后乙因为甲的伤害行为以及后续的不救助行为导致重伤。

情形四：故意作为侵害法益，后过失不作为，两者侵害的法益不一致。因"不作为"而导致的危害结果超过原作为预期导致的结果。

【例6】（刑法中没有规定结果加重犯的情形）甲挖地道，试图挖通至乙家，盗窃乙家财物。地道塌陷，乙家房屋倒塌，乙被压在废墟里面。甲听到呼救，见乙仅被屋梁卡住，没受到伤害，附近来往人员也较多，为了逃避罪责于是逃之夭夭。后乙由于流血过多死亡。

【例7】（刑法中规定了结果加重犯的情形）甲以伤害故意对乙实施加害行为，后导致乙昏迷倒地。甲认为自己只是造成乙轻伤，不会导致其有生命危险，便弃之而去。后乙因受甲打击之伤而死亡。

为避免讨论失焦，本书仅讨论前述"情形二"类似【例4】和"情形四"类似【例7】的情形，即行为人实施基本犯罪行为之后，造成被害人处于可能承受加重结果的危险状态，如果行为人意识到了这种状态而没有实施积极的救助，那么应该论之以结果加重犯还是不作为的故意犯罪，如果是后者如何协调其与基本犯罪之间的关系；如果行为人因为疏忽大意没有意识到这种状态，或者已经意识到了，但是轻信能够避免加重结果的发生，如何认定行为人的刑事责任。对这些问题的讨论关系到罪名与罪数的认定以及与之相关的评价维度，犯罪的停止形态、共同犯罪的认定，还关系到如何认定"行为时"，进而关系到"从旧兼从轻原则"的适用问题。这些问题的解决，依赖于对以下问题的回答：故意不法前行为能否构建保证人义务？在什么范围内可以认可故意不法前行为是保证人的类型？如果完全否认故意不法前行为能够构建保证人义务，那么在行为人实施基本犯罪行为之后，行为人自然不产生救助义务，不可能构成对加重结果的故意的不纯正不作为犯。如果认可故意犯罪可以构建保证人义务，在结果加重犯的场合，原则上应当认为基本犯罪行为可以作为不作为犯罪的义务来源。

二　"肯定说"与"否定说"的争议

关于行为人实施的基本犯罪行为能否成为行为人作为义务的来源，主要存在"否定说"和"肯定说"两大流派。否定说认为，在刑法规定了结果加重犯的场合，如果行为人实施了结果加重犯的基本犯罪行为之后，被害人有遭受加重结果侵害之虞，行为人不具有防止该结果发生的保证人地位。"肯定说"认为，作为保证人类型的危险前行为要求该危险是由违反义务的前行为招致的，不要求该行为必须是刑法上的不法行为，刑法上的不法行为都是违反义务的行为，故意的不法行为当然如此。[1]根据这样的逻辑，基本犯罪行为当然是保证人的类型。[2]

（一）否认前行为为不作为犯罪之作为义务来源的立场

自由主义和保障人权是罪刑法定原则的基础，也是刑法的基础，因此，原则上，不能处罚没有积极地实施侵犯法益的行为。基于这种认识，一种观点认为，"前行为"不具备与作为等价的实质根据，不足以动用与"作为"相同的刑罚。否定了危险前行为可以作为保证人类型，作为危险先前行为一个类别的故意不法当然也不能成为不纯正不作为犯的作为义务来源，行为人实施了基本的犯罪行为也不会使行为人处于保证人的地位。

前行为的保证人类型最为学者诟病之处在于，其至今未能研发出让批评者满意的理论基础。不纯正不作为犯理论史上，学者曾经做过数次跨越式的努力，试图说明前行为保证人类型的实质合理性，以图摆脱理论界、实务界对不纯正不作为犯罪违反罪刑法定原则的非难。

---

① 林钰雄：《新刑法总则》，元照出版有限公司 2006 年版，第 514 页。
② 相同观点参见高铭暄《新编中国刑法学（上）》，中国人民大学出版社 1998 年版，第 119 页。

但是，这些努力被持"否定说"的学者认为是没有意义的。持"否定说"的学者认为，这些所谓的理论基础要么"粗糙且徒劳"（指"习惯法的法理"），陷入"循环论证"（指"信赖原则"理论），要么"隐藏着谬论"（指"支配思想"），有的则完全是"空洞的"（指"防止责任论"）。① 既然前行为的保证人类型不存在令人信服的理论基础，就应该被完全抛弃。

许玉秀教授通过分析行为人实施了基本犯罪行为之后又不作为导致加重结果的因果关系流程来进一步说明自己的判断。根据她的论述结构，我们以前述"情形二"【例4】为例进行说明：前行的故意伤害行为所发生的作用，不仅仅及于被害人的人身健康权而且也及于被害人的生命。虽然故意所及的范围原本仅限于被害人的人身健康权，但是故意伤害行为的因果流程及于人之生命，在这个因果流程中没有人的行为的介入，也没有其他作用力的介入。在这个过程中，唯一有变化的，就是行为人甲的意图由故意伤害转化为故意杀人。但是，这个主观意志没有经由任何可凭由的客观力量促成其实现。行为人只是消极地借助了已经存在的因果力量，只不过这个因果力量是自己的前行为造成的罢了。"在前行为保证人类型犯，行为人所利用的是自己前行为的因果作用力，即使前行为造成不只一个法益或不只一种法益受到侵害，因果流程皆只有一个，因此整个犯罪构造是两个故意、一个因果流程、两个法益受侵害，如果借由前行为保证人类型论罪而论以两罪"，② 即故意伤害罪和不纯正不作为故意杀人罪，则对因果流程作了两次评价，这便是过度评价。"在受害的法益不是同一法益的情况下，为了让前行为导致的另一个法益被害，也能获得足够的非价，而承认前行为为保证人类型，往往导致前行为的因果流程被分成两段，而造成因果流程被重复评价的现象，以及得到应该否认前行为保证人类型的矛盾结论。"③

德国学者阿明·考夫曼（Armin Kaufmann）也反对前行为保证人

---

① 参见许玉秀《当代刑法思潮》，中国民主法制出版社2005年版，第687页以下。
② 同上书，第674—675页。
③ 同上书，第676页。

类型。他认为："（1）前行为保证人类型的法理结构误植于因果作用上，变成一种习惯法上的义务；（2）前行为的义务类型可以经由立法变成一种法定的，而不是习惯法的法义务，但违背此种义务只能成立纯正的不作为犯，因为前行为后的不作为不可能和作为等价，光是因为前行为可能造成结果发生的危险，还不足以成为一个独立的保证人类型，除非再加上其他能满足等价性要求的条件类型。"①

德国学者许迺曼根据其为不真正不作为犯所创立的"支配论"彻底否定先行行为的保证人地位。他认为："危险的先前行为无法与其他真正以支配关系为基础的保证人地位相比较，即没有对侵害来源（危险源）或者脆弱法益的事先的控制支配，所以，实施危险的先前行为的人并不处于保证人地位。"② 构成保证人地位的"支配基础"，要求是一个现在的、绝对的、实际的、事实的支配，只有在此支配关系上形成的保证人地位，才可能使违背保证人义务的不作为与作为等价。在前行为造成足以导致危害结果发生的危险之后，前行为的行为人对于被害人无助的状况或者结果重要的原因即失去现实的支配，所以，先前行为不能产生不真正不作为犯的作为义务。③

德国学者 Lund 认为，前行为保证人类型应当从监督危险的保证人类型变成保护法益的保证人类型，成为所谓的"保护法益保证人的监督危险的保证人"。④ 进而认为，"其他保护法益保证人是自始被归属于他必须救助的法益，但前行为的保证人则是被一个可以避免的灾

---

① 转引自许玉秀《当代刑法思潮》，中国民主法制出版社 2005 年版，第 682 页。

② 参见［德］许迺曼《德国不作为犯法理的现状》，陈志辉译，载许玉秀、陈志辉编《不移不惑献身法与正义——许迺曼教授刑事法论文选辑》，春风煦日学术基金 2006 年版，第 641、665、667 页。转引自张明楷《不作为犯中的先前行为》，载《法学研究》2011 年第 6 期，第 139 页。

③ 转引自许玉秀《主观与客观之间》，春风煦日编辑小组出版 1997 年版，第 296 页以下。

④ 阿明·考夫曼将保证人地位分为监督危险的保证人类型和保护法益的保证人类型。这种分类为很多学者沿用，如冈特·斯特拉韦腾特、洛塔尔·库伦、雅克布斯，洛克信等（参见［德］冈特·斯特拉韦腾特、洛塔尔·库伦《刑法总论·犯罪论》，杨萌译，法律出版社 2006 年版，第 362 页）。Lund 之前的学者（当然，之后仍有很多学者）将前行为的保证人类型归属于监督危险的保证人类型（参见林钰雄《新刑法总则》，元照出版有限公司 2006 年版，第 511 页以下）。

祸推向一个保护法益的角色，这个角色也原本不愿意扮演"。因此，Lund 也否认前行为保证人的类型。①

日本学者西田典之认为："从作为义务的根据中排除先前行为是妥当的。因为，第一，先前行为在多数场合，能够作为过失犯、结果加重犯处罚，因此，以先前行为为根据追究更重的罪责，形成双重处罚，因而不当。第二，这种类型中成为作为义务的事实前提的支配领域性，是随着具体状况而变化的，随着轧人后逃逸、失火的现场是否属于这样的具体状况，而左右犯罪的成立，于是，被一时地、偶然地置于该状况中的不作为者的立场就极不安定，从而损害法的安定性。基于这样的考虑，这种类型的规范要素，应当限定为亲子、建筑物的所有者、租用者、管理者这样的，基于身份关系、社会地位而在社会生活中持续性地负有保护、管理义务的场合。"②

另外，还有否定前行为为保证人类型的学者从其他角度论证了基本犯罪行为不能成为作为义务来源。例如，有的学者认为，如果承认犯罪行为可以引起作为义务，那么其法律效果将与刑法中犯罪中止的规定相冲突。因为，如果认为犯罪行为可以引起作为义务的话，行为人一旦实施了先前行为，就有义务防止犯罪结果的发生。行为人实施积极的救助行为是法律规定一种义务，那么就不能因行为人自动防止危害结果的发生而对其减轻或者免除处罚。③

基于以上认识，否定前行为的保证人类型的观点认为，在"故意作为 + 故意不作为"的情况下，要么按照故意作为犯定罪处罚，要么按照结果加重犯定罪处罚，而"故意作为 + 过失不作为"则是典型的结果加重犯类型。例如，行为人以伤害故意对他人实施暴力，被害人有死亡危险时，行为人不予以及时救助的，不构成不作为的故意杀人罪，而仅构成故意伤害罪的结果加重犯。

---

① 参见许玉秀《当代刑法思潮》，中国民主法制出版社 2005 年版，第 684 页。
② 参见西田典之《共犯理论的展开》，日本成文堂 2010 年版，第 175 页以下。转引自张明楷《不作为犯中的先前行为》，载《法学研究》2011 年第 6 期。
③ 参见李金明《不真正不作为犯研究》，中国政法大学博士学位论文，第 127 页。

（二）否认犯罪行为为不作为犯罪之作为义务来源的立场

一种观点认为，只有"不可罚的先前危险创出行为"才是作为义务的来源，不论是过失犯罪还是故意犯罪，第一个行为发生之后，对被害人救助的期待可能性很低，不应成为作为义务的来源。该观点不否认危险前行为的保证人类型，但是认为犯罪不能成为保证人类型，即故意犯罪和过失犯罪都不是保证人类型，在刑法规定了结果加重犯情形，基本犯罪行为当然不可能成为保证人类型。有学者基于违法本质之二元性，即认为违法性的本质是行为无价值与结果无价值的统一，推论出："犯罪是已经刑法规范予以否定评价的行为（其中亦包括含于行为与结果中的危险性），无论其结果性还是行为性，甚至其所包含的危险状态，都不再是一种客观中立的、未经刑法评价的状态。而先行行为是一种引起特定危险状态的行为，这种危险状态是作为行为事实的危险状态，仅表现为结果的危险性而非行为的危险性，因而，其行为性并未经过刑法规范的否定评价（行为无价值），所导致的危险状态亦不具'不法'的特征，也就是说，先行行为之危险性在价值属性上具有客观的中立性。可见，就刑法规范的价值评价上而言，先行行为与犯罪行为具有不同的属性，所以，先行行为不可能是犯罪行为。假如先行行为包括犯罪行为在内，则会导致将某一犯罪既遂所要求的结果作为另一不真正不作为犯罪的结果进行二次评价，这显然违反了刑法上禁止重复评价的原则。"①

犯罪不能成为不作为犯罪的作为义务来源，因此，结果加重犯中的故意基本犯罪行为当然不能成为结果加重犯的作为义务来源。

（三）否认故意犯罪为不作为犯罪之作为义务来源的立场

有学者认为，虽然危险前行为是不作为犯罪的作为义务来源，过失犯罪行为可以成为不作为犯罪的作为义务来源，但是故意犯罪不能成为不作为犯罪的先行行为。得出这种结论的基本支撑是，在故意犯罪的情况下，不能期待行为人履行作为义务，即行为人不具有作为的

---

① 于改之：《也论先行行为的范围》，载《河南省政法管理干部学院学报》2001 年第 5 期，第 19 页。相同观点参见齐文远、李晓龙《论不作为犯中的先行行为》，载《法律科学》1995 年第 5 期。

期待可能性。但是，在过失犯罪的情况之下，则可以期待行为人防止危害结果的发生。基于这种认识，故意的基本犯罪不能成为不作为犯罪的作为义务来源，因此，故意不作为导致加重结果发生的，应该认定为结果加重犯，而不是重结果的故意犯。

（四）肯定部分故意犯罪为不作为犯罪之作为义务来源的立场

有学者不完全否认故意犯罪可以成为作为义务的来源，认为部分故意犯罪可以成为作为义务的来源，部分犯罪不能成为作为义务的来源，从适用效果的角度否认基本犯罪行为的保证人类型。张明楷教授认为，在刑法中规定了结果加重犯的场合，如果不作为犯罪的先前行为包括基本犯罪行为，那么绝大多数的一罪都会变成数罪，这是不合适的。基于这种认识，他认为应当区别不同的情况来讨论先前行为是否包括故意的不法行为：在刑法就某种犯罪行为规定了结果加重犯（或因发生严重结果而成立重罪）时，由于可以将加重结果评价在相应的结果加重犯或另一重罪中，先前的故意犯罪行为并不导致行为人具有防止严重结果发生的义务。但是，在刑法没有就某种故意犯罪行为规定结果加重犯，也没有规定发生某种严重后果而成立其他严重犯罪的情况下，如果先前的犯罪行为导致另外一个法益处于危险状态，则宜认定该故意犯罪行为导致行为人具有防止另一法益受侵害的义务。① 这种观点在我国获得不少学者的认可。

还有学者基于罪责刑相适应的原则认可"部分否定说"："基于罪责刑相适应原则，应以行为人所放任发生的危害结果是否能为前罪的犯罪构成（包括加重构成）所包括作为区分标准：能包括的，没有作为义务，依据前罪的法定刑幅度定罪处罚即可；超出前罪犯罪构成范围而触犯更为严重的犯罪的，则具有作为义务。"② 根据该观点，基本

---

① 参见张明楷《刑法学》（第三版），法律出版社 2007 年版，第 145 页。但是，张明楷教授后来似乎修订了自己的观点。在《不作为犯中的先前行为》一文（载《法学研究》2011 年第 6 期）中，他认为"故意与过失之间的关系，是回避可能性的高低度关系，是责任的高低度关系，也是刑罚意义的高低度关系，因而是一种位阶关系。既然过失犯罪行为能使行为人具有作为义务，故意犯罪行为更能使行为人具有作为义务"。

② 赵秉志：《不作为犯罪的作为义务应采四来源说——解析不作为犯罪的作为义务根据之争》，载《检察日报》2004 年 5 月 20 日。

犯罪不能成为保证人类型，因为，在结果加重犯的情况下，行为人实施基本犯罪行为之后，其所放任的危害结果都可以为前罪的结果加重犯的构成所包括。①

三　不法前行为是不作为犯罪之作为义务来源

人无往不生活在危险之中。这些风险有的是作为一个社会人必须承担的，因为如果严格隔绝这些风险，那么人类社会就不会发展；而有些风险则是社会所不容许的，当行为人制造了这样的风险之后，如果这个风险威胁到他人的法益，那么他就有义务排除这个风险。"所有人都有控制自己行为、不给他人造成损失的一般义务。如果事件可能会导致侵害法益，不仅要求中断事件，还必须予以纠正。"② 这样的原则源自刑法"禁止侵害他人利益"的原则，因为，侵害他人利益的方式既包括积极的作为也包括"不排除自己所制造的风险"。因此，行为人实施了一个危险的前行为，不管是合法的还是非法的，都有可能制造一个社会不容许的风险，都有义务排除这种风险。不法前行为，不管是过失还是故意，都使得某一法益处于脆弱的状态，都毫无疑问地产生避免结果的义务，至于能不能期待行为人实施积极的行为去阻止危害结果的发生是另外一个问题。因此，原则上认为，不法前行为可以成为作为义务的来源。我们讨论不法前行为可以成为作为义务的来源主要集中在"作为行为"与"危害结果"的发生之间具有一定长度（起码有"作为可能性"的时间长度）的隔隙的场合。

否认先前行为能够产生作为义务的一个重要理由是，在行为人实施了危险的先前行为后，不防止结果发生的行为，不存在对结果原因的支配。但是，在行为人实施不法前行为的情况下，行为人往往成为被害人命运的支配人。从行为人的角度来说，他处于支配地位；从被

---

① 有学者提出了与之类似的观点：在刑法规定了结果加重犯的情况下，原则上若可以结果加重犯论处并无罪刑失衡的现象，则没有必要另外评价为不纯正不作为犯。例如，使用暴力抢劫，造成他人重伤，行为人放任不管，仍以抢劫罪的结果加重犯处理。参见许成磊《先行行为可以为犯罪行为》，载《法商研究》2005 年第 4 期。

② ［德］冈特·斯特拉韦腾特、洛塔尔·库伦：《刑法总论·犯罪论》，杨萌译，法律出版社 2006 年版，第 366 页。

害人的角度来说，他处于依赖的状态。例如，行为人以伤害的故意对被害人施加暴力而制造了致被害人死亡的危险后，行为人的积极作为（送医救治等）是避免死亡危险现实化"现在的、绝对的、实际的、事实的"支配力量，行为人具有避免死亡结果发生的优势条件，更容易采取有效措施防止加重结果的产生。因此，行为人必须对造成的风险进行质和量上的控制。否认先前行为能够产生作为义务的学者往往认为，一旦承认先前行为可以成为作为义务来源，会造成作为与不作为之间的关系失调。但是，如果我们将先前行为的不作为类型与"否定说"所赞成的不作为犯类型相比较就会发现，如果不承认先前行为的不作为犯类型，才会造成作为与不作为之间无法保持协调的结果。例如，行为人甲入室抢劫，室内仅有婴儿及其保姆。甲在抢劫过程中过失导致婴儿甲受伤，具有死亡危险。"否定说"都认为婴儿的保姆具有救助婴儿的义务，如果因其不救治而导致婴儿死亡①，构成故意杀人罪，但却否定甲具有救助婴儿的义务。这会导致一个非常难以理解的局面：没有制造风险，单纯具有保护义务的主体构成故意杀人罪；制造了风险，但不具有法定保护义务的主体反而不构成故意杀人罪。很显然，这种排除了"危险行为保证人类型"的不作为犯理论，很难实现在作为与不作为之间保持协调。

认可故意不法前行为可以成为作为义务来源所受到的一个批评是，这种思路将导致"几乎所有的作为犯罪同时又是一个不作为犯罪"的结局。首先，如果行为人的作为与危害结果之间不存在可以产生履行作为义务可能的情况下②，根本不存在一个犯罪既是作为犯罪又同时是不作为犯罪的问题。其次，即使行为人作为之后，距离结果的发生还有一段时间，此时行为人产生了一个作为义务，伴随行为不作为而生一个不作为犯罪，本身并没有什么可非议的。其实，这也正是"肯定说"所要达到的效果，就是要"制造"一个这样的不作为

---

①　假设保姆具有救助可能性。

②　危害结果在行为人意识到作为义务人地位之前就已经紧随作为行为发生了，行为人根本不具有物理上的防止可能性。例如，行为人甲故意伤害乙之后，甲晕血倒地，等甲醒来之后，乙已经死亡。

犯罪让司法者更好地分解行为人的行为，提供更多的裁判角度，更好地运用竞合理论，更合理地实现罪责刑相适应原则。

四　"基本犯罪+故意不作为+加重结果"的结构

冯军教授从行为人"自我答责"的角度论证基本犯罪行为可以成为不作为犯罪的义务来源。"当损害结果应该被视为行为人行为的流出时，行为人也应该对损害结果承担完全的责任。"① "在刑法学上对结果进行归责时，重要的根据不是行为人对损害结果的发生存在故意或者过失，也不是在行为与损害之间存在因果关系，而是行为人应该对损害结果的不发生负责。"② 行为人以伤害故意对被害人实施加害行为，当行为人认识到自己伤害行为致使被害人处于生命危险的时候，认为被害人死亡的结果更符合自己的意愿，于是置被害人于不顾，最终导致被害人死亡的，行为人"不构成故意伤害致人死亡，而是构成不作为的故意杀人"。只有当行为人意识到被害人有可能死亡，行为人或者其他人设法抢救被害人，而没有将被害人救活的情况下，才构成故意伤害致人死亡。概而言之，"对我国刑法在很多条文中规定的'致使被害人重伤、死亡'，都应该从'结果是行为的流出'这一视角重新诠释，绝不能对刑法条文中的'致使被害人重伤、死亡'作形式的理解"③。

通过前述对相关学说的梳理我们可以发现，"肯定说"明显地处于劣势。但是，"否定说"如此"兴盛"让笔者有一个疑问久久不能释怀：既然学界普遍认为结果加重犯的理论依据不足，为什么在论证故意不法能否成为作为义务来源问题时，大家都不约而同地从这个

---

　① 所谓的"结果是行为的流出"，是指行为人的行为制造了发生结果的危险，而防止这种危险变成结果恰是行为人自己的事情，由于行为人没有设法防止危险变成结果，以致结果终于发生了。参见冯军《刑法中的自我答责》，载《中国法学》2005年第3期，第98页。

　② 参见冯军《刑法中的自我答责》，载《中国法学》2005年第3期，第93页。

　③ 冯军：《刑法中的自我答责》，载《中国法学》2005年第3期，第98页。相同见解参见张果《不作为犯罪中的前行为——论前行为的保证人类型》，中国人民大学博士学位论文，第106页。

"先天不足"的"畸形儿"那里寻找依据？用一个本身就问题重重的立法模式说明另一种理论的合理性，是不是本身就存在问题？

之所以对犯罪行为能否成为不作为犯罪的作为义务来源有不同的认识，关键在对基本犯罪行为与加重结果之间的关系有不同的观点。认为犯罪可以成为作为义务来源的学者认为，如果在行为人产生了加重结果故意，行为人利用其先前行为造成的危险达致加重结果实现的情况下，仍然装作行为人没有产生加重结果的故意，而认定成立结果加重犯，有评价不足之嫌。而认为犯罪不能成为作为义务来源的学者往往通过对因果进程的分析来论证其结论的合理性。

我们大致可以梳理出"否定说"的论据：第一，如果认可基本犯罪是作为义务的来源，所有犯罪都可能由一罪变为数罪；第二，如果认可基本犯罪是作为义务的来源，刑法中结果加重犯的规定便丧失意义；第三，如果认可基本犯罪是作为义务的来源，必然导致因果关系重复评价，与刑法"犯罪中止"的规定相冲突。

本书对于故意不法是保证人类型持完全肯定态度，即故意不法，不论之后造成的危险状态可能导致的结果是否与该故意不法所期待的结果同质，都使行为人产生防止结果发生的义务。基于这种认识，本书认为行为人实施了基本犯罪行为之后，具有防止加重结果发生的义务。

（一）"部分否定说"导致不作为犯评价体系失调

如果肯定过失不法的保证人类型，而否认故意不法的保证人类型，会"迫使我们必须一贯地把故意与过失两者间的关系理解成一种互斥的'异质'关系"[①]。但是，对于故意和过失的关系，越来越多的学者认识到，两者并非互斥的关系，而仅仅是责任程度上的区别。不论是故意或者是过失，其所创造的造成被害人遭受加重结果的危险在本质上没有任何差别。"不管是认为故意犯比过失犯的违法性重（行为无价值的观点），还是认为故意犯比过失犯的责任重（结果无价值的观点），都只是表明两者是一种阶段关系或位阶关系，而不说

---

① 蔡圣伟：《刑法问题研究（一）》，元照出版有限公司 2008 年版，第 231 页。

明他们是对立关系。因为从违法角度来说，结果回避可能性是故意与过失的共同要件；从责任角度来说，他行为可能性是故意与过失的共同前提（或基础）。换言之，回避可能性是故意与过失的基础概念，所以，故意与过失之间的关系，是回避可能性的高低度关系，是责任的高低度关系，也是刑罚意义的高低度关系，因而是一种位阶关系。既然过失犯罪行为能使行为人具有作为义务，故意犯罪行为更能使行为人具有作为义务。"① 如果承认过失不法可以成为作为义务来源，就没有理由否认故意不法可以成为作为义务来源。正如前文已经论述到的，前行为出于过失的情况，学说几乎一致认为会引起刑法上的作为义务，根据入罪"举轻以明重"的法理，故意的前行为就更应当可以形成作为义务。②

同样地，如果承认部分故意不法（"部分否定说"所言指的"刑法没有规定结果加重犯或者没有规定发生某种严重后果而成立其他严重犯罪"的情形）可以成为不作为犯罪的作为义务来源，就没有理由否认结果加重犯的基本犯罪成为不作为犯罪的作为义务来源。因为从两者作为引起作为义务的危险来源来讲，在本质上没有区别。刑法规定结果加重犯，是因为立法者认为这些基本犯罪行为具有"过失"导致加重结果的高度盖然性。如果介入故意之后，仍然无视行为人对结果发生的主观方面变化，而按照结果加重犯的结构进行处理，便有违结果加重犯的理论基础。

本书认为，不法前行为是否是保证人类型这个问题是一个"全有全无"的概念：要么承认不法前行为都可能是保证人类型，要么像许玉秀等学者那样完全否认前行为的保证人类型。这种部分肯定，部分否定，特别是将故意犯罪还要分情况讨论的观点不合逻辑，缺乏一致性。根据"部分否定说"的观点，可能得出比较奇怪的结论。

---

① 张明楷：《不作为犯中的先前行为》，载《法学研究》2011年第6期，第148页。
② 参见蔡圣伟《刑法问题研究（一）》，元照出版有限公司2008年版，第231页。

【例8】行为人甲过失导致乙身受轻伤。甲认识到自己轻伤了乙，如果不将乙送到医院治疗的话，时间一长，乙可能会死亡。甲平时就憎恨乙，便离乙而去。由于没有得到救治，乙于两天之后慢慢流血而死。

对于此例，持"部分否定说"的学者必然得出行为甲构成故意杀人罪的结论。而对于前述【例4】则认为构成故意伤害罪的结果加重犯。很明显，【例8】中行为人的不法程度要比【例4】中行为人的不法程度要轻，但是【例8】中的行为人却要承担更重的不法评价，这种结论不能说是正当的。持"部分否定说"的学者可能认为，故意杀人罪和故意伤害罪的法定最高刑都是死刑，司法者完全可以在自由裁量权的范围内进行衡量。但是，故意杀人罪与故意伤害罪具有本质区别，并不能因为适用相同的法定刑就可以消弭这种差别。在我们有更好选择的情况下，为什么还要执意于这种理论呢？事实上，为什么作出这样的选择，其理论依据为何，持"部分否定说"的学者并没有给出明确的答案。①

（二）否认故意不法前行为可以成为作为义务来源不会造成重复评价

"否定论"者的一个担心是，如果认为故意不法前行为可以作为不作为犯罪的作为义务来源，有可能造成重复评价。本书认为这种担心完全没有必要。我们可以通过竞合理论理顺基本犯罪行为与后续的不作为犯罪之间的关系，做到不重复评价。如果不认可故意不法前行为可以成为作为义务来源，很可能造成评价不足。

如果将"行为人实施基本犯罪行为之后，故意不作为导致加重结果发生"的情形一律认定为结果加重犯，很可能造成刑罚失衡，因

---

① 除个别学者之外，"部分否定说"的学者在表述自己的观点的时候都是小心翼翼，往往使用"本书初步认为"（张明楷《刑法学》（第三版），法律出版社2007年版，第145页），或者"这个问题还需要进一步地研究"（陈兴良、周光权：《刑法学的现代展开》，中国人民大学出版社2006年版，第123页）的表述。这体现出这些学者严谨的学术态度，也表现出其隐隐的"不安全感"。

为，并不是所有的结果加重犯的法定刑都高到可以包容不作为的故意犯罪的程度。如果结果加重犯的法定刑较低，很可能会造成罪责刑不相适应。譬如，根据我国刑法第 257 条的规定，以暴力干涉他人婚姻自由，致使被害人死亡的，处二年以上七年以下有期徒刑。再如，根据我国刑法第 260 条的规定，虐待家庭成员，情节恶劣，致被害人重伤、死亡的，处二年以上七年以下有期徒刑。对于行为人实施暴力干涉婚姻、虐待家庭成员的基本犯罪行为，导致他人处于生命危险，行为人故意不作为导致被害人死亡的，如果适用结果加重犯的规定，则会造成刑罚的不均衡。

（三）"肯定说"的观点与中止理论并不冲突

根据本书的观点，行为人实施基本犯罪行为之后便产生了防止发生加重结果的义务。在尚未发生基本犯罪结果，但已经产生导致加重结果危险的情形下，行为人实施的防止加重结果发生的行为具有双重价值：第一，成立基本犯罪中止；第二，履行了保证人的义务，不构成对加重结果的故意犯罪。在已经发生基本犯罪结果，且已经产生导致加重结果危险的情形下，基本犯罪已经既遂，行为人防止加重结果发生的行为仅具有履行保证人义务的意义。

这样的处理结果与中止犯的规定并不相左。如果行为人防止了重结果的发生，行为人就有成立中止犯的可能，法律对行为人就进行积极的评价；如果行为人没有防止结果的发生，法律就对行为人进行更重程度的消极的评价。因此，行为人防止加重结果发生，既是行为人的义务，又是行为人获得"救赎"的"金桥"，不能因为行为人防止加重结果发生的行为是履行义务的行为而否定中止犯的成立。

（四）"肯定说"符合期待可能性原理

如果认为基本犯罪行为可以引起行为人防止加重结果发生的义务，那么在行为人积极地实施了基本犯罪行为之后能否期待行为人再实施积极的救助行为避免加重结果的发生呢？持"否定论"和"部分否定论"的学者往往会提出这样的疑问。例如，有的学者以故意伤害致人死亡为例，认为行为人实施故意伤害行为之后，不能期待行为人对被害人实施救助行为。行为人在实施伤害行为时，其目的就是为了伤害被害人，要求行为人对被害人实施救助行为于情不合、于理相悖。[①] 持这种观点的学者往往把以上见解作为否定基本犯罪行为使行为人处于保证人地位的理由。

　　我们不同意这种观点。刑法规范既是裁判规范，又是行为规范。刑法规范无往不要求国民承担一定的义务。这种义务虽然根据不同的情形内容有所不同，但是本质上具有一贯性。例如，刑法规定了伤害罪，其规范内涵就是"不得伤害他人"。这条规范不因行为人实施的行为进展到不同的阶段而有所不同，只是其具体表现形式有所不同罢了。"不得伤害他人"首先要求行为人不得形成伤害他人的故意；行为人形成伤害他人的故意之后，"不得伤害他人"要求行为人不得实施伤害的行为；行为人实施了伤害他人的行为之后，如果有救助的可能性，"不得伤害他人"要求行为人实施救助他人的行为，避免他人受到伤害；如果行为人造成了他人伤害，还有死亡危险的时候，"不得杀害他人"的规范要求行为人必须实施救助行为，避免他人死亡。由此可见，不管行为人的行为进程进展到什么程度，行为人都要承担一定的义务，在作为阶段有不作为的义务（不得实施伤害行为），作为完成之后有作为义务（实施救助行为）。在这个过程中，刑法的规范效力丝毫没有因为因果进程的推移而有所减损。在行为人实施基本犯罪行为的情况之下，不能因为行为人实施了故意伤害他人法益的行为之后便赋予其放弃继续履行义务的权利。"在行为人着手于作为犯的实行前，法规范期待行为人放弃他的犯罪意念，没有理由只因为行为人已经踏上了犯罪的道路，便使得法规范不能（应）再期待行为人放弃他的犯罪意念。"[②]

　　行为人以损害他人身体机能的目的对他人实施加害行为就表明了

---

　　① 参见肖中华《侵犯公民人身权利罪疑难解析》，上海人民出版社 2007 年版，第 85 页以下。

　　② 参见 Herzberg, Die Unterlassung im Strafrecht, 1972, S. 285. 转引自蔡圣伟《刑法问题研究（一）》，元照出版有限公司 2008 年版，第 246 页。

其排斥被害人死亡结果的发生，如果从一开始行为人就放任死亡结果的发生，那么就应该直接认定为故意杀人罪。在实施了伤害行为之后，如果行为人认识到了自己的不救助行为会导致被害人的死亡，此时，行为人虽然对于伤害结果不具有防止其发生的义务（因为不履行该义务已经被故意伤害罪的构成要件所涵盖），但是对于超出伤害的结果仍然具有义务，社会一般人对其有采取积极措施防止死亡结果发生的期待。只有行为人实施了救助行为才能证明行为人不具有杀人的目的。在采取作为方式故意杀人的场合，不能期待行为人实施救助行为，但行为人实施基本犯罪行为，使被害人陷入承受更重结果的危险境地时，期待行为人采取有效措施避免加重结果的发生便是合理的。我们不能期待行为人在右手持刀刺向被害人心脏的时候（杀人），还会用左手抓住自己行动的右手，但是，我们却可以期待行为人在实施故意伤害行为之后，采取措施避免死亡等加重结果的发生。既然加重结果的发生本身并不是基本犯罪作为目的之所在，而是行为人追求其他目的下的附带结果，对于事后防止结果发生的行为，基本上并不能说没有期待可能性。①

另外，"不具有期待可能性"是责任阻却事由②，而"保证人地位"往往被认为是构成要件要素③，因此，行为人是否具有期待可能性与行为人是否具有保证人地位没有直接的关系。即使认为行为人不实施积极救助的行为不具有期待可能性，但是，仍然具有肯定行为人具有保证人地位的可能性。是否具有期待可能性可以影响对行为人是否承担对加重结果的故意犯罪刑事责任的判断，但不影响对行为人是否具有保证人地位的认定。

（五）与"不自证己罪"原则的协调

持"否认基本犯罪行为人可以成为保证人类型"观点的学者的另

---

①　参见黄荣坚《基础刑法学（下）》，中国人民大学出版社 2009 年版，第 480 页。

②　即使认为"期待可能性"是与责任故意、责任过失、责任能力相并列的责任要素也不影响对该问题的讨论。

③　参见［韩］金日秀、徐辅鹤《韩国刑法总论》，郑军男译，武汉大学出版社 2008 年版，第 472 页。

外一个担心是，如果要求行为人履行救助义务，便可能与"不自证己罪"的原则冲突。这个问题与前述期待可能性问题具有内在联系。从表面上看，赋予基本犯罪行为人以作为义务与"不自证己罪"相冲突，因为行为人实施救助很容易暴露自己的身份，提高了受到刑事追诉的概率。我们认为，这种担心没有必要。首先，行为人有诸多选择，以避免使自己成为追诉的对象。例如，在实施了基本犯罪行为之后，为了防止被害人死亡的结果，可以将被害人送往医院，或者匿名拨打急救电话，或者请其他不知情人帮忙将被害人送往医院救治等等。其次，并不是任何可以左右行为人选择的要素都可以纳入到期待可能性考量的范围。在行为人实施了基本犯罪，有可能导致被害人死亡的情况下，行为人面临着两个选择：一个选择就是不实施救治，这时他自己的风险就很明显地增加了：要么构成故意伤害罪的结果加重犯，要么构成不作为的故意杀人罪，其法定刑都很高。另一个选择就是实施救治，这时他的风险就是"可能"受到故意伤害罪的刑事追诉，但是他有更多的机会使自己的刑罚风险降低。例如，通过前述方式使自己不进入司法机关的视野；避免了被害人受伤的结果，成立犯罪中止（当然地免除刑罚）等等。比起被害人迫在眉睫的死亡威胁来讲，行为人所承受的刑事追诉风险简直微不足道。因此，期待行为人实施基本犯罪行为之后冒着"可能"受到刑事追诉的风险救助被害人是合理的。

（六）认可基本犯罪是作为义务来源有利于解决共犯问题

【例9】甲以伤害故意对乙实施暴力，将乙置于死亡的危险之下。甲看到乙满脸是血，心生怜悯，意图将乙送往医院。此时，与甲事前无犯意沟通的丙出面劝说甲不要救助乙，任其自生自灭。随后乙因流血过多而死亡。

如果否认基本犯罪行为可以成为作为义务的来源，那么就意味着本案中丙不构成任何犯罪。不作为犯实质上是身份犯，即负有作为义务的人才能成为不作为犯的正犯。在本案中，由于丙事前与甲并没有犯意的沟通，因此，丙对于避免乙的死亡没有作为义务，不可能成立不作为犯的正犯。根据限制从属性说，只有认定甲的故意伤害行为产生了救助义务，其后来的不作为也属于杀人行为，才能认定丙成立不作为的教唆犯。[①]

（七）"肯定说"在司法实践中并不存在认定困难

一种观点认为，从司法实践的角度考虑，如果行为人故意伤害之后不予抢救，放任被害人死亡结果的行为是故意杀人罪，那么除当场、立即造成被害人死亡之外，几乎所有的故意伤害致人死亡都构成故意杀人罪。另外，故意伤害当场致人死亡与间接故意杀人在实践中很难区分，如果肯定故意伤害之后放任被害人死亡的行为构成故意杀人罪，司法机关对故意伤害行为当场致被害人死亡的情形，往往首先考虑成立间接故意杀人，这必然在实践中大大增加故意杀人罪的数量。

从司法便利的角度否定故意犯罪是不作为犯罪之作为义务来源，犯了方法论的错误。一方面，认可故意犯罪可以成为不作为义务的来源不会造成故意杀人案件的急剧上升。因为，故意伤害致人死亡的案件绝大多数都是当时、当场导致被害人死亡，或者行为人实施了加害行为之后并没有认识到自己的不救助行为会导致被害人死亡；另一方面，即使会导致故意杀人案件有所上升，也是因为这样的判决更符合理性，更符合公平、正义原则。如果仅仅因为故意杀人罪的数量会有所增加便否认基本犯罪是不作为犯罪之作为义务来源，就本末倒置了。

综上，行为人故意实施基本犯罪行为之后，如果使被害人处于遭受加重结果的危险状态，行为人则具有排除这种危险实现的义务，如果故意不履行这种义务，导致加重结果发生的，行为人成立对加重结果的故意犯，不再构成结果加重犯。接下来的问题是，如何处理基本犯罪与对加重结果的故意犯之间的关系？

一种观点认为"以作为形式故意伤害他人，在具有死亡危险的情

---

① 张明楷：《不作为犯中的先前行为》，载《法学研究》2011 年第 6 期，第 149 页。

况下不救助的，只能认定为一罪（一个故意杀人罪或者一个故意伤害致死罪）"。理由是：行为人所犯故意伤害罪与故意杀人罪处于"不纯正竞合"的关系。有人认为两者处于法条竞合的补充关系，有人认为后者属于"共罚的事后行为"，有人认为属于行为单数，有人认为"后阶段的不作为所侵害的法益包容了前阶段作为所侵害的法益时，仅认定一个重罪即可"，根据这些理论都可以得出对行为仅定一罪的结论。① 事实上，"不管前行为是故意犯罪或过失犯罪，如果事后的不作为在犯罪检验上可以构成不作为犯，必然是行为人在不作为行为时重新面临一个选择的契机，换句话说，是一个新的行为决定。因此前行为犯罪和后来的不作为犯罪，基本上是数罪并罚关系。例如，某甲开车过失撞伤某乙后加速逃逸，导致某乙延误送医而死亡，某甲即可构成过失致人于死罪和不作为故意杀人罪的数罪并罚。"②

---

① 张明楷：《不作为犯中的先前行为》，载《法学研究》2011 年第 6 期，第 150 页。
② 黄荣坚：《基础刑法学（下）》，中国人民大学出版社 2009 年版，第 481 页。

第五章

基本犯罪与加重结果的关系

第一节　基本犯罪与加重结果的关系概述

本章主要讨论基本犯罪与加重结果之间应该具有怎样的关系才能构成结果加重犯。持"客观的处罚条件说"的学者认为，基本犯罪与加重结果之间不需要有因果关系。[①] 但这种观点受到了激烈的批判。通说认为，结果加重犯的成立以基本犯罪与加重结果之间具有因果关系为必要条件。

一　问题的提出：从四个案例谈起

【案例 1】[②]（强奸落水致死案）

案情：被告人陆振泉要求林志勇（同案被告人，已判刑）介绍女子与其发生性关系。2005 年 3 月 19 日晚，林锦升（同案被告人，已判刑）、林志勇以吃烧烤为由将林志勇同学袁某某（女，殁年 16 岁）骗至林锦升家中，并用玩"扑克牌"赌喝酒的方法，意图灌醉袁后与其发生性关系。至晚上 11 时许，二人意图不能得逞，又以送袁回市区为由，驾驶摩托车将袁骗至四会市大沙镇大旺桥底。途中，林锦升用电话通知了陆振泉。陆振泉驾驶摩托车来到桥

---

① 参见李邦友《结果加重犯基本理论研究》，武汉大学出版社 2001 年版，第 61、63—66 页。

② 本案例选自最高人民法院刑事审判第一、二、三、四、五庭主办：《中国刑事审判指导案例》，法律出版社 2009 年版，第 423 页以下。

底后，即上前搂抱袁并将其按倒在地，袁不从、反抗并喊"救命"，陆振泉即对袁进行殴打，林锦升亦上前帮忙按住袁的双手，让陆振泉脱去袁的裤子，强行将袁奸污。事后陆振泉因手指被袁某某咬伤很恼火，将爬到河边的袁一脚踢落水中。经尸体检验鉴定：被害人袁某某因溺水死亡。

1. 肇庆市中级人民法院认为，陆振泉违背妇女意志，以暴力手段强行与妇女发生性行为，已构成强奸罪。后为了发泄在强奸过程中遭受被害人咬伤之痛，故意将被害人踢落河水中，致使被害人溺水死亡，又构成故意杀人罪，依法应数罪并罚。判处被告人陆振泉死刑。

2. 陆振泉上诉理由：由于被害人反抗，强奸没有完成，属于强奸未遂。行为人没有将被害人踢下水，导致被害人死亡的原因存在自杀、醉酒的可能，原判认定事实不清，证据不足，请求发回重新审理。

3. 广东省高级人民法院认为原判认定事实和适用法律正确、量刑适当、审判程序合法，裁定驳回上诉，维持原判，并依法报送最高人民法院核准。

4. 最高人民法院复核确认，陆振泉等人将被害人强奸，期间，袁挣扎反抗，将陆的面部抓伤、手指咬伤。后三被告人驾驶摩托车逃离现场，袁被强奸之后溺水死亡。最高人民法院认为，被告人构成强奸罪，且造成被害人溺水死亡的严重后果，情节极其恶劣。第一审判决、第二审裁定认定事实清楚，证据确实、充分，审判程序合法，但定罪不准。最高人民法院认为对行为人的行为应当认定为强奸罪，判处死刑，剥夺政治权利终身。最高人民法院的裁判理由认为：（1）认定被告人陆振泉故意杀人的证据不足，行为不构成故意杀人罪；（2）被害人系被强奸之后溺水而亡，其死亡与强奸之间不具有直接的因果关系，不属于"强奸致被害人重伤、死亡"的情形；（3）本案被告人的强奸行为是导致被害人溺水死亡的原因之一，属于刑法规定的"强奸造成其他严重后果的"情形。

【案例2】①（强奸坠楼致死案）

案情：王某于2005年5月13日凌晨3时许，钻窗潜入被害人李某（女，时年39岁）家中，从客厅窃走李某的人民币100余元及手机1部。后王某又进入大卧室，见到熟睡的李某，遂起意奸淫。王某对李某进行威胁、捆绑，强行将其奸淫，后即钻窗逃离现场。李某到阳台呼救时因双手被捆，坠楼身亡。

1. 北京市第一中级人民法院经审理认为，被告人王某违背妇女意志，使用暴力、胁迫手段强行与妇女发生性关系，其做法已构成强奸罪，且造成被害人呼救时坠楼身亡的严重后果，依法应予处罚；王某刑满释放后5年内又重新犯罪，系累犯，依法应从重处罚，其所犯强奸罪性质恶劣，情节、后果严重，依法应当判处死刑，但鉴于本案的具体情况，可不必立即执行。据此，北京市第一中级人民法院于2006年5月23日判决：被告人王某犯强奸罪，判处死刑，缓期二年执行，剥夺政治权利终身。

2. 被告人上诉理由：被害人的死亡不是被告人造成的，是由于自身坠楼身亡，与其无关，请求从轻处罚；其辩护人认为，被害人的死亡与王某的做法不存在直接、必然的因果关系，王某不应对被害人的死亡承担刑事责任。

3. 北京市高级人民法院经审理认为：本案符合结果加重犯的构成要件。本案中被害人死亡的严重后果，客观上由被告人的强奸行为所致，二者之间存在事实上的因果关系；且被害人死亡不属于强奸罪的

---

① 本案例采自于《结果加重犯基本问题研究——王某某强奸案法律适用问题探讨》，载谢望原、赫兴旺主编《中国刑法案例评论》，中国法制出版社2007年版，第33页以下。具体内容参见北京市高级人民法院〔2006〕京高刑终字第451号判决书。对此案例进行详细讨论的文章还有张明楷：《结果加重犯的认定——评北京市高级人民法院〔2006〕京高刑终字第451号判决》，载《中国法律评论·第一卷》，法律出版社2007年版，第135页以下；周铭川：《结果加重犯争议问题研究》，载《中国刑事法杂志》2007年第5期，第41页以下；张明楷：《论升格法定刑的适用依据》，载《法律适用》2015年第4期，第39—40页。

基本构成要件，而为强奸行为的加重结果。所以应认定，被告人强奸的行为造成被害人死亡的严重后果，属于刑法第236条第3款第5项规定的"致使被害人重伤、死亡或者造成其他严重后果的"情形，即被告人的行为构成强奸罪的结果加重犯。

【案例3】① （逃脱被车撞死案）

6名被告人在共谋的基础上，深夜在公园内对被害人实施暴力行为，持续时间长达2小时10分钟。行为人然后又在公寓的房间内对被害人实施了45分钟的暴力行为。被害人趁行为人不注意，穿着袜子从房间里面逃走。被害人由于对行为人抱有极度的恐惧感，在逃跑之后约10分钟后，为了逃脱行为人的追赶，跑入距离前述房间大约763米到810米的高速公路上。被害人被急速行驶的汽车撞倒，并被随后而来的汽车碾压致死。

1. 第一审判决（日本长野地松本支判平成14·4·10）认为，对于被害人逃跑而被高速行驶的汽车碾压致死的结果，行为人无从预料，不能认为该死亡结果属于暴行的危险性现实化的产物，无法认定被害人的暴行与死亡结果之间存在因果关系，因此行为人仅在伤害罪（基本罪）的范围内成立犯罪。

2. 控诉审判决（日本东京高判平成14·11·14）认为，被害人逃脱行为人的追赶的最为安全的方法是进入本案中的高速公路，如果从被害人的角度来看，这是在万不得已的情况下选择的，从一般人的角度来看，也不是异常的行为。因此，对行为人来讲，承认被害人的上述行为属于其有预见可能的行为也是相当的。判决认定行为人的暴行与被害人的死亡之间具有因果关系，认为行为人构成伤害致死罪。

3. 日本最高裁判所认可了控诉审判决，认为："尽管只能说，被害者试图逃走而闯入高速公路的行为本身属于极为危险的行为，但也

---

① 本案例及判决情况参见山口厚《从新判例看刑法》（第2版），付立庆、刘隽译，中国人民大学出版社2009年版，第3—4页。

可以认为被害者在承受着被告人等的长时间的严重、恶劣的暴行，对于被告人等有极度恐惧感的情况下，在力图逃离必死之境地的过程中，刹那之中选择了那样的行动。这样的行动，作为逃脱出被告人等的暴行的方法来说，不能说是显著的不自然、不相当的。因此，由于可以将被害者闯入高速公路导致死亡，评价为起因于被告人等的暴行，那么肯定了被告人等的暴行与被害者的死亡之间的因果关系的原判决，就可以认可为是正当的判决。"

【案例4】（绑架坠楼致死案）

2004 年 9 月 24 日，被告人乔中华等人将被害人王飞及其爷爷王金才骗到连云港市新浦区。次日又将祖孙二人骗到乔中华的暂住处，用手铐将两人铐在一起并将二人身上的财物（康佳手机 1 部、现金 1680 元）抢走。其间，乔中华等人用刀、铁棍威胁、殴打王飞，令其联系家人送来毒品。27 日中午，王飞、王金才趁看守睡觉之机，翻窗跳楼逃跑。在跳楼过程中，王飞受轻微伤，王金才受严重颅脑损伤而死亡。[①]

1. 江苏省连云港市中级人民法院认为，被告人以勒索财物为目的而绑架他人致人死亡，已构成绑架罪。虽然王金才的死亡系其跳楼所致，但其跳楼的原因是为逃避各被告人的绑架。被告人的行为直接引发王金才的跳楼行为，所以王金才逃脱跳楼身亡的结果与各被告人的绑架行为之间具有一定因果关系。因此，被告人的行为属于我国刑法第 239 条所规定的"致使被绑架人死亡"的情形。[②]

2. 乔中华上诉称：王金才的死亡非直接使用暴力或者虐待所致。乔中华等人的行为与王金才的死亡之间不存在必然联系，不应对王金才死亡的后果负责。

---

① 案例及判决参见国家法官学院、中国人民大学法学院编《中国审判案例要览 2006 年刑事审判案例卷》，人民法院出版社、中国人民大学出版社 2007 年版，第 236—243 页。

② 参见江苏省连云港市中级人民法院〔2005〕连刑一初字第 015 号刑事附带民事判决书。

3. 江苏省高级人民法院认为：乔中华等人为勒索财物而采用捆绑、殴打等手段侵犯了与其无任何债务关系的被害人的人身权利，符合绑架罪的犯罪构成，王金才的死亡虽非乔中华等人的暴力行为或者虐待直接所致，但王金才跳楼是为了躲避进一步的暴力而采取的行为，其死亡与绑架行为有刑法上的因果关系。[①]

二　"基本犯罪与加重结果之间的关系"要解决的问题

前述四个案件有以下共同点：行为人都实施了基本犯罪行为；最后都发生了被害人死亡的加重结果；司法机关都认为基本犯罪与被害人死亡之间具有因果关系，行为人均构成结果加重犯。但是，有学者对此持异议。

例如，针对【案例2】情形，张明楷教授认为，该案中基本犯罪行为与加重结果之间不具有"直接性"的关系，因此行为人不应承担结果加重犯的刑事责任。[②] 再如，针对【案例3】的情形，林山田教授认为不构成结果加重犯。他举例，"A持棍殴打B，B不敌而要越过马路逃逸，不幸在穿越马路时，为C车撞毙"。"在本案例中，A的伤害行为虽与B的死亡结果，具有因果关系，但欠缺客观可归责性，故A只负伤害罪的刑责，但不构成伤害致死罪。"[③]

解决前述四个案例定性问题的关键是，在行为人实施了基本犯罪，发生了加重结果，行为人对加重结果具有过失的情形下，基本犯罪与加重结果之间需要具备怎样的关系，才构成结果加重犯，即在什么条件下加重结果与基本犯罪可以结合为结果加重犯。这就是本章要讨论的主题。

基本犯罪与加重结果之间具有因果关系是结果加重犯成立的前提，对此在理论上没有争议。在不以行为人对加重结果具有罪过为结果加重犯构成要件要素的时代，认定基本犯罪与加重结果之间具有因

---

① 　参见江苏省高级人民法院〔2005〕苏刑终字第226号裁定书。

② 　参见张明楷《结果加重犯的认定——评北京市高级人民法院〔2006〕京高刑终字第451号判决》，载《中国法律评论·第一卷》，法律出版社2007年版，第135页以下。

③ 　林山田：《刑法通论（下）》北京大学出版社2012年版，第131页。

果关系几乎成为认定结果加重犯的唯一关键性要素。即使后来基于责任主义的要求，认定结果加重犯的成立需要行为人对加重结果至少具有过失、预见可能性，因果关系的认定仍然是讨论行为人对加重结果具有过失或者预见可能性的前提。正如因果关系理论聚讼不休一样，基本犯罪与加重结果之间的因果关系内涵为何也众说纷纭。

就【案例1】而言，如果按照无限制的因果关系条件说的观点，因为符合"没有前者就没有后者的关系"，应该认为行为人的强奸行为与加重结果之间具有因果关系。如果根据限制的条件说、相当因果关系说则可能得出行为人的强奸行为与加重结果之间不具有因果关系的结论。根据客观归责理论，也可以依不同的"分规则"排除行为人承担结果加重犯的刑事责任：（1）可以利用"结果不是由制造的风险导致的，而是偶然与危险同时发生"的归责原则排除对行为人的客观归责；（2）可以利用"不在注意规范的保护目的范围之内"的归责原则排除对行为人的客观归责。刑法规定强奸致人死亡的结果加重犯是因为奸淫行为和强奸的附属行为（暴力、胁迫和其他手段）具有内在的引起加重结果发生的高度危险，强奸罪结果加重犯的规范保护目的就是为了防止此类危险的现实化，因此，只有危险的现实化才能归咎于行为人。【案例1】中，被害人的死亡结果似乎不是行为人的行为直接导致的（至少没有证据证明是行为人的行为直接导致的）。同样，就【案例2】而言，根据不同的因果关系学说会得出行为人的基本犯罪行为与加重结果之间有或者没有因果关系的不同结论。

在认定了基本犯罪与加重结果之间具有因果关系之后，将加重结果归咎于基本犯罪是否还需要其他的要件。例如"直接性要件"？就【案例1】而言，如果根据条件说的观点，行为人的强奸行为与被害人的死亡结果之间具有了因果关系，能否据此认为行为人要承担结果加重犯的刑事责任呢？同样的问题也存在于【案例2】之中。学界有观点认为，在结果加重犯中，基本犯罪行为与加重结果之间除了具备条件意义上的因果关系之外，还需要两者之间具有"直接"的关系。"直接性要件"成为研究基本犯罪和加重结果之间关系不可回避的问题。这就涉及"直接性"的内容是什么，"直接性"要件与

"因果关系"、"过失"之间具体的关系是什么等。

第二节　因果关系论的基本立场

结果加重犯中的因果关系是指基本犯罪行为与加重结果之间的引起与被引起的关系。因果关系与责任主义密切相关：任何人只对自己的行为所导致的后果负责。构成结果加重犯的必要条件是基本犯罪行为与加重结果之间具有因果关系。刑法的目的在于保护法益，除了通过公布法律、宣示否定性后果，威吓潜在犯罪人不得实施犯罪行为以达成这个目的之外，最主要的途径便是对侵害法益的行为进行刑事处罚。法益受到侵害的表现是危害行为对法益的实害和危险，而不经梳理的行为与结果（外界的客观变化）往往是杂乱无章的。因果关系理论就是为了梳理行为与结果之间的关系而被提出来的。确定行为与结果之间具有因果关系，就意味着行为与结果属于同一案件，就可以将该结果归咎于该行为，就有了对行为人进行非难的可能性。"刑法中的因果关系是从外界的一定变化出发，在发现人的行为时，帮助对他们进行刑法评价时的一种思维形式。"[1] 因果关系理论主要解决两个问题：一是现实发生的外界变动（结果）归责于谁；二是存在复数的原因时，如何分配责任。我们在结果加重犯的结构中讨论因果关系的问题，主要就是为了解决加重结果与基本犯罪行为之间应当具有怎样的关系才能认为这个重结果与基本犯罪行为是同一个案件，才能将该重结果归咎于行为人的问题。

一　令人眼花缭乱的因果关系学说

因果关系学说在国内外刑法理论界都长期存在争议。经过多年的发展，因果关系理论已经成为非常庞杂的理论体系，其主要学说流派为条件说、原因说、相当因果关系说、重要说以及客观归责论等。各

---

① ［日］野村稔：《因果关系》，载［日］西原春夫主编《日本刑事法的形成与特色》，法律出版社 1997 年版，第 374 页。

学派内部也存在着很多分支派系。为了避免讨论失焦，本书仅作概括性介绍，以作讨论结果加重犯之因果关系的基础。

（一）条件说

奥地利学者 Julius Glasser 在 1858 年提出条件理论。条件说认为，行为与结果之间只要存在"没有前者就没有后者"的条件关系时，前者就是后者的原因。该观点将对发生结果具有影响的条件都同等评价，认为所有的条件和结果之间都具有因果关系，因此，又被称为"等价说"。条件说受到很多批评：①

第一，如果严格按照条件说，就会将刑法上的因果关系的范围理解为没有限制，会扩大处罚范围。例如，在杀人案件中，除了杀人的行为与死亡结果之间具有因果关系外，杀人犯的母亲生了杀人犯与死亡结果之间也有条件意义上的因果关系；再如，行为人故意伤害被害人，被害人在被送往医院的途中发生交通事故，致使被害人死亡，伤害行为与死亡结果之间具有因果关系。但是，这样的结论很难让人接受。

第二，根据条件说，下列情形也应该认为行为与结果之间具有因果关系：行为人想被害人在四川地震的余震中被压死，于是天天游说被害人去四川做志愿者。被害人听信行为人的劝说，去汶川做志愿者。没想到被害人真在一次余震中被从房顶震落的水泥板砸死。在类似的案件中，承认行为人的行为与死亡结果具有因果关系明显不合适。

第三，如果行为人的行为是结果发生的条件，但是，在因果关系的进程中介入其他行为或者因素，导致了结果的发生，认为该行为与结果之间具有因果关系也不合适。例如，行为人以伤害故意对甲实施暴力，将甲打晕之后离开。后丙从路旁经过，发现被打晕的甲，丙以杀人故意将甲杀死。认为行为人的行为与甲的死亡结果之间具有因果关系，使其承担结果加重犯的刑事责任是不合适的。

---

① 参见张明楷《刑法学》（第三版），法律出版社 2007 年版，第 161 页以下；黎宏《日本刑法精义》，中国检察出版社 2004 年版，第 99 页。

第四，"在人类的经验知识不足以清楚判别到底某种因素是否造成或影响结果发生时"，条件说就没有用武之地了。条件说解释不了所谓的"疫学的因果关系"。①

第五，在"择一的因果关系"的情形，条件理论得不出合理的结论。例如，甲和乙在没有有意联络的情况下分别向 A 的水杯中投入了足以致死量的毒物。A 喝了毒水之后，中毒身亡。依照条件说，对 A 的死亡结果而言，甲的下毒行为可以想象其不存在，A 喝了乙的毒物之后死亡。同样，乙的下毒行为也可以想象为不存在，这样就会得出两个人都会论以故意杀人未遂的荒谬结果。②

（二）原因说

原因说认为应当根据某种标准，将结果的条件区分为原因和条件，其中，只有原因和结果之间才有因果关系。至于用什么标准区分原因和条件，则众说纷纭。有的学者主张在时间上最终导致结果发生的条件为原因；有的学者主张对结果的发生给予原动力的条件是原因；有的学者主张违反生活常规的条件为原因；有的学者认为决定结果发生方向的条件是原因；有的学者主张最有力的条件是原因……不一而足。

（三）相当因果关系说

条件说将条件关系作为刑法中的因果关系，"未免有不当扩大刑事责任范围之虞"。有学者认为应进一步限制因果关系的范围，提出了相当的因果关系说，即"一般人经验上认为这样的行为导致这样的结果发生是通常的情况下，应当认为具有因果关系"。③"相当"是指该行为产生该结果在日常生活中是一般的、正常的，而不是特殊的、异常的。相当的因果关系说源自德国，却在日本成为通说，现在德国很少学者持相当因果关系说。

---

① 参见林钰雄《新刑法总论》，元照出版有限公司 2006 年版，第 144 页。
② 参见黎宏《日本刑法精义》，中国检察出版社 2004 年版，第 97 页；林钰雄：《新刑法总论》，元照出版有限公司 2006 年版，第 145 页。
③ ［日］野村稔：《因果关系》，载［日］西原春夫主编《日本刑事法的形成与特色》，法律出版社 1997 年版，第 375 页。

（四）合乎法则的条件说

该学说由德国学者 Engisch 创设，是一种经过改造的条件说。该说认为："根据条件说无法确定因果关系，必须根据作为日常生活经验法则的合法性克服条件说的缺陷。因果关系并不是'没有该行为就不会发生该结果'的关系；只有根据科学的知识，确定了前后现象之间是否存在一般的合法则的关联后，才能进行个别的、具体的判断。换言之，根据合法则的条件说，在认定因果关系时，首先确认存在一般的因果关系（因果法则），即确认是否存在可以适用于特定个案的自然科学的因果法则；然后认定'具体的因果关系'，即确认具体的事实是否符合作为上位命题的因果法则。所以，合法则的条件说所称的'合法则'，并不是条件说所主张的逻辑性条件，也不是指相当因果关系说所说的生活经验，而是指当代知识水平所认可的法则性关系。易言之，因果法则关系的存在，必须得到当代最高科学知识水平的认可，如果根据这种科学知识难以理解，则不能承认因果关系。当然，如果经验法则与科学法则并不矛盾，则这种经验法则也包含在'合法则'中。"① 该学说以自然法则为连结，正面判断从行为到结果的因果关系流程。例如，甲在乙登机前用枪将之杀死。随后，乙欲搭乘的飞机坠毁，飞机上无人生还。条件说认定因果关系的思路是，在乙死亡的那一刻，没有甲的杀害行为，乙就不会死于被枪杀，符合"没有前者就没有后者"的关系，因此行为人的行为与结果具有因果关系。合法则的条件说认定因果关系的思路是：紧接着甲的枪杀行为，发生了乙死亡的外界变动，该外界变动属于杀人罪的构成要件该当的结果，并且，依照自然法则，可以判断乙的死亡结果与甲的枪击行为紧密连结。所以有因果关系。②

（五）重要性理论

重要性理论是在因果关系条件说的基础上提出的限制因果关系成立范围的一种学说。重要性理论强调，一个人的行为与结果的发生之

---

① 张明楷：《外国刑法纲要》（第二版），清华大学出版社 2007 年版，第 125—126 页。

② 参见林钰雄《新刑法总论》，元照出版有限公司 2006 年版，第 149 页。

间有条件因果关系，并不意味着其所为就是不法而对之进行归责。要说一个人行为不法而可以归责，必须进一步透过评价的角度，从条件理论所提出来的各种条件中，进一步筛选出对犯罪构成要件具有重要性的条件。决定重要性的标准则应顾及规范保护目的以及个别犯罪构成要件的内容。①

（六）客观归责的理论②

客观归责理论将因果关系问题与客观上的归责问题进行区别。在因果论层次，条件理论所筛选出来的众多的等价条件中哪些属于刑法上可以归责给行为人的成果，由客观归责理论解决。客观归责论的基本规则是："若行为人藉由侵害行为（1）对行为客体制造了法所不容许的风险；（2）这个不法风险在具体结果中实现了，且（3）这个结果存在于构成要件效力范围之内，那么，由这个行为所引起的结果，才可以算作行为人的成果，而归责给行为人。"③

1. 制造不被允许的风险。只有行为人制造了法所不允许的风险，才能将结果归咎于行为人。下列情况不认为行为人制造了不被允许的风险：

一是没制造风险的行为。例如，甲以杀人的目的劝说乙清晨到公路上跑步锻炼，以期乙被来往车辆撞死。后乙听信游说，清晨在公路上跑步。乙在一次跑步时，果然被车撞死。甲并未制造法律上有意义的死亡风险。因此，虽然行为人的劝说行为与死亡结果具有条件意义上的因果关系，但是，并不能将该结果归咎于行为人。

二是降低风险的行为。降低风险的行为并没有制造法所不容许的风险。行为人实施降低风险的行为但导致结果发生的，行为与结果可

---

① 参见黄荣坚《刑罚的极限》，元照出版有限公司1999年版，第148页。

② 关于客观归责理论参见张明楷《外国刑法纲要》（第二版），清华大学出版社2007年版，第126页以下；林山田：《刑法通论（上册）》，作者自版2008年版，第225页；许玉秀：《当代刑法思潮》，中国民主法制出版社2005年版，第363页以下；林东茂：《刑法综览》，中国人民大学出版社2009年版，第66页以下；林钰雄：《新刑法总论》，元照出版有限公司2006年版，第149页以下；黄荣坚：《刑罚的极限》，元照出版有限公司1999年版，第139页以下等。

③ 林钰雄：《新刑法总论》，元照出版有限公司2006年版，第151页。

能具有条件意义上的因果关系，甚至符合相当因果关系说对因果关系的要求，但由于降低风险的行为对刑法保护的法益没有制造风险，反而减轻了一个已经存在的风险，因而不能将结果归咎于行为人。例如，甲执意要杀死乙，丙劝说甲不要杀乙，打伤乙即可，后甲打伤乙。丙的行为虽与乙的伤害具有因果关系，但是，丙并没有提高损害风险，因而不能将伤害结果归咎于丙。

三是制造可容许的风险。社会的正常发展需要允许一定风险的存在。如果杜绝一切风险性活动，那么社会发展必将停滞。因此，从事可容许的风险活动导致危害结果的，不能将结果归咎于行为人。交通事故的信赖原则便以此为立论依据。凡是遵守交通规则但造成交通事故的，不能将结果归咎于行为人，因为根据信赖原则，行为人可信赖其他人遵守交通规则。再例如，卖刀的人可能会料想到他人买刀之后实施杀人行为，但是，卖刀行为本身是社会发展可允许的风险，因此，即使他人利用买的刀杀人，该结果也不能归咎于卖刀人。

需要注意的是，假定的因果关系不能排除客观归责，不能以有代位或候补行为人等假设的因果流程为由，而主张行为不可归责。但是，如果行为人仅仅是修改了自然的因果经过，没有整体上恶化被害人的状况的，可以排除客观归责。例如，甲杀乙，案件审理中，甲说："乙与我们家有杀父之仇，即使我不杀乙，我的六个兄弟也会杀了乙。"对甲可以客观归责。再如，乙是被甲杀害的被害人的父亲，在警察对甲执行死刑前几分钟，乙用枪将甲打死。对乙仍可客观归责。

2. 实现不被允许的风险。虽然行为与结果之间具有因果关系，而且行为人也制造了法所不容许的风险，但只有实现了该不被容许的风险，才可归责。下列情形可以认为没有实现不被容许的风险，不能对行为人进行客观归责：

一是结果不是由制造的风险导致的，而是偶然与危险同时发生（反常的因果历程）。行为与结果之间需要具有常态的关联，即没有产生重大的因果偏差，才能认为风险已经实现。例如，甲以伤害的故意对乙实施暴力，乙被送到医院之后，医院起火将乙烧死。甲的行为与乙的死亡虽有条件因果关系，而且甲也制造了死亡的风险，但是由于乙并非死于甲的殴打，所以甲制造的风险并没有实现。

二是没有实现不被容许的危险。即构成要件结果必须具有可避免性，才能判定为可客观归责。即使行为人履行了注意义务，仍然会导致构成要件结果的，则没有实现法所不容许的风险。例如，工厂主将未经消毒的山羊毛交由工人加工，工人感染某种病毒死亡。后经查明，即使工厂主履行消毒义务，该种病毒也不会被消灭。不能对工厂主客观归责。

三是结果不在注意规范的保护目的范围之内。行为人虽然违反了注意义务，但是所造成的结果并不是违反注意规范所造成的结果，则排除客观归责。例如，行为人驾驶安全装置不全的汽车正常行驶在公路上，一个小孩突然从巷中冲出，卷入轮下，被轧死。禁止驾驶安全装置不全的汽车的规范是为了防止因安全装置不全而丧失或减弱控制车辆的能力而造成交通事故，所以，不能将小孩死亡结果归责于行为人。

3. 构成要件的保护范围。制造并实现了法所不容许的风险，就可以客观归责，但是，具体犯罪的构成要件有特定的保护范围或保护目的，如果发生的结果不包括在构成要件的保护范围或者保护目的之内，就不能将结果归责于行为人。

一是他人（第三人）专属负责领域。他人专属的负责领域形成构成要件效力范围的界限，由他人单独负责。运用该规则的典型案例是对抗危险的专门职业活动。例如，甲交通肇事，将同车乘客乙左腿撞断。乙在医院接受手术，因医生丙的疏忽导致其引发败血症死亡。因为这是医生专属负责领域，即医生的疏忽行为制造并且实现了威胁生命的风险。甲没有监督医生执行医疗行为的权利和义务，也无法为医生的行为负责。对甲而言，这已经超出了构成要件的范围。

二是自我（被害人）负责原则。行为人如果参与他人的故意自损行为，不能将他人的自损结果归责于行为人。

三是在被害人意识到他人的行为对自己的法益造成危险后，仍然同意该行为，不能将该行为导致的结果归咎于他人。

二　对相关因果关系学说的评价

（一）关于原因说

原因说试图克服条件说范围太广的弊端。但是，"从对结果起作用的众多条件中，挑选出一个条件作为原因，不仅是极为困难的，而且是不现实的。原因说虽然提出了各种各样的限制因果关系的标准，但各种标准要么与因果法则本身矛盾，要么难以认定。"[1] 原因说往往主张从众多条件中按照某种标准选取一个作为因果关系的原因，但是，很多情况下结果的发生并不是单纯的一个条件作用的结果。原因说过度地强调了因果关系在构成要件定性认定中的地位，使因果关系承载了过多的评价功能。

（二）关于相当的因果关系说

因果关系具有客观性，而相当的因果关系说中"主观说"和"折中说"都将行为人的主观认识纳入评价范围，混淆了因果关系与有责性。因果关系作为构成要件内容，不能赋予其太过丰富的评价功能。如果将行为人对危害结果的主观的预见可能性提前到因果关系阶段进行认定，作为责任要素的故意和过失便失去了实质的内容。相当的因果关系说中的"客观说"以行为时存在的全部情况以及一般人可能预见到的行为后的情况为判断相当性的基础，得出来的结论与条件说已经相差无几，有违相当因果关系说限定因果关系范围的初衷。[2]

（三）关于合乎法则的条件说

合乎法则的条件说是为了限制因果关系的成立范围，但是，很难认为合法则的条件说提供了明确、具体的判断标准。[3]

---

[1]　张明楷：《外国刑法纲要》（第二版），清华大学出版社2007年版，第123页。

[2]　对相当的因果关系说的批评参见本书第二章第三节。

[3]　参见张明楷《刑法学》（第三版），法律出版社2007年版，第163页。

（四）关于重要性理论

重要性理论为后来的客观归责理论奠定了基础。两者都是以条件说为基础，强调因果关系与归责的分离，有学者甚至认为重要性理论与客观归责理论其实是一回事，只是在用语上不同而已。因此，后文对于客观归责理论的批评可以用来批评重要性理论。

（五）关于客观归责理论

"虽然透过客观归责这一个概念，学说试图涵盖一连串的建立或阻却客观归责的个别项目，不过除了客观归责这一个名词的提出之外，对于客观归责的整体概念的说明，是完全空洞的。"① 制造并实现法所不容许的风险只是将个别检验犯罪的标准进行了文字串联，并没有从中抽象出什么实质上的共同因素。虽然客观归责理论在德国是通说，在日本和我国台湾地区都有拥趸，但并不能说已是成熟完美的理论。我们考察客观归责的理论推演方式就会发现，客观归责理论的分支认定原则往往是对某类型的行为引致一定结果能否对行为人客观归责给出一个现成的答案。在此过程中看不出给出这个答案的依据，找不出这些归责判断标准统一于"客观归责"概念下的共同基础。这种缺乏目的性思考而得出来的结论，让人感觉根基不牢，用它来评价行为的性质，会有恣意之嫌。

客观归责理论提出的部分归责（排除归责）规则内容并不明确，不具有可操作性。例如，在"风险的实现"要件下，"反常的因果历程"是排除客观归责的要件。但是，何为"反常"并不是一个十分清楚的问题。事实上，"反常"的判断与相当因果关系说中"相当"的判断具有相同的品质。客观归责学说往往没有为"反常"的判断提供清晰的标准，一般认为所谓反常就是超越以往的生活经验。但是，几乎每个犯罪都具有其以往生活经验所不具备的要素，因此，判断"反常"就成为一件比较困难的事情。对于同样的情形，有的人可能认为是反常的，应该否认客观归责，有的人则认为并没有偏离正常，应该

---

① 黄荣坚：《刑罚的极限》，元照出版有限公司 1999 年版，第 141 页。

肯定客观归责。①

客观归责论的归责指标体系结构并不合理，很多标准在个案的适用上往往重合。例如，对于"自我负责"的情况，同样也可以用"回溯禁止"的标准或者"规范目的关系"的标准进行讨论。例如，儿童因为父亲疏忽照顾而落水，救生员纵身跳下欲救该儿童，但是却碰到石头而死。根据客观归责原理，可以通过自我负责的归责原则排除客观归责，也可以通过因果关系的重大偏异排除客观归责，亦可以通过规范目的关系的原理排除客观归责。这种判断标准的重叠是规则过多的情况下很容易出现的"副作用"。

客观归责论所讨论的问题很多已超出构成要件符合性判断的范畴。客观归责论的结论往往与认识错误、被害人承诺、过失论等议题要解决的问题重合。客观归责论提出来的归责标准大多是对其他理论领域中的相关问题的归纳总结，这些问题完全可以被还原为原始问题加以解决。例如，"没有制造风险的行动"可以利用实行行为理论加以解决；② "降低风险的行为"可以通过排除违法性事由理论解决；"制造可容许的风险"则可以通过过失论解决；"结果不是由制造的风险导致的，而是偶然与危险同时发生"可以通过禁止溯及理论解决；"没有实现不被容许的危险"可以通过（经过一定限制的）因果关系的条件说以及过失论解决；"结果不在注意规范的保护目的范围

---

① 例如，甲以杀人故意欲将乙推到桥下，将之溺毙。甲将乙推下之后，乙先头部碰到桥墩而死，并非被淹死。对此，传统理论认为是因果关系认识错误的问题。如果根据客观归责理论来评价该行为，有的学者认为行为人的行为与死亡结果之间具有反常的因果历程（参见黄荣坚《刑罚的极限》，元照出版有限公司 1999 年版，第 157 页）；而有的学者则认为因为无论是溺死还是撞死都是属于从高处推人下桥的常态风险，期间并没有产生任何重大差异（参见林钰雄《新刑法总论》，元照出版有限公司 2006 年版，第 156 页）。这种不同的认识也说明"反常"标准的模糊性。其实，持客观归责论的学者也承认这个缺点。例如，林钰雄认为，重大偏异本身的界定标准虽经反复讨论、举例，但是这种综合一般人生活经验规范评价判断的问题，到现在为止标准还是不够清楚，也提不出更好的见解（参见林钰雄《第三人行为介入之因果关系及客观归责》，载《台湾本土法学》第 80 期，第 36 页）。

② 客观归责论是在没有限定实行行为的范围及性质的前提下展开讨论的。事实上，客观归责论讨论的一些具体问题因为没有实行行为而不可能被认定为犯罪。例如，行为人欲杀害被害人，便劝被害人清晨到公路上跑步，企图使被害人被来往车辆撞死，后来被害人果然在一次跑步中被车撞死。该例中，行为人的行为不是实行行为，讨论因果关系没有什么意义。

之内"，完全可以通过因果关系理论以及对刑法分则的目的性解释予以解决。

三　本书的立场：限制的条件说

我们在不法中讨论因果关系，目的在于使结果归属于某种行为，将两者作为一个广义上的行为供进一步评价。因果关系理论只要能达到这个目的便完成了它的使命，条件说完全能够胜任这样的角色。基于对以上诸多因果关系学说的评价，笔者赞成因果关系条件说，原则上，实行行为与结果之间只要具备"没有前者就没有后者的关系"，便可以肯定两者之间具有因果关系，同时采纳禁止溯及理论，以防止扩大处罚范围。下面对批评条件说的有关观点进行简单的回应。

（一）关于条件说导致因果关系成立范围过广的问题

因果关系应限于实行行为与危害结果之间的关系，因此，对于那些非刑法分则所规定的实行行为，不需要考虑其与结果之间的因果关系。由于杀人犯的母亲生孩子并不是故意杀人的实行行为，劝说他人到地震灾区去当志愿者也不是杀人的实行行为，反而是社会应当鼓励的行为，因此"母亲生孩子"与"孩子杀人"之间的因果关系、"劝说他人到地震灾区当志愿者"与"志愿者遭灾死亡"之间的因果关系不属于刑法上的因果关系。虽然根据条件说认定的因果关系范围比较广，但因果关系只是认定犯罪的一个环节，我们不能期待因果关系理论解决认定犯罪的所有问题。

（二）关于条件说无法周延疫学的因果关系的问题

这的确是条件说的一个缺陷，但并非条件说所独有的缺陷。以条件说为基础的原因说、相当的因果关系说甚至客观归责理论都无法解释疫学的因果关系。例如，对某种化学物质是否会导致人类患上某种疾病，不是刑法理论所能解决的问题。对于这种无法准确把握因果关系的情况，根据统计的概率决定是否处罚行为人完全是出于刑事政策的考虑。

（三）关于条件说无法解释择一的竞合问题

这又何尝不是其他因果关系理论的缺陷？其他的因果关系理论往

往以条件说为基础，连条件说都无法解决的问题，其他的理论似乎也无法解决。因此，对于择一的竞合，我们可以认为其为条件说的一个例外。即针对这种情况制定条件说的补充规则：在数个行为导致一个结果的情况下，如果除去一个结果将发生，除去全部行为结果将不发生，则全部行为都是结果发生的条件。[①]

第三节　结果加重犯因果关系的认定

基本犯罪与加重结果之间具有因果关系是成立结果加重犯的前提。基于前述本书关于因果关系的基本立场，我们认为，认定结果加重犯中的因果关系，应采取限制的条件说。一般情况下，根据限制的条件说认定基本犯罪与加重结果之间的因果关系并不困难。本节着重讨论可能存在疑问的情形。

一　假设的因果关系

假设的因果关系是指虽然某个行为导致了结果的发生，但是，即使没有这个行为，结果也同样会发生的情形。条件关系应当是两个事实之间的规律性关系，它只能在现实的、个别的行为和结果之间加以考虑[②]，假设的因果关系流程不应影响因果关系的判断。

【例1】行为人甲以伤害的故意在机场对乙实施暴力，过失导致乙于被殴打之后5小时死亡。在行为人殴打乙之后，乙原本打算搭乘的飞机在起飞后坠毁，机上所有乘客无一生还。

不能以"即使没有甲的殴打行为，乙也会因为乘坐飞机死亡"为由否定基本犯罪行为与加重结果之间具有因果关系。具有规范评价意义的因果关系仅指实际发生的"原因—结果"流程，结果发生后或者

---

① Welzel, Das Deutsche Strafrecht, 11. Aufl., Walter de Gruyter & Co. 1969, S. 41. 转引自张明楷《刑法学》（第三版），法律出版社2007年版，第169页。

② 参见黎宏《日本刑法精义》，中国检察出版社2004年版，第96页。

与实际发生的因果进程同步是否"可能"发生其他因果进程，对于认定实际发生的因果进程没有影响，不能用假设的因果关系来反驳现实存在的因果关系。否定【例1】的情形存在因果关系的学者认为，本案中不存在"没有前者就没有后者的条件关系"，因为，即使没有甲的行为也将发生乙死亡的结果，所以甲的伤害行为与死亡结果之间不存在因果关系。[1] 但因果关系具有相对性和独立性，纳入刑法评价范围的是且只能是现实发生的"原因—结果"流程，如果假设的因果关系成为排除存在因果关系的事由，就会导致评价的对象漫无边际，使被告人、辩护人把精力放在搜集能够为假设的因果关系提供支撑的证据上。事实上，人的死亡是不可避免的（自然地或者意外地），只是早晚的问题，难道我们能以"即使没有行为人的伤害行为，被害人最终也会死亡"为由，否定伤害行为与死亡结果之间具有因果关系吗？【例1】中，在乙死亡的那个时点，没有甲的伤害行为就没有乙的死亡结果，因此基本犯罪行为与加重结果之间具有因果关系，成立结果加重犯。

二 禁止溯及理论的应用

采限制的条件说认定结果加重犯中的因果关系，不可避免地同时应用禁止溯及理论。所谓禁止溯及理论是指，在因果关系发展过程中，其他的行为或者事实独立地导致了结果的发生时，应将结果归责于该行为，而不能追溯至先前的条件。禁止溯及理论的初衷是为了限制因果关系的成立范围。"其他的行为或者事实"被称为介入因素。介入因素可以是被害人或者第三人的故意或者过失行为，也可以是自然事实。如果介入因素导致原来的条件关系断绝，则被称为"因果关系的断绝"。禁止溯及理论特别强调介入因素"独立地"导致结果的发生，如果原行为与结果之间的因果关系并未断绝，原行为与介入因素共同作为发生结果的条件。

如何判断"独立性"是禁止溯及理论的核心。一般而言，应该"通过考察基本行为导致加重结果发生的危险性大小、介入情况对加重

---

① 参见［日］町野朔《刑法总论讲义案Ⅰ》，信山社1995年版，第156页。

结果发生的作用大小、介入情况的异常性大小等，判断基本行为与加重结果之间是否存在因果关系。"① 例如，甲以伤害故意对乙实施暴力。如果甲的行为已经导致乙处于濒临死亡的重伤，后来丙又对乙实施轻微暴力，导致乙死亡的时间稍微提前，则认为甲的行为与乙死亡的结果仍然具有因果关系；② 如果丙开枪射杀已经受伤的乙，甲的行为的持续作用受到这种独立而快速的介入因素的破坏，则介入因素断绝了甲的行为与加重结果之间的因果关系。一般认为，下列情形中，行为人的基本犯罪行为与加重结果之间不具有因果关系：

（一）自然因素的强力介入

如果介入的自然因素独立地导致加重结果的发生，那么就可以认为原基本行为与加重结果之间不具有因果关系。例如，行为人甲以伤害故意将乙打晕，便离去。乙在昏迷之际被雷电劈死。应当认为甲的行为与死亡结果之间不具有因果关系。但是，如果自然事实并不是独立地导致加重结果发生的，则不能阻断基本行为与加重结果之间的因果关系。

（二）行为人的其他行为的介入

行为人实施了基本犯罪行为之后，其后续的其他行为导致加重结果发生的，不能认为基本犯罪行为与加重结果之间具有因果关系。例如，甲以伤害故意将丙打伤之后坐在地上抽烟，随手扔掉的烟头引起大火将被害人烧死。甲的故意伤害与乙的死亡结果之间不具有因果关系。与基本犯罪完全隔离的后续行为导致加重结果发生的情形在认定

---

① 参见［日］前田雅英《刑法总论讲义》，东京大学出版会1998年版，第183页以下。转引自张明楷《严格限制结果加重犯的范围和刑罚》，载《法学研究》2005年第1期，第92页。

② 例如，日本曾有这样的案例（大阪南港事件）：行为人在第一现场对被害人实施暴力，导致其因脑出血而处于意识丧失的状态，然后行为人将被害人运到第二现场（大阪南港材料仓库）。被害人虽然是由于脑出血而死亡的，但是在其活着的时候，另外有人用四棱木棒殴打被害人的头部，造成被害人死亡时间提前。在这个案件中，日本最高裁认为"在犯罪人的暴行成为被害人的死因的伤害的场合，即便由于其后由第三者所加之的暴行而导致死亡时间提前，也可以肯定犯人的暴行与被害者的死亡之间的因果关系"。参见［日］山口厚《从新判例看刑法》（第二版），付立庆、刘隽译，中国人民大学出版社2009年版，第8页。

因果关系上一般不存在疑问，但在有些情况下，行为人其他行为的介入是否排除基本犯罪与加重结果之间具有因果关系则值得探讨。

【例2】行为人深夜进入被害人卧室，趁着被害人熟睡之际对之实施猥亵行为。被害人被弄醒之后，责问行为人是谁，并用双手抓住被告人 T 恤的后面。被告人为了从现场逃跑，就拖着被害人，同时猛烈地摇晃扭动上身，被害人因此造成右中指和右脚大拇指扭伤。

对于【例2】，日本法院认为，被害人为了从现场逃跑而对被害人施加暴力，可以说是伴随着准强制猥亵行为的，应当成立强制猥亵致伤罪。[①] 我们认为，行为人实施基本犯罪行为被发现而实施的后续暴力行为，尚未完全与基本犯罪隔离，仍可将两者视为一体。因此，可以认为基本犯罪行为与加重结果之间具有因果关系。但是，能否据此认为行为人构成结果加重犯，则仍需考虑基本犯罪行为与加重结果之间是否具有"直接性"，关于此点容后文详述。

（三）第三人行为的介入

如果第三人的介入行为独立地导致重结果的发生，则可以阻断行为人的基本犯罪行为与加重结果之间的因果关系。

【例3】行为人甲以伤害故意对乙实施暴力，将乙打晕后扬长而去。丙经过案发地，发现躺在地上的仇人乙，使用随身携带的绳子将乙勒死。

甲的伤害行为与乙的死亡结果之间没有因果关系。国外一些判例认为，在一定条件下，第三人行为的介入并不阻断基本犯罪与加重结果之间的因果关系。例如，德国联邦最高法院曾审理过这样的案件：

---

① ［日］西田典之、山口厚、佐伯仁志：《判例刑法各论》（第五版），有斐阁 2009 年版，第 90 页。

【例4】 囚犯受到狱卒的严重虐待，忍无可忍而逃跑。该囚犯为了避免追捕而跑入警戒线内。哨兵在没有警告的情况下开枪击毙该囚犯。

联邦德国最高法院认为，虐待行为与死亡结果之间具有因果关系，但是认为伤害致死罪的成立以伤害行为与死亡结果之间存在"直接性"联系为必要，即死亡结果由伤害行为直接导致，本案中"狱卒对囚犯所实施的虐待行为并非属于这种形态"，因此狱卒不负伤害致死罪的刑事责任。① 本书认为，在该案中，哨兵射杀逃跑囚犯并无杀人罪故意，是应对此类情形的"应激反应"，具有可重复性，与囚犯逃跑触碰电网而死的情形在性质上没有本质区别。因此，哨兵的行为不应被理解为可以阻断因果关系的"第三人行为的介入"。德国联邦最高法院认为狱卒的虐待行为与死亡结果之间具有因果关系是合理的。

同样的道理，行为人非法拘禁、绑架、拐卖被害人，警察的正常营救行动导致被害人死亡的，非法拘禁、绑架、拐卖行为人与被害人死亡之间具有因果关系。但是否成立结果加重犯，仍然要具体地考察基本犯罪行为与死亡结果之间是否具有"直接性"。有观点认为："抢劫犯与警察发生枪战过程中，只要不是因为警察明显的判断失误，导致抢劫对象或者旁观者死亡的，应将死亡结果归责于抢劫犯，承担抢劫致人死亡的责任，因为抢劫行为通常会导致警察的出警行为。"② 我们认为，需要具体问题具体分析。行为人抢劫既遂后，与警察发生枪战，导致旁观者死亡的，抢劫行为与死亡结果便不具有因果关系。

需要探讨的是，第三人的不作为能否成为断绝因果关系的介入因素。

【例5】 甲将乙打成重伤之后潜逃，具有救助义务的乙的丈夫丙

① 参见蔡蕙芳《德国法上结果加重犯归责理论之研究——以伤害致死罪为例》，载《刑事法学新趋势——Lothar Philipps 教授七轶祝寿论文集》，神州图书出版有限公司 2004 年版，第 273 页。

② 陈洪兵：《"致人重伤、死亡"类型化研究》，载《兰州学刊》2012 年第 3 期，第 144 页。

见到乙血流不止而拒不救治，后乙流血过多死亡。

本书认为，不作为的故意行为由于没有对原来的因果进程施加影响，因此不能成为阻止因果关系成立的介入因素。因此，【例5】中基本犯罪行为与死亡结果之间具有因果关系。当然，丙构成不作为的故意杀人罪。

三　被害人的异常因素

即使被害人自身具有异常因素（如具有不为外人所知的特殊体质），如果行为人的行为触发了这种异常因素而导致被害人伤害或者死亡的，由于符合"没有前者就没有后者的关系"，行为与结果之间具有因果关系。如果行为人的确不具有认识到特殊体质的可能性，可根据过失论排除行为人的有责性。例如，行为人甲以伤害故意对乙实施暴力，导致乙受轻伤。但乙患有血友病，后流血不止死亡。本案中，甲的伤害行为与死亡结果具有"没有前者就没有后者的关系"，因此，可以肯认两者具有因果关系。至于行为人是否对死亡结果承担结果加重犯的刑事责任，仍需考察是否具备有责性要件。

德国联邦最高法院办理的"高椅坠落案"（BGH 2 StR226/82）曾引起广泛的争议，基本案情如下：

【例6】行为人将被害人所坐的椅子推倒，被害人从高处跌落后右脚踝骨骨折。医院为被害人开刀并装置了钢钉进行固定。被害人出院后在家休养，开始长期卧床。突然有一天，被害人出现呼吸困难并被送入医院治疗，但终不治身亡。经解剖得知，被害人死于肺血管栓塞与肺炎，该病是由于被害人长期卧床不活动导致的。

德国联邦最高法院认为，伤害行为与死亡结果彼此相连，死亡过程并非在"生活经验上之可能性之外"，"就生活经验判断，被害人被故意伤害造成脚踝骨折后，由于此伤害造成长期卧床与缺乏足够的医疗照顾而产生致命的肺血管栓塞而死亡是可能的，并没有违反经验上通常的事态发展过程，因果关系并未中断"。① 我们认为，德国联邦最高法院的判断是正确的。但是，行为人是否构成伤害致死罪，还需考虑"直接性"要件和有责性要件。

四 重叠的因果关系

两个以上相互独立的行为，单独都不能导致结果的发生，但是合并之后导致结果的发生，就是重叠的因果关系。

【例7】甲、乙两人在没有有意联络的情况下分别向丙的水杯中投放了足以导致丙丧失劳动能力但是不致死的毒药，但是两个人的毒药加起来就达到了致死的分量。丙喝了毒水之后死亡。

那么甲和乙的行为与死亡结果之间是否具有因果关系，进而承担故意伤害致人死亡的结果加重犯的刑事责任呢？甲、乙的行为与结果都存在"没有前者就没有后者的关系"，因此，应当承认甲、乙的行为与死亡结果具有因果关系。

第四节 "直接性"概念的渊源与发展

前文数次谈到"直接性"的概念，但均一语带过。本节将追本溯源，考察"直接性"理论的缘起及发展脉络。

一 "直接性"概念的源流

德国实务界早在帝国法院时期就已经提出了"直接性"的概念，如著名的"枪支走火案"。② 该案案情及判决如下：

① 参见蔡惠芳《德国法上结果加重犯归责理论之研究——以伤害致死罪为例》，载《刑事法学新趋势——Lothar Philipps教授七轶祝寿论文集》，神州图书出版有限公司2004年版，第273—274页。
② RGSt. 44, 137 (139) 本判例转引自[日]丸山雅夫《结果加重犯论》，成文堂1990年版，第152页以下。

行为人与被害人发生口角。行为人用已经装有子弹并且上膛的手枪撞击被害人的头部，不小心扣动扳机，被害人被射出的子弹打死。德国帝国法院认为，构成《德国刑法典》第 226 条（现为第 227 条）规定之伤害致死罪，要求行为人所实施行为"直接"导致死亡的结果。本案中，被害人的死亡并不是由行为人的伤害行为导致的，而是由枪支走火导致的，因此，判决被害人不承担伤害致死的责任。

1953 年德国刑法第 56 条规定了行为人对加重结果至少具有过失后，结果加重犯与责任主义的协调问题基本得到解决。但是，正如前文评论"复合形态论"时提到的，限定对加重结果至少具有过失并不能说明为什么刑法仅对部分犯罪规定了结果加重犯，也不能说明为什么纯正的结果加重犯的法定刑如此之重。不少学者开始从客观方面开发限制结果加重犯的途径，进而说明结果加重犯的本质，出现了"危险性说"与直接性理论。1971 年德国联邦最高法院在审理 Rötzel 一案时，适用旧刑法第 226 条，对"直接性"要件的内涵进行了系统、详细的说明，后为许多法院采用，并为众多学者接受。Rötzel 一案的基本案情是：

行为人以暴力攻击被害人，造成被害人上臂有深入性伤口、鼻梁断裂。由于害怕，被害人为了避免遭受行为人继续攻击，试图越过二楼窗户逃到阳台，没料到跌倒而死亡。

德国联邦最高法院认为，适用刑法总则关于结果加重犯的规定，便可将行为人没有预见可能性的情形排除，不需要再对行为人的行为与加重结果做其是否具有相当的因果关系的考查。适用刑法分则关于故意伤害罪的规定，仍然应当以条件说为前提，但是从德国刑法第 226 条（德国新刑法第 227 条）的规范意义与目的而论，伤害行为与死亡结果之间的关系应当比条件说之关系更为密切。德国联邦最高法院认为，刑法中伤害致死罪加重处罚的立法目的在于，立法者要对抗伤害行为同时伴随有发生死亡结果的特有危险。通常，只有行为人自己的行为导致死亡的结果，才能认定伤害行为与死亡结果之间具有"直接性"。如果死亡结果是由于被害人自己的行为造成的，就不属于基本构成要件本身所具有的"固有的、内在的风险"，因此，也就不具备"直接性"。因此，在本案中，被害人自己的行为导致死亡结果的发生，伤害行为与加重结果之间不具有直接性，不能认定为伤害致死罪，而只能构成故意伤害罪与过失致人死亡罪的想象竞合犯。① 以该案判决为契机，形成了对结果加重犯认定中"直接性"问题的大讨论。

二　对"直接性"本质的争议

虽然实务上认可了"直接性"的概念，但是从德国法院的判例来看，这种立场并不十分坚定，在一些案件的判决中根本看不到"直接性"的影子，甚至出现不少与最小公约数意义上的"直接性"（"直接性"被普遍认可的核心范畴）相违背的判例。这让人不禁怀疑，"直接性"是否有通适的判断规则，抑或仅着眼于个案正义？司法实践中"直接性"的概念应用就如此摇摆，更不要说"自以为是"的理论界了。对于什么是"直接性"，在什么范围内可以认定成立"直接性"，"直接性"在构成要件体系中的地位如何，其与刑法学说上的客观归责有何不同等问题，理论上远没有形成共识。

争议的基础性问题是，在结果加重犯中，基本犯罪行为与加重结果之间的关系是否具有相比较普通犯罪行为与结果之间的关系而言更多的不法内容。只有认为结果加重犯的归责关系比一般犯罪的归责关系具有更多的不法内涵，讨论所谓的"直接性"才是有根基、有意义的。并不是所有学者都认为结果加重犯具有特殊性。如前文已经介绍的，"复合形态论"认为结果加重犯中的因果关系并没有什么与过失犯的因果关系相异之处，只要适用一般过失犯罪的归责理论就可以了。下面我们结合德国刑法理论界在对"伤害致死"的讨论中形成的一般理论，梳理对此问题的不同观点。理论界和实务界

---

① BGH, NJW 1971，153。参见蔡蕙芳《德国法上结果加重犯归责理论之研究——以伤害致死罪为例》，载《刑事法学新趋势——Lothar Philipps 教授七轶祝寿论文集》，神州图书出版有限公司 2004 年版，第 271 页。

的倾向性意见大致可以被分为三类，关于"直接性"的讨论往往以这三个主干理论为基础。

（一）致命性理论（Letalitätstheorie）

致命性理论又被称为"故意伤害致命性理论"。这个观点是从德国帝国法院"枪支走火案"提出的伤害结果致命性理论演化而来的。该说的核心观点是，只有从故意实施的伤害行为而来的死亡危险才是基本犯罪的"特有危险"。故意伤害行为直接产生死亡的致命性伤害才能构成伤害致死罪。[①] 即死亡必须是身体伤害结果恶化导致的。只有伤害行为本身具有致命性，才能适用伤害致死罪。德国帝国法院时期有判例支持这种观点。例如前述枪支走火案，德国帝国法院认为，行为人不构成伤害致死罪。该法院认为，要成立伤害致死的结果加重犯，要求行为人所从事行动"直接"导致死亡的结果。而本案"行为人在故意从事伤害行为之同时，也实施一连串伴随行为，是其中一个行为开启新的与独立的因果历程，最后导致死亡结果发生，而不是伤害行为所产生伤害结果本身所导致。在此情况下，并不构成伤害致死罪"[②]。

（二）结果观点（Erfolgslösung）

"结果观点"认为，只要是从故意所产生的伤害本身所形成的状态向外延伸的危险造成加重结果即可认为是结果加重犯。即使导致加重结果发生的最直接原因属于伤害行为以外，没有被实际预见到，但行为人对之却具有预见可能性而发生加重结果的，也可以认为成立结果加重犯。例如，行为人以伤害的故意对甲实施加害行为，甲被打蒙了，恍恍惚惚间从旁边的悬崖掉下，摔死了。根据"结果观点"，虽然被害人的死亡是由眩晕而不是最初的故意伤害行为直接导致的，被害人死亡的结果不是行为人希望达成的，但是却具有预见可能性，因此可以成立故意伤害致人死亡的结果加重犯。奥地利法院曾经有判例

---

① 参见蔡蕙芳《德国法上结果加重犯归责理论之研究——以伤害致死罪为例》，载《刑事法学新趋势——Lothar Philipps 教授七轶祝寿论文集》，神州图书出版有限公司 2004 年版，第 278 页。

② 同上。

支持这种观点。该案（OGHSt. 1，357，363f）的主要事实是：

一个面包店的助手殴打他的同事，殴打的行为导致被害人的上半身跌入一个正在运作中的面团机器内。由于被面团棍卡住卷入面团内，被害人卡在里面窒息而死。

奥地利最高法院认为殴打行为与死亡结果之间具有因果关系，可以适用结果加重犯的规定。

（三）行为观点（Handlungslöung）①

"行为观点"认为，"直接性"不是对伤害结果与死亡结果之间关系进行限制，其重点关注死亡结果是不是"伤害行为"本身所具有的死亡危险的现实化。行为人以伤害故意实施的一系列行为都属于"伤害行为"，行为的任何一个环节导致了加重结果的发生，都可以认为基本犯罪行为与加重结果具有"直接性"，就可以认定为结果加重犯。该观点认为，不应该将"直接性"限定于孤立的"故意伤害行为"本身与加重结果之间的关系。例如，前述枪支走火案，按照这种观点就可以认为成立结果加重犯。因为，行为人以伤害的故意实施一系列行为，都可以认为是"伤害行为"，伤害行为的任何一个环节（如枪支走火）导致加重结果都构成结果加重犯。"行为观点"说与前述"致命性理论"的最大区别在于，前者关注"伤害行为"与加重结果之间的关系；后者关注"故意伤害行为"本身与加重结果之间的关系。

德国联邦最高法院判决（BGH 14，110，112）涉及的案情与前述"枪支走火案"（RGSt. 44，137，139）基本一致，但是结论却完全不同：法院判决认为行为人应当承担故意伤害致人死亡的刑事责任。这就否定了德国在帝国法院时期发展的"致命性理论"。该判例采用了"行为观点"：伤害行为的范围不仅只有结果，还包括造成结果之"伤害行

---

①　参见蔡蕙芳《德国法上结果加重犯归责理论之研究——以伤害致死罪为例》，载《刑事法学新趋势——Lothar Philipps 教授七轶祝寿论文集》，神州图书出版有限公司 2004 年版，第 279 页。

为实施"。只要是伤害行为导致了被害人死亡，就可以成立结果加重
犯。使用上膛手枪敲打他人可以认为是行为人以伤害故意实施的行为，
而子弹射杀被害人也正是这个行为导致的结果，所以构成伤害致死罪。

三　"直接性"理论的具体观点

（一）Geilen 的观点[①]

德国学者 Geilen 系统地分析了德国既有判例，认为，不存在可
以用来满足个案结论的公式，但是因为直接性的要件在相当大的范
围内可以统一解决问题，从而将直接性评价为限定结果加重犯客观
归责的要件。"直接性"要件虽然不是限定归责的最佳方式，但却不
失为"次善"的方法。[②] Geilen 认为，实务上提出的基本犯罪"特有
危险"或"固有的内在危险"实现的判断，必须不考虑基本犯罪构
成要件要素以外的所有与过失行为情况有关危险要素。即将故意基
本犯罪行为与基本犯罪构成要件不相关的过失行为情况危险要素区
别开来。只有排除基本犯罪构成要件以外的危险要素，才能判断危
险的发展过程，以确定是否属于基本犯罪之构成要件特有或固有的
内在危险的实现。[③] 例如，关于放火致死罪的成立与否，如果被害人
由于激烈的救火活动导致疲劳死亡，或者被害人去取水灭火的时候
不小心掉到水里被淹死的情形，就不能认为放火与被害人死亡之间
具有"直接性"。

（二）Hirsch 的观点

Hirsch 认为"致命性理论"具有重要性，在伤害致死的情形下，
加重结果的产生必须来自于故意的伤害结果中蕴含的风险实现，故意
实施的伤害结果具有足以产生死亡结果的倾向。"致命性理论"是防止
将伤害致死论为故意伤害与过失致死所造成的死亡结果的组合的最佳

---

① Vgl. G. Gelilen, Unmittelbarkeit und Erfolgsquaslifizierung, Festschrift für H. Welzel,
1974. 引介观点参见 [日] 丸山雅夫《结果加重犯论》，成文堂 1990 年版，第 162 页。

② 同上。

③ 参见蔡蕙芳《德国法上结果加重犯归责理论之研究——以伤害致死罪为例》，载
《刑事法学新趋势——Lothar Philipps 教授七轶祝寿论文集》，神州图书出版有限公司 2004 年
版，第 281 页。

途径。他认为，结果加重犯的法定刑如此之重，必然要求其具有比想象竞合犯更多的不法要件。他旗帜鲜明地否认前述"行为观点"的思路，认为："此说不强调必须是故意伤害结果与死亡结果间之关系，即使是故意范围外的行为实施与加重结果间具有构成要件特有的危险实现关系也被包括在内。由于放宽至行为实施（可以是没有被认识之行为部分），而没有限定以故意伤害行为为限，则无法与一般过失致死罪之归责关系相区别。这样立场明显与结果加重犯之本质不相符合。"①

（三）Küpper 的观点

Küpper 认为，如果不主张在刑法中一律废止结果加重犯，仅由主观要件（如德国刑法规定之"至少有过失"，分则中特别规定的"轻率"）来限定是无法解决实际问题的。因此，强调从客观上对结果加重犯进行限制就是十分重要的。从这个前提出发，检讨判例及学说提及的众多案例，并考虑结果加重犯类型的特性，Küpper 认为，结果加重犯的重结果必须是高度危险性的基本行为直接导致的。在伤害致死罪中，作为重结果的被害人的死亡必须由伤害结果（基本犯的结果）本身直接导致；在强盗致死罪、强奸罪中，重结果必须由实现法不容许目的的强制行为直接导致；在遗弃致死罪或剥夺自由致死罪中，重结果必须由将被害人移置至妨害自救可能性的强制状态直接导致。以下情形可认为欠缺直接性：伤者可能接受充分的治疗，但是却因本身拒绝治疗而死；被害人被强奸而羞愤自杀；被害人因为目睹纵火而心脏停搏死亡；被害人由燃烧的房子中逃出却被消防车撞死；被害人受委托检查投入毒物的水井，却跌落井中喝毒水而死。对于下列情形则可认为存在直接性：被害人因被囚禁没有被充分照料而被饿死；被害人因为监禁场所保障条件不足而窒息死亡或被冻死；被害人住处被纵火而被掉落的燃烧物压死；被害人企图从正在燃烧的住处窗户逃生却坠落而死。②

---

① 蔡蕙芳：《德国法上结果加重犯归责理论之研究——以伤害致死罪为例》，载《刑事法学新趋势——Lothar Philipps 教授七轶祝寿论文集》，神州图书出版有限公司 2004 年版，第 280 页。

② 关于 Küpper 的观点参见 ［日］丸山雅夫《结果加重犯论》，成文堂 1990 年版，第163 页。

（四）雅克布斯（Jakobs）的观点[1]

Jakobs 教授对于结果加重犯的理论可以总结为他提出的两个关键词：
"量的错误"（Quantitätsirrtum）和"风险同一性"（Risikoidentität）。前
者是针对结果加重犯的发生机制提出的，后者是针对"直接性"认定标
准提出的，前者是后者的基础。

第一，关于量的错误。Jakobs 认为，大多数的结果加重犯都是行
为人在侵害行为实施范围或者程度上产生了"量的错误"。行为人所
认知的风险发生以下两种错误：第一种风险错误是发生在故意攻击的
法益上，原因是行为人低估了伤害行为的能量。例如，行为人原想割
破被害人的皮肤，但是却深入肌肉。第二种风险错误是在与故意被攻
击的法益有不可分关系之法益上产生错误。例如，行为人原想割破被
害人皮肤，却深入肌肉，导致被害人死亡。

第二，关于风险同一性。基本犯罪的风险，由于经常无法控制量的
事实，以至于成为一个具有重要性的危险。因此，结果加重犯成立的前
提是基本犯罪的结果与加重结果均产生自同一风险，此风险是由基本犯
罪行为所制造，只不过行为人"在同一风险上产生量的误判"。即加重
结果的产生必须来自行为人因实施基本犯罪行为所制造的风险。如果两
个犯罪行为或者结果仅仅是偶然联系，则属于想象竞合犯。这样，判断
基本犯罪和重结果能否组合成为结果加重犯，关键就是看发生重结果的
危险是否与基本犯罪的危险具有同一性，能肯定同一性即可以认定成立
结果加重犯，否则就不能认定为结果加重犯。例如，行为人在交通繁忙
的马路边上故意击倒被害人，被害人被过往车辆碾死。一般而言，击倒
被害人足以造成被车辆碾过的死亡结果，所以死亡是客观能预见的。此
时，行为人在基本犯罪结果所由来的风险上没有产生量的错误（即打
倒被害人的行为），问题出在不具有"风险同一性"。因为导致死亡的
侵害行为（遭车碾过）的首要能量不是来自于殴打行为。由于不具有

---

[1]　参见 Jakobs, Strafrecht AT, 2. Aufl., 1993, S. 9/35. 对 Jakobs 教授观点的梳理参见蔡
蕙芳《德国法上结果加重犯归责理论之研究——以伤害致死罪为例》，载《刑事法学新趋
势——Lothar Philipps 教授七轶祝寿论文集》，神州图书出版有限公司 2004 年版，第 284 页以
下。

"风险同一性"，因此，不能认定为构成结果加重犯。

Jakobs 还认为，由基本犯罪行为导致被害人生理机能丧失或者受到妨害而引发的风险与基本犯罪的风险不具有同一性。例如，由于基本犯罪行为导致被害人昏厥、麻痹或者久病不起，此时由于被害人变得虚弱或缺乏抵抗力，这种状态下的风险与基本犯罪（如伤害行为）的风险不具有同一性。由于行为人的伤害行为导致被害人非常虚弱，无法适应从冷到热的环境，或者无力抵抗出现敌人的攻击，或者无力抵抗感染等，当行为人打倒被害人之时，虽然可以预想到被害人会因休克无法行动而遭冻死，或被敌人攻击时，因无行动自由无法反抗而遭到杀害，被害人失去作为或者不作为的能力以至于无法运作身体进行抵抗是来自于强制效果，不具有风险同一性，只构成故意伤害罪与过失致死罪的想象竞合犯。[1] 由此看来，Jakobs 的观点与前述"致命性"理论非常相似。

（五）克劳斯·罗克辛（Clause Roxin）的观点[2]

Roxin 教授通过考察德国判例发现，德国法院判例在结果加重犯"直接性"的认识上并不具有一贯的立场。有的判例通过"直接性"来限定结果加重犯的成立范围，有的则拒绝采用"直接性"要件。[3] Roxin 认为德国联邦最高法院通过"直接性"限制责任的方向是值得

---

① 关于雅克布斯教授的观点还可参见张明楷《严格限制结果加重犯的范围与刑罚》，载《法学研究》2005 年第 1 期，第 86 页注 20。

② 参见［德］克劳斯·罗克辛《德国刑法学·总论》（第一卷），王世洲译，法律出版社 2005 年版，第 219—220 页。

③ 认为结果加重犯的成立要求"直接性"要件的案例有：（1）不堪虐待而逃跑的妇女从阳台上掉下来摔死；（2）由于行为人使用的炸药（汽油）的爆炸引起楼房的倒塌而造成被害人死亡；（3）被害人不是直接由于暴力的使用而死亡的，而是在追赶抢劫犯时摔死的。德国法院认为，这些案例中行为人的基本犯罪行为与加重结果之间不具有直接性，因此，不成立结果加重犯。但是，有些判例则持不同见解：（A）一个为了行为人的利益而实施行为的第三人，通过一种肯定会导致他人死亡的挂吊方法，将一个他以为已经死了的被害人悬挂起来，意外导致被害人死亡；（B）行为人把一个高台推翻，使上面的被害人掉下来摔伤了，被害人当时仅仅造成了非致命的踝骨骨折，后来由于医生的处理失误而死亡；（C）行为人扣留人质，人质不是死于被拘禁的状态，而是在被营救过程中被警察的子弹打死。德国法院认为（A）案中存在着一种直接的关系。对于（B）、（C）两个案件，德国法院忽略了直接性的要求，甚至明确地拒绝这个要求。参见［德］克劳斯·罗克辛《德国刑法学·总论》（第一卷），王世洲译，法律出版社 2005 年版，第 219 页。

肯定的。因为，各种犯罪行为都能导致发生非典型的较重结果，不过，只有那些具备了一般倾向足以导致加重结果发生的基本犯罪才会被立法者纳入到结果加重犯范畴之内。因此，只有在从基本犯罪的典型危险（typische gefahr）中产生结果时才适用这种行为构成是符合立法目的的。如果不做这样的解释，就无法解释刑法的这种立法方式。

基于对结果加重犯立法目的的认识，Roxin 认为，结果加重犯的成立要求发生加重结果的进程应当是基本犯罪所独具的、特有的风险的实现。例如，为了逃避身体伤害而摔死的情形，这样的情况也能够在逃避强制或者其他犯罪的时候发生，因此，这种风险就不是伤害行为所特有的，所以认为其成立结果加重犯就不合适。再例如，被害人在追赶抢劫犯的时候摔死的，也不是抢劫罪本身所特有危险造成的。Roxin 还认为，应当根据刑法分则的具体规定来认识该法条所规定的立法目的，根据这种立法目的来确定其基本犯罪行为之特有的危险的范围。一般来说，发展出可以一般适用的解决结果加重犯"直接性"的理论是不可能的。"因为具体的结果加重犯罪的保护目的，不是通过有着明确内容的特征就可以抽象地确定的，而是必须通过分则条文的具体解说才能表现出来。"① 因此，可能导致重结果发生的同样的情形，由于刑法分则基本犯罪的不同，基于不同的立法目的，可能得出是或者不是结果加重犯的不同结论。例如，同样是因被害人逃跑而致死的，Roxin 认为，在伤害罪的情况下，不成立结果加重犯，而在剥夺他人自由罪的情况下，则可能成立结果加重犯。

第五节 "直接性"理论的展开

出于限定结果加重犯成立范围的考虑，刑法理论抽象出"直接性"的概念。"直接性"从字面意义上理解就是要求加重结果的发生

---

① ［德］克劳斯·罗克辛：《德国刑法学·总论》（第一卷），王世洲译，法律出版社2005 年版，第 219 页。

必须是由行为人自己的行为直接导致的。为什么要在结果加重犯的认定中特别强调危害行为和加重结果之间的"直接性"？"直接性"是否属于结果加重犯成立的不成文的构成要件要素？如果是，它与其他的构成要件要素之间具有怎样的关系？它与刑法中的因果关系有什么区别？能否概括抽象出一般的认定"直接性"的标准？本节将回答这些问题。

一　"直接性"的内涵

正如前文所述，本书赞成"危险性说"，认为刑法之所以进行"选择性立法"，将部分犯罪规定为结果加重犯，就是因为这些犯罪的基本犯罪行为具有导致加重结果发生固有的、定型化的危险。既然结果加重犯的立法目的在于此，我们在对刑法分则进行解释时就必须把这种目的体现出来，把那些并非因基本犯罪固有风险导致加重结果的情形排除在结果加重犯之外。因此，我们赞成基于"危险性说"的直接性理论。

有学者认为，"如果（直接性）就是用来排除行为人在被害人自己或第三者的行为的介入而产生死亡结果的情况下对于加重结果的刑事责任，那么这也是一开始就已经属于构成过失致人死罪所必须考量的要素，而不是结果加重犯所特有的不法构成要件。除非我们对于归责的概念还停留在最早先的阶段，只考虑必要条件关系，其他的都不考虑。"[1] 该观点没有把握"直接性"理论产生的历史脉络。事实上，"直接性"理论一开始就与"危险性说"捆绑在一起，是否存在"直接性"应以加重结果是否是基本犯罪行为独特的风险实现为判断标准。

"直接性"很容易让人联想到因果关系理论中作为"原因说"之一的"最终条件说"，即主张在时间上最终导致结果发生的条件为结果的原因的学说。"直接性"理论是不是在结果加重犯的情形贯彻了"最终条件说"的观点呢？本书认为两者并不相同。"直接性"要件仅要求行

---

① 黄荣坚：《犯罪问题与利益思考》，中国人民大学出版社 2009 年版，第 301 页。

为人的基本犯罪与加重结果之间具有直接性，但是，并没有排斥其他的条件与加重结果之间具有因果关系，"最终条件说"则是以时间为标准，排除了那些不是"最终导致结果发生"的条件与结果具有因果关系。例如，行为人故意伤害被害人甲，后由于医生的轻微过失导致被害人死亡。根据直接性说，不能否定基本犯罪行为与死亡结果之间具有直接性的因果关系。但根据"最终条件说"，只有医生的行为才是被害人死亡的原因。

二　"直接性"的定位

关于"直接性"与因果关系、客观归责之间的关系，理论上认识并不一致。有学者认为，"直接性"要件是（相当）因果关系之外独立的结果加重犯的构成要件要素。基本行为与加重结果之间，必须具备因果关系及客观归责，才能论以结果加重犯。但应注意，因果关系与客观归责只是成立加重结果犯的必要条件，而非充分条件。肯定因果关系、客观归责未必就是加重结果犯，基本犯罪行为与加重结果之间还必须具有特殊的关系（直接关联性）。① 有学者认为，"直接性"是指基本犯罪与加重结果之间的关系，在性质上属于构成要件的层次，属于独立的构成要件。"直接性"既不是构成要件之因果关系，也不是过失构成要件。② 有的学者则认为，"直接性"的要件并不能完全体现结果加重犯规范的保护目的，在实践中也容易引起混乱。我国台湾学者赵彦清认为，"直接性"理论引导人们认为，结果加重犯的成立排除第三人及被害人行为介入的情况，但是某些结果加重犯的立法保护包含对"第三人行为人造成被害人人身危险"进行处罚的情况。例如，

---

① 参见林钰雄《新刑法总则》，元照出版有限公司 2006 年版，第 88—92 页。林钰雄认为，纯正的结果加重犯成立要件有五：第一，基本构成要件行为是故意犯；第二，加重结果符合过失犯之成立要件（过失实现加重结果，含因果关系与客观归责之检验）；第三，基本行为与加重结果间具有特殊危险关系/直接关联性；第四，法律有加重其刑之特别规定；第五，行为人对加重结果并无故意。

② Vgl. Küpper, Der, unmittelbare' Zusammenhang zwischen Grunddelikt und schwerer Folge beim erfolgsqualifizierten Delikt, 1982, S. 80. 转引自蔡蕙芳《德国法上结果加重犯归责理论之研究——以伤害致死罪为例》，载《刑事法学新趋势——Lothar Philipps 教授七轶祝寿论文集》，神州图书出版有限公司 2004 年版，第 265 页。

德国刑法上挟持人质致死罪，被害人逃脱行为及警察的救助行为导致被害人死亡，当然在该罪名的规范保护目的的范围之内，但似乎不能认为行为人的挟持行为与死亡结果之间存在"直接性"。因此，直接性理论无法适用于全部的结果加重犯。虽然德国实务界及部分学者对直接性理论情有独钟，认为直接关联性为结果加重犯归责的核心问题，但该理论在具体个案中的相互矛盾与用语上的先天缺陷已经非常明显。如果将直接关联性解释为基本犯中本身的危险实现的加重结果，便已经超越了该理论原始的内涵，而应放弃"直接关联性的用语"①。

Roxin 教授认为，"直接性"并不是独立于过失的要件。他认为"只要直接性准则符合这种保护目的关系②，那么，它就不是一种与过失并存的特征，而是一种应当不依赖于结果加重犯而独立加以考虑的过失归责因素本身"③。据此，Roxin 认为"直接性"要件被吸纳于过失的概念之中，过失的判断当然就包含了"直接性"的判断。他认为"直接性"仅仅彰显立法目的，用以决定是否在法律规范之内。"在从事每一项刑法分则中之构成要件解释时，都必须使用目的解释方法，因此，在一般的解释操作中，就可以涵盖'直接性'问题。更重要的是，他认为，由于无法发展一般性解决方法，就应将'直接性'问题归为刑法分则上之问题。"④

我们赞同 Roxin 教授的观点，"直接性"体现了规范的保护目的，我们在解释结果加重犯的构成要件时，应区分对加重结果的过失和普通过失。作为成立结果加重犯必要条件的过失必须考虑"直接性"，如果缺乏这种直接性，就应该否定其为基本犯罪所内涵的过失，进而

---

① 赵彦清：《结果加重犯的归责基础》，台湾政治大学法律研究所硕士论文，1998 年，第 78—79 页。

② 是指前文所提到的，立法者挑取部分犯罪规定了结果加重犯，就应该有与这种立法选择相应的立法目的。基本犯罪的典型性危险产生的结果才是结果加重犯的加重结果，是实现这种目的的必然要求。

③ ［德］克劳斯·罗克辛：《德国刑法学·总论》（第一卷），王世洲译，法律出版社 2005 年版，第 219—220 页。

④ 蔡蕙芳：《德国法上结果加重犯归责理论之研究——以伤害致死罪为例》，载《刑事法学新趋势——Lothar Philipps 教授七轶祝寿论文集》，神州图书出版有限公司 2004 年版，第 288 页。

否定成立结果加重犯。例如，伤害致死的结果加重犯的规范保护目的是防止伤害行为本身具有导致死亡结果的高度危险现实化。因此，只有具有导致死亡结果危险的伤害本身含有的对死亡结果的过失才能与基本犯罪相结合，否则，作为偶然出现的附随行为所蕴含的过失则不能与基本犯罪相结合。在前述"枪支走火案"中，一个自然行为（用上了膛的枪支砸人）中有一个主行为——利用枪支砸被害人（故意伤害行为），有一个辅行为——不小心扣动扳机（过失杀人行为），被害人死亡的结果并不是故意伤害行为本身所蕴含的过失导致的，而是附属行为的过失行为导致的，因此，加重结果不能与基本犯罪结合为结果加重犯。

三 认定"直接性"的基础

基本犯罪与加重结果之间直接关系的认定，核心问题是如何判断基本犯罪独特的风险。只要把基本犯罪独特的风险范围搞清楚了，判断基本犯罪与加重结果之间的"直接"关系便是轻而易举的事情。既然各个犯罪都具有独特的风险，因此，归纳出一般的认定规则似乎不太可能，只能根据规范的保护目的来具体地认定"直接性"。相同原因导致的重结果，可能因为规范保护目的的不同而导致在有的犯罪中应当认为是结果加重犯的加重结果，在有的犯罪中则不能认为是结果加重犯的加重结果。例如，同样是被害人逃跑跌落楼下死亡，在故意伤害罪的情形，不成立结果加重犯，而在非法拘禁罪的情形，则可能成立结果加重犯。针对本章第一节【案例4】，我们认为绑架行为与被害人死亡之间具有"直接性"，行为人构成绑架罪的结果加重犯。下面，仅举几例说明规范的保护目的在认定"直接性"中的具体体现。

（一）故意伤害罪

刑法规定故意伤害的结果加重犯（伤害致人死亡）是因为故意伤害行为本身具有导致死亡结果的高度盖然性危险，只有基本犯罪直接导致死亡结果才是这种危险的现实化。因此，下列情形不能认为存在"直接性"：（1）甲以伤害故意在路旁对乙实施暴力，导致乙仰面倒在路上，乙被一辆疾驰而过的汽车轧死。① （2）甲以伤害故意对乙实施暴力，乙昏迷。后乙被过路毒蛇咬死。据此，针对本章第一节【案例3】，我们认为伤害行为与被害人被碾轧死亡的结果不具有直接性，行为人不构成伤害罪的结果加重犯。

（二）强奸罪

刑法规定强奸的结果加重犯（强奸致人重伤、死亡）是因为强奸的手段行为（暴力、胁迫或者其他手段）和奸淫行为都具有导致被害人重伤、死亡的危险。因此，不论是奸淫行为导致被害人死亡，还是暴力、胁迫和其他方式（如麻醉等）导致被害人死亡，都具备"直接性"，可以认定为强奸罪的结果加重犯。

案例：被告人李振国得知同村女青年李某独自在家，遂产生强奸念头。当日19时许，李振国打开李某家大门后进入，李某发现李振国后喊叫。李振国将李某摔倒，并用石块、手电筒、拳头击打其头部，后掐其颈部，致使李某昏迷。李振国将李某抱到堂屋床上将其强奸。后李振国发现李某已死亡，遂将其尸体藏于现场的地窖内。经鉴定，李某系被他人用质地较硬的钝器击打头部致严重颅脑损伤而死亡。②

本案中，行为人李振国为了实施强奸而对被害人实施暴力，导致被害人死亡，该结果是强奸罪典型的、内在的危险的现实化表现，因此李振国构成强奸罪的结果加重犯。

---

① 一种观点认为，"基础犯罪与加重结果之间如果介入了被害人之行为，是否造成因果关系被否认，必须考虑此行为是否属于一个被害人具有自由决定意思的自我负责性行为。如果属被害人应自我负责之行为所造成。例如，被害后罹患忧郁症而自杀，或因行动不便下楼时跌倒死亡，则此等死亡之加重结果发生，固然不应由行为人来负责。然而被害人如果是出于逃避或防卫加害人之当下或正在进行的加害行为，均应认为此等逃跑与防卫行为乃是受制于加害行为而来的不自由行为，不应评价为被害人应自我负责之行为。从而，如果因此发生了死亡结果，仍应该认为死亡结果乃导因于基础犯罪行为独特之危险而来。"并据此认为，"甲殴打乙，乙逃跑横穿马路时被来车撞死"的情形构成伤害致死罪（参见王皇玉《结果加重犯之因果关系》，载《月旦法学教室》第145期，第28—29页）。我们认为"被害人是否具有自由决定意思的自我负责性行为"仅能作为判断是否存在因果关系的依据，是否存在"直接性"，仍须根据规范的保护目的，结合具体案情进行判断。

② 案情参见辛丽英《李振国强奸案［第946号］——采取足以致人伤亡的暴力手段实施强奸，并最终导致被害人死亡的，是以强奸罪一罪论处还是以强奸罪、故意杀人罪数罪并罚》，载最高人民法院刑事审判一至五庭主办：《刑事审判参考（总第96集）》，法律出版社2014年版，第51—55页。

针对本章第一节【案例1】（"强奸落水致死案"），本书不认同最高院的复核意见。本案中，由于无充分证据证明行为人具有杀人的故意和行为，因此，根据"存疑时有利于被告人"的原则，最高院否定肇庆市中级人民法院和广东省高级人民法院的判决是正确的。但是，最高院认为本案被告人的强奸行为是导致被害人溺水死亡的原因之一，属于刑法规定的"强奸造成其他严重后果的"的情形的结论值得商榷。

最高院作出前述复核意见的依据，一是在强奸罪中，认定强奸"造成其他严重后果的"，不以强奸行为与该严重后果之间具有直接的因果关系为前提。只要基本犯罪行为与严重后果具有因果关系即可，这里的因果关系既包括直接的因果关系，也包括其他因素介入之后的间接因果关系，即"强奸行为是这种危害后果发生的原因之一即可认定二者之间有刑法上的因果关系"。例如，被害人被强奸之后精神失常的情形，即使强奸行为只是导致精神失常的原因之一，也可认为是"强奸造成其他严重后果"。二是"其他严重后果"包括强奸造成被害人自杀、自残的情形。三是"其他严重后果"不仅"在被害人本人身上发生，也可能对案发现场的目击人或者与被害人相关的亲友等人身上发生。如行为人采取极端残暴的方式强奸被害人，致使现场其他受害人、目击人高度恐惧坠楼身亡或者案发后被害人亲属因知道被害人被强奸而诱发心脏病而死亡、重伤等情况。"①

---

①　中华人民共和国最高人民法院刑事审判第一、二、三、四、五庭主办：《中国刑事审判指导案例——侵犯公民人身、民主权利罪》，法律出版社 2009 年版，第 423 页以下。该观点似乎是我国司法实务中的通说。例如：（1）周银标强奸案。被告人周银标将女学生万某（幼女）叫到教师集体办公室，与其发生了性关系。此后又多次利用其系万某老师及"干爹"的身份，先后在其家和万某家中多次对万某实施奸淫，致使万某身患性病并怀孕。万某的父母在陪同万某住院期间，无法承受万某被奸淫并致怀孕的现实，写下遗书，三人在病房内服用农药"呋喃丹"自杀。万某经抢救脱险，万某的父母抢救无效死亡。最高人民法院认为：《刑法》第 263 条第 3 款第（5）项规定的"造成其他严重后果"不限于在被害人本人身上发生，强奸犯罪造成被害人亲属精神失常、自杀、自残的，也应当认定为"造成其他严重后果"。被告人周银标的强奸行为造成被害人万某父母自杀身亡，属于"造成其他严重后果"（参见肖风《奸淫幼女"情节恶劣"和"造成其他严重后果"的认定》，载黄尔梅主编：《最高人民法院、最高人民检察院、公安部、司法部侵害未成年人犯罪司法政策案例指导与理解适用》，人民法院出版社 2014 年版，第 120—125 页）。（2）曹占宝强奸案。2000 年 3 月 10 日，被告人曹占宝遇到正在找工作的河北某县农村女青年赵某，遂以自己的饲料厂正需雇佣职工推销饲料为名，答应雇用赵某。3 月 12 日，曹占宝将赵某骗至宝坻区。当晚，曹占宝在宝坻区城关二镇南苑庄的一旅店内，使用暴力两次奸淫了赵某。赵某被强奸后，一直精神抑郁，并于 2001 年 5 月 21 日服毒自杀身亡。天津市宝坻区人民法院认为，强奸导致被害人自杀，属于"因强奸造成其他严重后果"（参见中华人民共和国最高人民法院刑事审判第一、二、三、四、五庭主办《中国刑事审判指导案例——侵犯公民人身、民主权利罪》，法律出版社 2009 年版，第 398—400 页）。

最高院认为，被害人的死亡可能是被害人自杀或者醉酒误落河中导致的。我们认为，如果被害人死亡是因为醉酒误落河中导致的，则该死亡结果与强奸罪的基本犯罪行为之间不具有因果关系，不能将该结果归责于行为人。被害人由于羞愧而自杀的，也不属于强奸造成"其他严重后果"的情形。因为，强奸罪结果加重犯规范的目的在于，强奸行为（暴力、胁迫、其他手段以及奸淫行为）具有导致被害人重伤、死亡或者其他严重后果的内在风险，因此设定结果加重犯保护这些法益。被害人自杀很难认为是强奸行为本身危险的直接实现。因此被害人的自杀不能认为是强奸罪的结果加重犯。

针对本章第一节【案例2】（"强奸坠楼致死案"），本书不认同北京市高级人民法院的判决意见。本案中捆绑被害人的行为可以视为强奸罪中的"暴力"行为，如果被害人因为捆绑过紧而死，认定为强奸罪的结果加重犯自不成问题。本案中的被害人死亡的原因是被害人到阳台呼救，因为双手被绑，难以控制身体平衡而坠楼。该死亡结果并不是行为人的暴力行为（捆绑行为）直接导致的。因此，不能将该死亡结果与强奸罪的基本犯罪行为结合为强奸罪的结果加重犯。本案中的行为人同时触犯强奸罪和非法拘禁罪（致人死亡）两罪，应当按照想象竞合犯定罪处罚。行为人使用捆绑的方式控制被害人，进而实施强奸的，行为同时符合非法拘禁罪和强奸罪的犯罪构成，强奸既遂之后，行为人没有释放被害人，非法拘禁的状态继续维持，由于两者主要部分重合，仍然还可以认为是一个行为。正如前文所言，本案中认定行为人的强奸行为与死亡结果之间具有直接性不合理，但是，认定死亡结果与非法拘禁具有直接性则不存在问题。非法拘禁致人死亡的结果加重犯的规范目的在于，非法拘禁行为以及被害人摆脱非法拘禁的行为具有导致被害人死亡的高度危险性，因此设定结果加重犯保护生命权。被害人因为呼救或者自救而死亡的，应当认为死亡结果与非法拘禁行为之间具有直接性。因此，死亡结果可以与非法拘禁的行为结合为非法拘禁罪的结果加重犯。

（三）非法拘禁罪

刑法规定非法拘禁致人死亡的结果加重犯的规范目的在于非法拘

禁行为具有导致被害人死亡的危险，这种危险可能来自于拘禁行为本身，也可能来自于被拘禁人逃跑的行为（因为非法拘禁必然会引起被拘禁人逃跑的意图），因此规定结果加重犯保护生命法益。因此，在非法拘禁罪中，重结果必须由将被害人移置至妨害自救可能性的强制状态直接导致。① 例如，被害人为了逃跑而从窗户爬出跌落楼下而死的，可以认定为非法拘禁致人死亡。再举一例：

2010 年 5 月 17 日，被告人甲、乙等人看到闫某脖子上有伤痕，便询问原因。闫某告知其被张某强奸，并受伤。甲让闫某报警，闫某因有顾虑不同意。甲开车与乙、闫某、丙等人于当晚八时许在密云县司法局东侧路边找到正在饮酒的张某，乙、丙即对张某进行殴打，甲阻止殴打后强行让张某坐上其驾驶的轿车。丙和后来赶到的丁将张某夹在后座中间位置。甲开车至密云县经济开发区潮汇大桥东侧的鸭子湖北岸。停车后，张某翻过湖边护栏，跳入湖中。丙为救起张某，随即跳入湖中，并在湖中与张某发生肢体冲突，张某多次将丙按入水中，丙挣脱后游回岸边，张某不见踪影。甲找到鸭子湖的管理人员，要求其救助张某，但遭到拒绝。甲等人返回张某跳湖现场，在岸边寻找了半个小时，发现台阶上有水痕，以为张某已经上岸逃走，就开车回家了。次日，甲等人得知张某并未回家，开始怀疑张某已经溺水死亡，于是到公安机关报案。2010 年 5 月 19 日，在鸭子湖打捞到张某的尸体，经法医鉴定，张某系溺水死亡。②

关于本案，北京市密云县人民法院认为，被害人张某"为逃避被

---

① 德国学者乌尔斯·金德霍伊泽尔赞成该观点，他指出："当被拘禁起来的受害人在力图实施有风险的挣脱（或逃脱）时丢了性命，由于（受害人）力图重新恢复自由，乃是剥夺他人自由的典型反映，这时，便符合了第 239 条第 4 款。"德国刑法第 239 条第 4 款规定：行为人因禁某人或者以其他方式剥夺自由，如果通过该行为或者在该行为期间实施的行为造成被害人死亡的，处不低于三年的自由刑。参见〔德〕乌尔斯·金德霍伊泽尔《刑法总论教科书》（第六版），蔡桂生译，北京大学出版社 2015 年版，第 352 页。

② 参见〔2011〕密刑初字第 63 号判决，案情介绍参见田媛《非法拘禁罪司法认定中的疑难问题研究》，载陈平、刘明祥：《刑事司法疑难问题研究》，中国社会科学出版社 2011 年版，第 307 页。

告人甲等人的非法拘禁而跳入湖中后溺水死亡，其死亡后果的发生与王某等人的非法拘禁行为存在因果关系，应以非法拘禁致人死亡予以处罚"。冯军教授不同意该判决，主要理由有：（1）张某从坐上甲的车到跳湖，时间不足半小时，不符合"非法剥夺他人人身自由24小时以上"的立案标准①，单独来看，甲的行为不构成非法拘禁罪。（2）甲等人没有实施迫使张某跳入湖中的行为，甲等人不应对张某跳入湖中的行为及引起的后果承担刑事责任。因为，任何人都没有能力防止一个精神正常的成年人在自由状态下实施自损行为。（3）最高人民检察院《关于渎职侵权犯罪案件立案标准的规定》指出，"非法拘禁，情节严重，导致被拘禁人自杀、自残造成重伤、死亡，或者精神失常的"，应予立案。甲等人强行将张某非法拘禁在轿车中并运往鸭子湖，属于"非法拘禁，情节严重"，并且导致张某跳湖溺水死亡，根据上述规定，可以认定甲等人构成非法拘禁罪。但是，只能把上述规定中的"导致被拘禁人自杀、自残造成重伤、死亡"理解为客观的处罚条件，既不需要行为人主观上认识到"被拘禁人自杀、自残造成重伤、死亡"，也不需要行为人在客观上能够避免"被拘禁人自杀、自残造成重伤、死亡"。（4）难以论证甲等人对张某跳入湖中溺水死亡存在主观上的过失，也难以论证甲非法拘禁的行为与张某跳入湖中溺水死亡的结果存在客观上的直接关联性，因此甲等人的行为不构成非法拘禁罪的结果加重犯。②

本书赞同密云县人民法院对本案的定性，不同意冯军教授的观点。理由是：（1）正如转化型抢劫不以盗窃、诈骗、抢夺的金额达到"立案标准"为前提一样③，结果加重犯的成立不以基本犯罪符合"立案标准"为前提。（2）"任何人都没有能力防止一个精神正常的

---

① 刑法并未规定构成非法拘禁罪的时间标准。2006年7月26日最高人民检察院《关于渎职侵权犯罪案件立案标准的规定》要求，国家机关工作人员利用职权非法拘禁，"非法剥夺他人人身自由24小时以上的"，应予立案。

② 参见冯军《非法拘禁罪的司法认定——兼论检察官办案中的总体感觉和刑法教义》，载《国家检察官学院学报》2012年第4期，第56—60页。

③ 参见2005年6月8日最高人民法院《关于审理抢劫、抢夺刑事案件适用法律若干问题的意见》。

成年人在自由状态下实施自损行为"的判断基本是正确的，但本案中张某处于甲等人的控制之下，并未处于"自由状态"。张某的跳湖行为是为了摆脱甲等人的非法拘禁而实施的"自救行为"，而不是"自损行为"。（3）适用冯军教授引用的司法解释的前提是，被害人跳湖是为了自杀。但从案情来看，被害人害怕挨打，而选择跳湖逃跑的可能性更大。（4）将"导致被拘禁人自杀、自残造成重伤、死亡"理解为客观的处罚条件，违反责任主义原则。（5）甲等人人数众多，在荒郊野外对张某实施非法拘禁，引起张某反抗、逃跑是高概率事件，一般人都能预见到。正如前文所述，甲等人的非法拘禁行为与张某因逃跑而溺亡的结果具有"直接性"。甲等人在未见张某上岸，仅凭"台阶上有水印"便认为张某已经上岸逃走而草率开车回家，对张某的死亡具有过于自信的过失。综上，本书认为甲等人构成非法拘禁罪的结果加重犯。

（四）抢劫罪

刑法规定抢劫致人死亡的结果加重犯的规范目的在于以暴力、胁迫或者其他方法实施抢劫具有导致被害人死亡的危险，因此规定结果加重犯保护生命法益。因此，在抢劫罪中，死亡结果必须由暴力、胁迫、麻醉等方式直接导致才能构成结果加重犯。例如，行为人打算抢劫银行，在从家里赶往银行的途中因为一门心思谋划如何抢劫，不小心将路人撞死。虽然开车前往银行已属抢劫罪的预备，但由于不小心开车不属于抢劫罪规范所涵括的暴力、胁迫或其他方式，因此行为人不构成抢劫罪的结果加重犯。

第六章

结果加重犯的边界

第一节　结果加重犯与结合犯

结合犯是指数个原本独立的犯罪行为，根据刑法的明文规定，结合成为一个犯罪的情况。[①] 对于结果加重犯与结合犯之间的关系，理论上有不同认识。

一　关系：异质、包容还是或然

（一）异质关系

"异质关系说"认为，结果加重犯与结合犯具有不同的构造。有学者认为，结合犯必须结合数个罪名不同的故意犯罪，故意犯罪与过失犯罪以及数个过失犯罪不能构成结合犯。故意伤害致人死亡的情形中，致人死亡是伤害行为的加重结果，不是独立行为，因而不属于结合犯。[②] 结合犯与结果加重犯的不同体现在：一是结合犯是几个独立犯罪的结合，结果加重犯只是一个独立的犯罪，只因产生了应加重处罚的结果而加重其处罚。[③]

[①]　张明楷：《刑法学》，法律出版社 2011 年版，第 438 页。关于结合犯概念的梳理参见陆诗忠《反思与重构：对结合犯概念的再思考》，载《河南社会科学》2008 年第 4 期。

[②]　参见储槐植《论罪数不典型》，载《法学研究》1995 年第 1 期；持结合犯与结果加重犯具有不同结构的观点另参见宋建立、逄锦温《试论结合犯在我国的现状及取向》，载《法学论坛》1996 年第 3 期；高仰止：《刑法总则精义》，五南图书出版股份有限公司 1999 年版，第 50 页。

[③]　对此，有学者解释道：依附于某一犯罪基本构成要件的该种犯罪的加重构成要件，不具有独立性，所以不能成为结合犯的基本构成要素。结果加重犯中的加重结果的要素不具有独立性，因此结果加重犯不是结合犯。参见高铭暄、黄京平《论结合犯》，载《中国法学》1993 年第 3 期，第 80 页。另请参见纪俊乾《从实务观点论加重结果犯之运用》，载《政大法学评论》第 50 期，第 94—95 页；刘宪权、桂亚胜：《论我国新刑法中的结合犯》，载《法学》2000 年第 8 期，第 38—43 页。

二是结合犯是两个故意犯罪的结合，结果加重犯的加重结果是过失行为导致的。① 三是结合犯可能是有牵连关系的两个罪的结合，结果加重犯的基本犯罪行为与加重结果的过失之间并没有牵连关系。四是结合犯是两个独立的犯罪结合成一个新的犯罪，结果加重犯则没有出现新的犯罪。五是结合犯中的几个犯罪之间没有因果关系，结果加重犯中的基本犯罪行为与所产生的加重结果之间具有因果关系。六是结果加重犯以基本犯罪罪名起诉；结合犯依结合后的新罪名起诉。七是结合犯有未遂犯，结果加重犯以产生结果为加重处罚要件，没有未遂犯。②

（二）包容关系

"包容关系说"认为，结果加重犯是结合犯的一种，这种观点在我国台湾地区是通说③。黄荣坚教授认为，由于结果加重犯结合了两个或者数个单一犯罪，因而属于结合犯，如我国台湾地区"刑法"第 302 条规定的私行拘禁致人于死罪，就是结合了同条第一项的私行拘禁和过失致人死亡两罪。他不认同"异质关系说"有关"结合犯只能是两个故意犯罪的结合，而不能是故意和过失的结合"的观点。他认为，故意犯罪和过失犯罪也可以结合为结合犯。大部分结果加重犯所保护的是两个法益，符合严格意义上的结合犯的概念。他甚至认为准强盗罪（相当于内地的"转化型抢劫罪"）、共同轮奸罪等都属于结合犯。④ 我国内地也有学者认为，结合犯是指原为数个性质不同的独立的犯罪，通过刑法规定，结合成另一犯罪情况，结果加重犯的本身就是结合犯。⑤ 日本也有不少学者认为结果加重犯

---

① 蔡蕙芳教授以强盗罪（抢劫罪）为例区分结果加重犯与结合犯："有关强盗致死罪此一结果加重犯的条文依据是我国台湾地区'刑法'第 328 条第 3 项，而强盗杀人罪的结合犯罪是'刑法'第 332 条第 4 款。这两者的差别是在实施强盗行为之时是否另有杀人的故意。所以结合犯必然是故意犯与故意犯的结合类型。如果是故意与过失犯的组合，依通说的见解，属于结果加重犯。"参见蔡蕙芳《德国法上结果加重犯归责理论之研究——以伤害致死罪为例》，载《刑事法学新趋势——Lothar Philipps 教授七轶祝寿论文集》，神州图书出版有限公司 2004 年版。

② 参见肖开权《谈结合犯与结果加重犯——兼与马克昌同志商榷》，载《法学》1983年第 4 期，第 22 页以下；顾肖荣：《试论结果加重犯》，载上海社会科学院法学研究所编：《法治论衡：上海社会科学院法学研究所论文精选》，上海科学院出版社 2008 年版，第267—268 页；马克昌主编：《犯罪通论》，武汉大学出版社 1999 年版，第 658 页。

③ 参见林东茂《刑法综览》，中国人民大学出版社 2009 年版，第 47—48 页；林山田：《论结果加重犯》，载《台湾本土法学》2007 年第 10 期，第 8 页以下。

④ 黄荣坚：《刑法问题与利益思考》，中国人民大学出版社 2009 年版，第 241 页以下。

⑤ 参见赵廷光《中国刑法原理》，武汉大学出版社 1992 年版，第 486 页。

是故意犯罪与过失犯罪的结合犯。例如，大塚仁教授认为："结果加重犯可以看成是故意犯和过失犯的结合犯。"① 韩国学者金日秀、徐辅鹤认为，结合犯是指一个构成要件保护诸多法益的情况。结果加重犯原则上也是结合犯，如伤害致死罪，是把身体的完整性与生命视为保护法益。②

（三）或然关系

马克昌教授认为，结合犯是数罪结合成为一罪，结合犯所结合的犯罪行为之间存在着以下几种不同的关系：牵连关系、因果关系、并发关系。因果关系的情形是指，结合犯所结合的两种犯罪，前一犯罪是后一犯罪的原因，后一犯罪是前一犯罪的结果。"结果加重犯可能是结合犯，也可能不是结合犯，关键在于加重刑罚的结果是否属于刑法上的独立犯罪；如果不构成独立犯罪，当然不是结合犯。例如，我国刑法第一百八十五条第二款（指旧刑法——笔者注）规定加重刑罚的结果是'致使国家或者公民利益遭受严重损失'。这一结果不是独立的犯罪，因而它就只是结果加重犯，而不是结合犯；相反地，如果构成独立的犯罪，那就完全符合结合犯的条件。刑法第一百五十条第二款（指旧刑法——笔者注）规定的加重刑罚的结果是'致人重伤、死亡'。这一结果（重伤或伤害致死）是刑法上独立的犯罪，刑法把它同抢劫罪结合一起成为一罪，怎能说它不是结合犯呢？至于该款规定的'情节严重'，由于不是独立的犯罪，所以，尽管它与抢劫罪结合一起，成为抢劫罪的严重情况，却不是结合犯。"③

二　结果加重犯与结合犯的区别

各国刑法普遍没有明确规定结合犯的定义。④ 从刑法解释的角度

---

① ［日］大塚仁：《刑法概说（总论）》，冯军译，中国人民大学出版社2003年版，第180页。

② ［韩］金日秀、徐辅鹤：《韩国刑法总论》，武汉大学出版社2008年版，第143页。

③ 马克昌：《试论结合犯兼谈抢劫罪的未遂》，载《法学》1982年第8期，第15页。

④ 意大利刑法第84条规定了所谓的复合犯罪，可谓特例："当本身构成犯罪的行为被法律规定为某一犯罪的构成要件或者加重情节时，不适用以上各条规定犯罪。如果法律在为复合犯罪确定刑罚时要求参考为构成该复合犯罪的各项行为规定的刑罚，不得超过第78条和第79条列举的最高处罚限度。"

来看，对刑法规范进行抽象、概括、总结而得出的"类"概念应具有以下品质：一是能够清晰准确地在刑法中找到这个概念对应的外延；二是这个概念与现有概念体系相洽，尽量做到"不重不漏"。在有多重界定可能性时，应对概念的内涵与外延进行修整剪裁，使该概念在既有体系中找到恰当合适的位置，尽量不与已有的成熟概念重合，以免在具体适用时相互混淆。大多数学者在界定结合犯的概念时都能做到第一点，但却忽视了第二点。

　　黄荣坚教授认为结合犯等同于多法益犯，只要某一犯罪保护的是多层法益，便可认为是广义的结合犯。他指出："Jescheck 以及 Roxin 把单一犯理解为保护单一法益的犯罪类型。例如，杀人罪、伤害罪及毁损罪等等，把结合犯理解为保护数法益的犯罪类型。例如，盗窃罪、强盗罪以及恐吓取财罪。"[①] Roxin 在对"行为构成"进行分类的时候的确做过这样的分类：将犯罪分为"简单的犯罪"和"组合的犯罪"。"简单的犯罪"保护的是单一法益，"组合的犯罪"保护的是多个法益。杀人罪（德国刑法第 211 条）、身体伤害罪（德国刑法第 223 条）、毁坏财产犯罪（德国刑法第 303 条）是"简单的犯罪"的例子，而盗窃罪、强盗罪（抢劫罪）则是"组合的犯罪"的例子。Roxin 认为在刑法中做出这种分类的实践意义在于，"对组合的犯罪中不同的法益可以做出许多解释，因此，对这些解释的意义就必须加以权衡。"[②] 例如，如果认为伪造货币罪的法益只是货币的真实性的公共信用，那么伪造货币罪就是"简单的犯罪"；如果认为伪造货币罪的法益除了货币的真实性的公共信用还包括货币发行权，那么伪造货币罪就是"组合的犯罪"。法益的类型和数量必然影响犯罪构成要件的确定。Roxin 只是从法益数量的角度对犯罪进行分类，并没有从结构

---

　　① 黄荣坚：《刑法问题与利益思考》，中国人民大学出版社 2009 年版，第 240 页。Jescheck 和 Roxin 将盗窃罪理解为侵犯数个法益的犯罪，是因为他们认为盗窃罪同时侵犯所有权和占有权两个法益；把强盗罪（抢劫罪）理解为侵犯数个法益的犯罪，是因为他们认为强盗罪同时侵犯财产所有权和人身权两个法益；把恐吓取财罪理解为侵犯数个法益的犯罪，是因为该罪同时侵犯了财产所有权和人身权两个法益。

　　② ［德］克劳斯·罗克辛：《德国刑法学·总论》（第一卷），王世洲译，法律出版社 2005 年版，第 222 页。

上认为"组合的犯罪"是两个犯罪（行为）的结合。根据 Roxin 的理解，盗窃罪同时侵犯了占有权和所有权两个法益，但是，在盗窃的情况下，如果割裂看待侵犯占有权的行为，以及孤立看待侵犯所有权的行为，都很难认定为是一个犯罪。因此，将 Roxin 所定义的"组合的犯罪"理解为结合犯存在问题。

"包容关系说"将结合犯等同于"多法益犯罪"，有将结合犯的概念置于混乱、无用之境地的危险。毫无疑问，"单一法益犯罪"与"多法益犯罪"的区分具有十分重大的理论和实践意义，但不能将结合犯的概念依附于多法益犯罪概念。纯正的结果加重犯可谓"多法益犯罪"，但其结构与结合犯并不一致。

结合犯的典型类型，一是并发型结合犯；二是牵连型结合犯，两者都属于两个行为、两个罪过、触犯两个犯罪，如果刑法中没有结合犯的规定，原则上应数罪并罚或按牵连犯理论进行处理，只不过刑法特殊地将两者结合在一起而成为法定的一罪。而纯正的结果加重犯是一个行为触犯数个罪名。这种结构上的差异导致了典型的结合犯与结果加重犯不同的认定规则，在共同犯罪、犯罪停止形态等方面更显差异。如果非要将结果加重犯统一于结合犯的概念之下，便很难形成结合犯认定的一般性规则，在讨论相关议题时，必然将结合犯区分为"典型的结合犯的情形"和"结果加重犯的情形"。[1] 与其徒增困扰，不如将结果加重犯排除于结合犯范围之外，"另立山头"。

三　结合犯的结果加重犯

本书认为结合犯与结果加重犯是互斥的关系，但存在结合犯的结

---

[1]　例如，持"或然关系说"的学者在论述结合犯的犯罪未完成形态时认为，所结合的两种犯罪行为属于牵连关系或者并发关系的时候，以被结合的犯罪既遂或未遂为标准，认定结合犯既遂或未遂。即被结合的罪是既遂，结合犯就是既遂；被结合罪是未遂，结合犯就是未遂。如果所结合的两种犯罪是因果关系（例如，结果加重犯的情形），出现加重结果，则不论基本罪罪行为是否既遂，一概认定为结合犯的既遂；如果没有出现加重结果，则一律不成立结合犯（结果加重犯）（参见马克昌《试论结合犯兼谈抢劫罪的未遂》，载《法学》1982 年第 8 期，第 16 页）。此外，由于典型的结合犯往往结合了两个故意犯罪，而结果加重犯"结合"了一个故意犯罪，一个过失犯罪，因此，在认定两者的共同犯罪时，也必然采取不同的规则。

果加重犯。例如，《日本刑法典》第 241 条规定：强盗犯强奸女子，"因而致女子死亡的"，处死刑或者无期惩役。再如，日本刑法理论通说认为，抢劫罪是强制罪和抢夺罪的结合犯①，因此抢劫致人死亡的，可以认为是结合犯的结果加重犯。

我国刑法也规定了一定数量的结合犯，以第 240 条为例：

"拐卖妇女、儿童的，处五年以上十年以下有期徒刑，并处罚金；有下列情形之一的，处十年以上有期徒刑或者无期徒刑，并处罚金或者没收财产；情节特别严重的，处死刑，并处没收财产：

（一）拐卖妇女、儿童集团的首要分子；

（二）拐卖妇女、儿童三人以上的；

（三）奸淫被拐卖的妇女的；

（四）诱骗、强迫被拐卖的妇女卖淫或者将被拐卖的妇女卖给他人迫使其卖淫的；

（五）以出卖为目的，使用暴力、胁迫或者麻醉方法绑架妇女、儿童的；

（六）以出卖为目的，偷盗婴幼儿的；

（七）造成被拐卖的妇女、儿童或者其亲属重伤、死亡或者其他严重后果的；

（八）将妇女、儿童卖往境外的。"

本条中，拐卖妇女的过程中强奸妇女的，符合结合犯的构成。如果行为人在拐卖妇女的过程中强奸被拐卖的妇女，导致被拐卖的妇女死亡的，应如何适用法条呢？可能的选择有：

【方案1】同时适用刑法第 240 条第 1 款第 3 项（"奸淫被拐卖的妇女的"——结合犯的规定）、第 7 项（"造成被拐卖的妇女、儿童或者其亲属重伤、死亡或者其他严重后果的"——结果加重犯的规定），"处十年以上有期徒刑或者无期徒刑，并处罚金或者没收财产；情节特别严重的，处死刑，并处没收财产。"

---

① 参见马克昌《试论结合犯兼谈抢劫罪的未遂》，载《法学》1982 年第 8 期，第 14 页。有学者认为，强盗罪是结合强制罪以及盗窃罪而来。参见黄荣坚《刑法问题与利益思考》，中国人民大学出版社 2009 年版，第 238 页。

【方案2】择一适用刑法第240条第1款第3项和第240条第1款第7项。

【方案3】适用刑法第236条结果加重犯的规定：强奸"致使被害人重伤、死亡或者造成其他严重后果的"，"处十年以上有期徒刑、无期徒刑或者死刑"。

从法定刑上来看，上述三种解决方案都可以做到罪责刑相应，都不会宽纵行为人。但判决书是非常严肃的诉讼文书，法官在宣告判决时不能模棱两可，而应十分明确地认定对行为人适用的罪名及刑罚。本书认为，对于拐卖妇女的过程中强奸被拐卖妇女，导致被拐卖妇女死亡的，应当适用刑法第240条第1款第3项的规定，所定罪名仍应为拐卖妇女罪而不是强奸罪。

首先，应当肯定，刑法第240条第1款第3项是关于结合犯的规定。结合犯是法定的一罪，如果行为人数个行为符合结合犯的规定，就应当适用结合犯，而不再适用所结合的个别法条，这是罪刑法定原则的必然要求。如果不遵循这样的原则，刑法中的所有的结合犯都将成为具文。[①] 因此，行为人在拐卖妇女的过程中强奸妇女的，不论是否导致被强奸的妇女死亡，都应适用结合犯的规定。

其次，刑法第240条第1款第3项与第7项都是承接本条展开的，是并列关系，不能同时适用。行为人拐卖妇女时强奸被拐卖妇女导致妇女死亡的情形下，第3项与该款第7项可谓法条竞合关系。"奸淫被拐卖的妇女"以及"造成被拐卖的妇女死亡"都是拐卖妇女罪的刑罚加重情节，无法确定哪一项是一般条款，哪一项是特殊条款。从罪责刑相适应的角度来看，似乎适用第3项更合适。如果适用该款第7项，即拐卖妇女致使被害人重伤、死亡的，"处十年以上有期徒刑或者无期徒刑，并处罚金或者没收财产；情节特别严重的，处死刑，并处没收财产"，一般情况之下只能适用"十年以上有期徒刑或者无期徒刑，并处罚金或者没收财产"，如果判处被害人死刑，还应当寻

---

① 这也是结合犯确定性的一个要求。相同见解参见刘宪权、桂亚胜《论我国新刑法中的结合犯》，载《法学》2000年第8期，第39页。

找除"致使被害人重伤、死亡"以外的"特别严重情节"。既然"致使被害人死亡"已经被评价为拐卖妇女罪的加重结果（在"十年以上有期徒刑或者无期徒刑，并处罚金或者没收财产"范围内定罪处罚），就不能再将"致使被害人死亡"认定为特别严重的"情节"而适用死刑的刑罚。如果适用该款第3项，行为人只要强奸被拐卖的妇女就可以"处十年以上有期徒刑或者无期徒刑，并处罚金或者没收财产"，导致被强奸的妇女重伤、死亡，可以认为构成本条所规定"特别严重情节"而适用死刑。相比较适用第7项，第3项与强奸致人重伤、死亡的法定刑更加相近，更符合刑罚的协调原则，更契合罪责刑相适应的基本原则。

第二节　结果加重犯与法律拟制、注意规定、转化犯、可反驳的推定犯

我国刑法第248条（虐待被监管人罪）规定，监狱、拘留所、看守所等监管机构的监管人员对被监管人进行殴打或者体罚虐待，致人伤残、死亡的，"依照本法第二百三十四条、第二百三十二条的规定定罪从重处罚"。刑法第234条和第232条分别是关于故意伤害罪和故意杀人罪的规定。刑法第238条（非法拘禁罪）、第247条（刑讯逼供罪、暴力取证罪）、第292条（聚众斗殴罪）、第333条（非法组织卖血罪）也有类似的规定。对于此类条文的法律性质，学界一直聚讼不休。

一　法律拟制、注意规定还是转化犯、可反驳的推定犯

关于"依照本法第二百三十四条、第二百三十二条的规定定罪（从重）处罚"的性质，理论界主要有四种观点：法律拟制说、注意规定说、转化犯说和可反驳的推定犯说。

（一）法律拟制说

所谓法律拟制是指法律将原本不符合某规范规制对象的行为拟制地规定为符合该规范的规定，导致将原本不同的行为按照相同的行为进行

处理。"在法律理论中，吾人通常把法律拟制称为隐藏的指示，藉由规定，对案件 T2 应适用 T1 的法律效果；在此，立法者是基于法律经济性的缘故，以避免重复。然而这只是法律拟制的外在理由。它的内在理由在于构成要件的类似性。"① 也就是说，立法者明知道某一行为类型与某项基本法律规定在事实上并不一致，但是出于某种目的仍然赋予其与基本规定相同的法律效果。例如，我国刑法第 269 条规定："犯盗窃、诈骗、抢夺罪，为窝藏赃物、抗拒抓捕或者毁灭罪证而当场使用暴力或者暴力相威胁的，依照抢劫罪的规定定罪处罚。"该条规定的行为模式与刑法第 263 条所规定的抢劫罪在性质上存在很大差异，但是法律对该行为赋予了第 263 条所规定的法律效果，因此该条为法律拟制的规定。②

　　一种观点认为，我国刑法第 238 条、第 247 条、第 248 条、第 292 条有关"依照本法第二百三十四条、第二百三十二条的规定定罪（从重）处罚"的规定皆为法律拟制。③ 以第 247 条为例④，"法律拟制说"认为，该条"致人伤残、死亡的，依照本法第二百三十四条、第二百三十二条的规定定罪从重处罚"的规定属于法律拟制，只要刑讯逼供或者暴力取证致人伤残、死亡，即使没有伤害的故意和杀人的故意，也应该认定为故意伤害罪、故意杀人罪。如果行为人在刑讯逼供、暴力取证的过程中故意杀害被害人的，应当以刑讯逼供罪和故意

---

　　① ［德］考夫曼：《类推与"事物本质"——兼论类型理论》，台湾学林文化事业有限公司 1999 年版，第 57—59 页。

　　② 参见张明楷《刑法分则的解释原理》，中国人民大学出版社 2004 年版，第 246 页以下。

　　③ 参见陈洪兵《刑法分则中注意规定与法律拟制的区分》，载《南京农业大学学报》2010 年第 3 期，第 76 页；杜文俊：《以故意伤害罪、故意杀人罪论处的规定应属法律拟制》，载《河南社会科学》2011 年版，第 72—75 页。认为刑法第 238 条第 2 款后段的规定（非法拘禁暴力致人伤残、死亡）为法律拟制的观点参见张明楷《刑法分则的解释原理》（第二版·下），中国人民大学出版社 2011 年版，第 645 页。认为刑法第 248 条后段的规定（虐待被监管人致人伤残、死亡）为法律拟制的观点参见刘宪权、李振林《论刑法中法律拟制的法理基础》，载《苏州大学学报》（哲学社会科学版）2014 年第 4 期，第 79—80 页。

　　④ 我国刑法第 247 条规定："司法工作人员对犯罪嫌疑人、被告人实行刑讯逼供或者使用暴力逼取证人证言的，处三年以下有期徒刑或者拘役。致人伤残、死亡的，依照本法第二百三十四条、第二百三十二条的规定定罪从重处罚。"

杀人罪数罪并罚。① 得出该结论的理由，一是刑讯逼供、暴力取证过失致使被害人重伤或者死亡的，其对法益的侵害性与故意伤害罪、故意杀人罪具有相当性。因此，将之解释为法律拟制具有合理性。二是本条规定与故意伤害罪、故意杀人罪的规定具有很大的差别，没有明确写明"故意杀人"、"故意伤害"，只有将之解释为法律拟制，这条规定才具有意义。三是如果将这个条文解释为注意规定，那么刑法分则对任何暴力犯罪都必须设立这样的注意规定，但事实上并非如此。四是新刑法注重对公民人身自由的保护，但刑讯逼供、暴力取证是常发犯罪，对他们规定过高的法定刑不合适，于是立法者采取了现行的立法例：没有造成伤残、死亡结果的，规定较低的法定刑；致人伤残、死亡的，以故意伤害罪、故意杀人罪定罪处罚。②

（二）注意规定说

所谓注意规定是指法律已经作出了基本规定，但是为了提示司法工作人员注意，以免忽视，而进一步作出的规定。注意规定并不改变原来基本规定的实质内容，即使没有这些注意规定亦不影响法律体系的内洽。注意规定只是提示性的，其内容与基本规定完全一致，并没有创设新的规范内容，也不会导致原来不符合基本规定的行为按照基本规定定罪处罚。例如，我国刑法第287条、第163条第3款、第156条、第183条、第184条、第185条、第198条第4款、第242条第1款、第248条第2款、第272条第2款等即为此类。③

一种观点认为，刑法中"致人伤残（重伤）、死亡的，依照本法第二百三十四条、第二百三十二条的规定定罪（从重）处罚"的规

---

① 参见张明楷《刑法分则的解释原理》，中国人民大学出版社2004年版，第246页以下。

② 参见吴学斌《我国刑法分则中的注意规定与法定拟制》，载《法商研究》2004年第5期，第53页；张明楷：《刑法分则的解释原理》，中国人民大学出版社2004年版，第246页以下。

③ 参见张明楷《刑法分则的解释原理》，中国人民大学出版社2004年版，第246页以下。

定不是法律拟制，而是注意规定。① 只有行为人的行为完全符合故意杀人罪的犯罪构成，才能认定为故意杀人罪。也就是说，即使刑法中没有"致人伤残（重伤）、死亡的，依照本法第二百三十四条、第二百三十二条的规定定罪（从重）处罚"的规定，也应该完全按照行为本身的性质进行处理。当行为人出于伤害他人的故意造成被害人伤亡的结果的，认定为故意伤害罪；如果行为人出于杀害他人的故意致人死亡的，认定为故意杀人罪。

　　以刑法第 238 条（非法拘禁罪）为例，有学者认为该条第 2 款后段"使用暴力致人伤残、死亡的，依照本法第二百三十四条、第二百三十二条的规定定罪处罚"为注意规定。非法拘禁的手段可以是暴力的，也可以是非暴力的。非暴力不可能直接导致被害人重伤、死亡，第 238 条第 2 款结果加重犯的基本犯应仅限于暴力拘禁。考虑到非法拘禁罪的基本刑只是"三年以下有期徒刑、拘役、管制或者剥夺政治权利"，非法拘禁通常范围内的暴力程度应该是较低的，典型的如捆绑、堵嘴等。但这种相对较轻的暴力照样有可能导致被害人重伤、死亡，如果行为人对重伤、死亡结果有过失，第 238 条第 2 款前段设置了非法拘禁致人重伤和致人死亡的结果加重犯予以规制。立法者为了防止司法工作人员将"使用超出通常范围以外的严重暴力致人重伤（伤残）或者死亡"的行为人认定为第 238 条第 2 款前段所规定的结果加重犯，在同一款紧跟着非法拘禁罪的结果加重犯之后（而非另起一段设置新款）规定："使用暴力致人伤残、死亡的，依照本法第二百三十四条、第二百三十二条的规定定罪处罚。"既然认为该款后段规定是指使用"严重暴力"致人伤残、死亡，就排除了单纯过失致人重伤、死亡的情形，起码构成故意伤害罪。在此基础上，如果行为人对死亡结果持过失心理，成立故意伤害（致人死亡）罪；如果行为人对死亡结果持故意心理，直接定故意杀人罪。因此，刑法第 238 条第 2 款后段只是重申了刑法第 234 条、第 232 条的规定，是典型的注意

---

① 　参见王成祥《转化型故意杀人罪的立法思考》，载《求索》2009 年第 6 期。

规定。①

有学者在解释刑法第 247 条后段的规定（刑讯逼供、暴力取证致人伤残、死亡）时指出："行为人必须对伤残、死亡结果具有故意。如果在刑讯逼供过程中，仅仅出于过失而造成伤残，同时构成过失致人重伤罪的，仍可按照本罪论处；但是因过失而致被害人死亡的，应当从一重罪按照过失致人死亡罪论处。"② 该学者将第 247 条后段的规定理解为注意规定。

有学者认为，刑法第 292 条第 2 款（聚众斗殴，致人重伤、死亡的，依照本法第 234 条、第 232 条的规定定罪处罚）也是注意规定，只有当行为人主观上对该被害人有伤害、杀害故意，并有相应行为时，才能适用该款。③ 有学者在解释该款时指出："司法实务一般根据个案中具体情形认定，即行为具有故意杀人性质的，认定为故意杀人罪；仅有伤害性质的，认定为故意伤害罪。司法实务的做法较为合理，成立故意杀人罪，仍要求具备故意杀人的构成要件，主要是故意的内容。"④ 该观点显然将刑法第 292 条第 2 款理解为注意规定。

（三）转化犯说

"行为转化说"认为，转化犯是指"行为人在实施某一较轻的故意犯罪过程中，由于行为人的行为的变化，使其性质转化为更为严重的犯罪，依照法律规定，按重罪定罪处罚的犯罪形态。"刑法第 247 条后段是有关刑讯逼供罪、暴力取证罪转化为故意伤害罪、故意杀人罪的规定。构成该条规定的转化犯，行为人的主观方面没有发生变化，仍然是刑讯逼供（暴力取证）的故意，发生变化的仅是行为人的

---

① 参见吴江《刑法分则中注意规定与法律拟制的区分》，载《中国刑事法杂志》2012 年第 11 期，第 60 页。类似观点参见高铭暄、马克昌主编《刑法学》（第四版），北京大学出版社、高等教育出版社 2010 年版，第 528 页。

② 陈兴良主编：《刑法学》（第二版），复旦大学出版社 2009 年版，第 319 页。类似观点参见王作富主编《刑法学》（第二版），中国人民大学出版社 2009 年版，第 426 页。

③ 参见宗德钧《论我国刑法中的注意规定和特别规定及其司法认定》，载《犯罪研究》2003 年第 1 期，第 65 页。

④ 阮齐林：《刑法学》，中国政法大学出版社 2008 年版，第 662 页。

行为（发生了伤残、死亡的结果）。论者没有探讨行为人对伤残、死亡结果的罪过，只是否定行为人对伤害、死亡结果的罪过为故意。根据该观点，转化犯与结果加重犯的一个重要区别是，前者的过限行为没有超出先前故意犯罪的范畴。[①] 持"行为转化说"的学者认为刑法规定转化犯均不要求行为人有犯罪故意之内容的转化，只要具备了法律规定的条件——或者出现了某种结果、或者实施了某种行为、或者使用了某种方法，就足以构成罪之转化，而不必考虑行为人主观是否故意。[②]

"罪过转化说"认为，转化犯是指"一种行为形态（基础形态），由于符合一定的事实特征（转化条件），而成立另一独立的犯罪（转化犯罪）的犯罪形态。其公式是：A（基础形态）+ B（事实特征）= C（转化犯罪）"。故意犯罪之间的转化犯，故意内容的转化是必须的，基础犯罪与转化犯罪必须具有两个犯罪故意。转化条件在于超基础犯罪要素，这里的超基础犯罪要素既包括客观要素，也包括主观要素。转化条件必须独立符合转化犯罪的构成要件。例如，刑法第247条规定的转化犯，其转化条件为"致人伤残、死亡"，是指具备了故意致被害人重伤或者死亡的事实特征。这一事实特征符合所转化的犯罪（故意伤害罪、故意杀人罪）的构成要件。又如，刑法第238条第2款所规定的转化犯可以分为两种情形：一是行为人非法拘禁他人，以非法拘禁为目的，使用暴力故意致人伤残、死亡；二是行为人非法拘禁他人，在拘禁过程中又出于非法拘禁以外的其他目的，使用暴力故意致使被害人伤残、死亡。[③]

肖中华教授认为，转化犯是指"行为人实施一个故意犯罪（本罪）的同时，或者在本罪造成的不法状态持续过程中，由于行为人

---

① 参见王彦等《论转化犯的概念与基本特征》，载《国家检察官学院学报》1999年第1期，第29—33页。

② 周少华：《现行刑法中的转化犯之立法检讨》，载《法律科学》2000年第5期，第112页。

③ 参见张小虎《转化犯基本问题探究》，载《现代法学》2003年第6期，第67—72页；赵秉志、许成磊：《刑讯逼供罪中"致人伤残、死亡"的理解与认定》，载《河南省政法管理干部学院学报》2004年第2期，第50—52页。

实施了特定行为，而这一特定行为与其本罪行为的结合足以填充另一故意犯罪（转化罪）的构成，从而使行为人的行为符合转化罪的犯罪构成，并根据刑法规定以转化罪定罪处罚的犯罪形态"①。根据该观点，实施刑讯逼供或者暴力取证的行为人故意致人伤残、死亡的，对行为人以故意伤害罪、故意杀人罪一罪从重处罚。② 由此可见，持"罪过转化说"的学者，其结论与"注意规定说"基本一致，都认为刑法第247条后段是关于故意伤害罪和故意杀人罪的特殊规定，并不包含行为人实施刑讯逼供、暴力取证而过失致人伤残、死亡"转化"为故意伤害罪及故意杀人罪的情形。③ 但是，相比较"注意规定说"，"罪过转化说"明确了基本犯罪与转化后的犯罪之间的关系：在基本犯罪的机会内实现转化的，只认定为转化后的一罪即可。而"注意规定说"在认定行为人构成故意伤害罪、故意杀人罪后，仍需考虑其与刑讯逼供罪、暴力取证罪的关系，明确两者是否存在竞合关系，进而确定罪数。

"拟制性规定转化犯说"认为，刑法中的转化犯可以分为注意性规定的转化犯和拟制性规定的转化犯，刑法第247条即包含拟制性规定的转化犯。行为人在刑讯逼供或使用暴力取证过程中，致人伤残、死亡的，即使没有伤害的故意和杀人的故意，仍然构成故意伤害罪、故意杀人罪。④ 由此可见，"拟制性规定转化犯说"与前文"法律拟制说"的结论是一致的。

（四）可反驳的推定犯说

有学者认为，类似刑法第247条后段的规定，属于立法推定的故意伤害罪、故意杀人罪。该段没有明确规定公诉机关负有证明被告人具有伤害或者杀人故意的证明责任，实际上免除了公诉机关相应的证明责任，因此，刑讯逼供等罪只要导致了伤残、死亡的结果，就应以

---

① 肖中华：《论转化犯》，载《浙江社会科学》2000年第3期，第44页。

② 同上。

③ 相同见解参见初炳东、许海波、邢书恒《论新刑法中的包容犯与转化犯》，载《法学》1998年第6期。

④ 参见龙洋《论转化犯立法的理论根据》，载《法律科学》2009年第4期，第130—136页。

故意伤害罪、故意杀人罪定罪处罚。但是，如果行为人提出了证明其没有伤害或者杀人故意的证据时，由于其行为不符合故意伤害罪和故意杀人罪的犯罪构成，因此，不能认定为此两罪，只能以刑讯逼供罪定罪处罚。如果行为人对伤残、死亡结果具有过失，则按照想象竞合犯的原理进行处理。①

二　对学界争议的评论

我们以刑法第 247 条为例，分析法律拟制说、注意规定说、转化犯说及可反驳的推定犯说是否存在合理性。

（一）"法律拟制说"存在缺陷

根据责任主义原则，只有行为人对危害结果具有罪过，才能追究行为人的刑事责任，而且仅可在其罪过涵摄的范围内追究刑事责任。故意杀人罪的罪过内容为：行为人明知自己的行为会导致被害人死亡的结果，并且希望或者放任这种结果发生。如果将行为人在刑讯逼供过程中过失导致被害人死亡的情形"拟制"为故意杀人罪，则完全背离责任主义的精神。"如果该规定属于法定拟制，则意味着在刑法有特别规定的前提下，可以偏离主客观相统一的定罪原则，而带有一定程度的客观归罪的意味。"② 在人权保障理念深入人心的当代社会，将过失致人死亡的行为"拟制"为故意杀人罪，令人难以接受。

事实上，"法律拟制说"的法律效果并不十分清楚。法定拟制的目标通常在于：将针对一构成要件（T1）所作的规定，适用于另一构成要件（T2）。③ 也就是说，被拟制的情形比照另外的与之性质不一的条文进行适用，但是得到的结果却是模糊的。例如，将刑讯逼供过失致人死亡拟制为故意杀人罪，其拟制的内容到底是"将刑讯逼供过失致人死亡行为本身拟制成故意杀人行为（行为的拟制）"，还是

---

①　参见初炳东《刑讯逼供致人伤残、死亡的定罪及证明责任》，载《法学论坛》2005年第 1 期，第 117 页。

②　吴学斌：《我国刑法分则中的注意规定与法定拟制》，载《法商研究》2004 年第 5期，第 53 页。

③　参见［德］卡尔·拉伦茨《法学方法论》，陈爱娥译，商务印书馆 2003 年版，第142 页。

"刑讯逼供过失致人死亡行为性质本身没有变化，仅仅是其法律效果拟制成故意杀人罪的法律效果（刑罚的拟制、罪名的拟制）"，"法律拟制说"并没有讲清楚，而区别这两种不同拟制具有重要意义。① 例如，我国刑法第 17 条规定，已满十四周岁不满十六周岁的人犯故意杀人罪、故意伤害致人重伤罪、故意伤害致人死亡罪的，应当负刑事责任。根据《全国人民代表大会常务委员会法制工作委员会关于已满十四周岁不满十六周岁的人承担刑事责任范围问题的答复意见》，刑法第 17 条第 2 款规定的八种犯罪，是指具体犯罪行为而不是罪名。如果认为刑法中的法律拟制是一种行为拟制，那么已满十四周岁不满十六周岁的未成年人刑讯逼供致人死亡的②，应该认定为故意杀人罪。如果认为刑法中的法律拟制是一种罪名的拟制（刑罚的拟制），则已满十四周岁不满十六周岁的未成年人刑讯逼供致人死亡的，不构成任何犯罪。罪与非罪，有着天壤之别。法律拟制的性质还关系到对共同犯罪、犯罪的停止形态等问题的认定。由于"法律拟制说"的不明确性，导致这些问题处理起来十分困难。

根据布莱克法律词典定义，法律拟制是一种法律假设或假定，把虚假视为真实，把虚无当作实在。这种假定，即把不存在的或也许不存在的东西虚构为存在的假定，其目的是为了实现正义。③ 法律中规定拟制性规定，主要目的就是为了弥补法律漏洞和缺陷，进而实现正义。但是，刑法所体现的价值是多元的，我们不能为了实现某一方面的价值而忽视其他价值。刑法中的法律拟制可以认为是一种立法上的类推，既然是"类推"，我们在解释时就必须严格限制成立范围，以

---

① 我国实务仿佛持罪名拟制的观点。《最高人民法院关于审理未成年人刑事案件具体应用法律若干问题的解释》第 10 条规定："已满十四周岁不满十六周岁的人盗窃、诈骗、抢夺他人财物，为窝藏赃物、抗拒抓捕或者毁灭罪证，当场使用暴力，故意伤害致人重伤或者死亡，或者故意杀人的，应当分别以故意伤害罪或者故意杀人罪定罪处罚。"这说明，实务上认为法律拟制仅是罪名上的拟制，而不是行为的拟制。

② 已满十四周岁不满十六周岁的未成年人也可能通过非法的方式取得司法工作人员的身份，成为刑讯逼供罪的主体。另外，已满十四周岁不满十六周岁的未成年人可以成为刑讯逼供罪的共犯。

③ "Presumption"、"fiction of law"，Henry Campbell Black，M. A. Black's Law Dictionary，Sixth Edition. St. Paul，Minn，West Publishing Co. （1990）.

罪刑法定原则为标尺将其限制在合理范围之内。不能因为追求罪责刑相适应，而牺牲罪刑法定原则。① 在对存在争议的条文进行解释时，应当把握的基本标准是：如果有其他的解释可能性，排除法律拟制的结论。"致人伤残、死亡的，依照本法第二百三十四条、第二百三十二条的规定定罪从重处罚"，既可以解释为"致人伤残、死亡的，依照故意伤害罪、故意杀人罪定罪处罚"，又可以解释为"致人伤残、死亡的，依照故意伤害罪、故意杀人罪所规定的法定刑定罪处罚"。将该规定解释为法律拟制并不是唯一出路，正如后文所述，后一种解释更加合理。

（二）"注意规定说"存在漏洞

刑法中的注意规定，往往是容易引起误解的情形。对于"刑讯逼供中故意杀害被害人构成故意杀人罪"，任何司法者都不会产生误解，没有特别提醒注意的必要。将该规定解释为注意规定，于理不合，于情不侔。既然行为人主观上为了逼取口供或者证言，就说明行为人不可能具有杀人的故意，因此，要求刑讯逼供、暴力取证致人死亡时具有杀人的故意，是不合适的。如果行为人在刑讯逼供、暴力取证时故意杀人，便已经不是刑讯逼供、暴力取证了，因为刑讯逼供、暴力取证都是为了逼取被害人证言，故意杀害被害人怎么还能取到证言呢？当司法工作人员具有杀害犯罪嫌疑人、被告人、证人的故意时，就不能说被害人的重伤、死亡是由刑讯逼供、暴力取证行为导致的。

如果认为"致人伤残、死亡的，依照本法第二百三十四条、第二百三十二条的规定定罪从重处罚"是注意规定，便会出现这样的问题：行为人在刑讯逼供、暴力取证中，使用暴力过失导致被害人死亡的，应当如何处理？可能有两条思路：

【思路一】：行为人构成"刑讯逼供（暴力取证）罪与过失致人死亡罪"，按照想象竞合犯原理进行处理。刑讯逼供（暴力取证）罪

---

① 事实上，刑法的基本原则是存在位阶的。一般认为，当罪刑法定原则与其他原则发生冲突时，应首先保证适用罪刑法定原则。

基本犯罪的最高法定刑为三年有期徒刑，过失致人死亡罪的法定最高刑为七年有期徒刑，按照想象竞合犯从一重罪处断的原则，对司法人员刑讯逼供、暴力取证过失导致被害人死亡的，只能最高判处七年有期徒刑。

【思路二】：刑讯逼供罪、暴力取证罪是故意伤害罪的特殊规定。在没有发生伤残、死亡结果时，根据特殊法条（刑讯逼供、暴力取证）定罪处罚，一旦发生了伤残、死亡结果，则按故意伤害罪的结果加重犯定罪处罚。

很明显，【思路一】将导致刑罚过轻，造成罪刑失衡。司法工作人员利用自己手中的权力，对犯罪嫌疑人、被告人、证人实施暴力，其违法性明显高于普通人实施的暴力行为。作为国家工作人员，司法工作人员应当作守法的表率，但却打着维护公平正义和国家利益的旗号，知法犯法，滥用手中的权力，赤裸裸地侵犯人权，理应受到更重的处罚。在普通人实施暴力的情况下，被害人还有反击的机会、逃脱的可能和求救的希望，但在司法机关的控制下，被刑讯逼供、暴力取证的被害人就像待宰的羔羊，没有任何反抗机会。相比普通的暴力致人死亡，司法工作人员利用被害人的弱势地位，对之实施暴力致其死亡的，社会危害性更大，承受的刑罚理应重于伤害致死的情形。因此，按照【思路一】，行为人承担较轻的刑罚，不具有合理性。

【思路二】虽然能够解决罪刑均衡的问题，但将刑讯逼供（暴力取证）罪视为故意伤害罪的特殊规定，则存在疑问。成立故意伤害罪，要求行为人具有造成被害人轻伤以上结果的故意，成立刑讯逼供（暴力取证）罪则没有这样的要求，只要行为人具有使用刑讯（包括造成被害人肉体疼痛，使被害人遭受不至于造成重伤的精神折磨）、暴力的方法逼取口供、证人证言的故意即可。行为人没有造成被害人轻伤以上的故意而刑讯逼供或者暴力取证，过失导致被害人死亡的，由于基本行为不符合故意伤害罪的构成要件，失去了成立故意伤害罪结果加重犯的基础。有持"注意规定说"的学者认识到了该学说的缺陷，于是提出修改刑法的建议。① 但是，"如果质疑解释对象本身，也就不能称之为解释了。……教义学必须将解释的对象视为不可置疑的权威。"② 我们认为，解释结论无法自圆其说便要求修改刑法的方法论不可取。

（三）"转化犯说"存在疑问

转化犯是中国学者自产自销的一个概念。对于其内涵为何，理论界存在很大争议。有的学者持广义上的转化犯论，认为转化犯是指某一违法行为或者犯罪行为在实施过程中或者非法状态持续过程中，由于行为者主客观表现的变化，而使整个行为的性质转化为犯罪或者转化为严重的犯罪，从而应以转化后的犯罪定罪或应按法律拟制的某一犯罪论处的犯罪形态。③ 狭义的转化犯论则认为：转化犯是行为人在实施某一较轻的犯罪时，由于连带的行为又触犯了另一较重的犯罪，因而法律规定以较重的犯罪论处的情形。④ 一般认为，转化犯具有以下特征：第一，在转化犯形态中，存在前后两个不同罪质的故意犯罪行为，即由一个故意犯罪向另外一个故意犯罪转化。第二，转化犯中两个不同罪质的行为在构成要件要素上具有重合性和延展性，本罪的构成要件要素可以被转化罪的构成要件要素覆盖，本罪的构成要件要素在客观上可以发展成为转化罪的构成要件要素。假若两个犯罪的构成要件要素之间不存在任何重合的地方，则不可能成为转化犯。⑤ 第三，犯罪性质发生转化，是基于行为人实施的特定行为。特定的行为表现为后一犯罪的构成要件要素事实，而这些事实与前一犯罪构成要件要素事实一起，正好足以填充转化犯的构成要件。⑥

"行为转化说"不讨论行为人对伤残、死亡结果的罪过，有违责

---

① 参见王成祥《转化型故意杀人罪的立法思考》，载《求索》2009 年第 6 期。

② 丁胜明：《刑法教义学研究的中国主体性》，载《法学研究》2015 年第 2 期，第 43 页。

③ 杨旺年：《转化犯探析》，载《法律科学》1992 年第 6 期，第 37 页。

④ 陈兴良：《转化犯和包容犯：两种立法例之比较》，载《中国法学》1993 年第 3 期。关于转化犯概念的梳理参见周少华《现行刑法中的转化犯之立法检讨》，载《法律科学》2000 年第 5 期；肖中华：《论转化犯》，载《浙江社会科学》2000 年第 3 期。

⑤ 参见杨旺年《转化犯探析》，载《法律科学》1992 年第 6 期，第 38 页。

⑥ 参见肖中华《论转化犯》，载《浙江社会科学》2000 年第 3 期。

任主义原则，因此合理性存疑。"拟制性规定转化犯说"与"法律拟制说"面临同样的问题，前文已论，不再赘述。在此重点讨论"罪过转化说"的合理性问题。

"罪过转化说"认为，根据刑法第247条后段的规定，行为人故意伤害或者杀害被害人，才转化为故意伤害罪和故意杀人罪。行为人在刑讯逼供、暴力取证的过程中故意伤害、杀害被害人，本身就符合故意伤害罪、故意杀人罪的犯罪构成，与行为人产生导致被害人重伤、死亡的故意之前的刑讯逼供、暴力取证之间没有必然联系，何谈"转化"？只有当行为人实施了某一犯罪行为，又实施了一定的行为，原来的犯罪转化成一种新的犯罪，才可谓"转化"。"转化犯说"的观点可以归结为如下公式："刑讯逼供（暴力取证）+故意杀人=故意杀人罪"，其不合理性非常明显。另外，刑讯逼供罪、暴力取证罪的构成要件要素并不能被故意杀人罪的构成要件要素所覆盖。正如前文已经分析的，刑讯逼供与故意杀人呈排斥状态，当行为人产生杀人故意时，其刑讯逼供（目的是获得供述）行为已经终止。司法工作人员故意杀害被害人时，已经发生犯意转化，即已经从刑讯逼供的犯意，转化为了故意杀人的犯意，两者仅存的一点联系就是两者在发生时间上前后相继，而这种前后相继的关系并不能成为实质的刑法评价要素。

一些持"转化犯说"的学者认为，刑法中有些转化犯的条文不尽合理。以刑讯逼供罪为例，存在以下弊端：第一，司法适用上会使刑讯逼供罪形同虚设。因为，实践中普通情节的刑讯逼供（例如，致使被害人轻伤）往往进入不了刑事追诉的视野，而致人重伤、死亡又转化成了故意杀人罪、故意伤害罪，这样就几乎没有适用刑讯逼供罪的空间了。第二，在刑讯逼供过程中，行为人致使被害人伤残、死亡的，行为人在这个过程中并没有主观故意的变化，而转化犯的特征之一就是行为人在实施某个犯罪过程中故意内容发生了变化。因此，严格来讲，刑讯逼供致人伤残、死亡并不符合这点要求。第三，根据刑讯逼供罪的法条表述，一旦刑讯逼供导致被害人死亡就以故意杀人罪定罪处罚，如果是过失导致被害人死亡的，认定为故意杀人罪显然是不合适的。基于这三点认识，有学者认为应该将刑讯逼供罪的法条修改为："司法工作人员对犯罪嫌疑人、被告人实行刑讯逼供造成轻伤或情节恶劣的，处三年以下有期徒刑或拘役；因刑讯逼供致人重伤或情节特别恶劣的，处三年以上十年以下有期徒刑；致人死亡的，处十年以上有期徒刑或无期徒刑。"① 由此可见，部分持"转化犯说"的学者已经意识到按照"转化犯说"解释刑法中的类似条文存在明显缺陷，但他们没有怀疑"转化犯说"本身存在问题，而是让立法迁就学说。我们在解释刑法时，应不断调整自己的解释方法、思路使有关条文更具正义性、合理性，而不是通过修改刑法来适应自己的学说。

还有学者认为，转化犯立法模式具有重要意义：一是符合罪刑均衡原则，有利于实现刑罚协调；二是符合刑法谦抑性，可以节俭刑罚；三是可以解决某些情况下的罪数问题，为定罪量刑提供明确的法律依据；四是符合法律对立法语言的简洁性的要求，使刑法的逻辑结构更为合理；② 五是可以减少死刑条款。③ 如果将刑法第247条后段的规定理解为转化犯，未必能够实现上述价值。如前文所述，"转化犯说"会导致罪刑失衡。"转化犯说"也不符合对立法语言简洁性的要求。例如，刑讯逼供中故意杀人的，本来就符合故意杀人罪的犯罪构成，立法者又在刑讯逼供罪之后赘言该行为构成故意杀人罪，何谈简洁？刑法逐步废除死刑，最后一个罪名肯定是故意杀人罪，而"转化犯说"的"转化"结果却是故意杀人罪，似乎无法实现"减少死刑条款"的目的。

（四）"可反驳的推定犯说"存在不足

无罪推定原则要求控方采取各种措施确实充分地证明有罪主张所

---

① 参见赵炳贵《转化犯与结果加重犯——兼谈刑讯逼供罪的立法完善》，载《中国刑法事法杂志》2001 年第 1 期，第 37—38 页。

② 周少华：《现行刑法中的转化犯之立法检讨》，载《法律科学》2000 年第 5 期，第 117—118 页。

③ 参见王燕飞《转化犯理性认识及立法完善》，载《当代法学》2002 年第 2 期，第 99 页；储槐植：《论罪数不典型》，载《法学研究》1995 年第 1 期。

涉及的每个犯罪构成要件事实，罪过是不可或缺的一环。根据可反驳的推定犯说，只要行为人实施了基本犯罪行为，并且发生了加重结果，就推定行为人构成对加重结果的故意犯罪，除非行为人有相反的证据证明其不具有对加重结果的故意。先推定行为人对加重结果具有故意的罪责，然后让行为人证明自己对加重结果仅具有过失或者不具有过失，是典型的有罪推定。

我国刑法第 14 条、第 15 条明确规定了故意犯罪和过失犯罪的定义，并且规定"故意犯罪，应当负刑事责任"，"过失犯罪，法律有规定的才负刑事责任"。这就要求，对任何犯罪都应该明确地认定行为人的罪过是故意还是过失。司法工作人员必须依照刑法总则的规定，结合具体案情，按照自由心证的规则形成对罪过的确切结论，而不能推定行为人对加重结果具有故意，将排除故意的证明责任转嫁给行为人。

有学者提出"可反驳的推定犯说"，主要是出于司法便利的考虑。毫无疑问，"可反驳的推定犯说"大大降低司法机关的举证难度，提高司法效率。但司法困难应以建立科学合理的证据规则为突破口，而不能以牺牲实体法基本精神为代价。在无法判断行为人对重结果具有故意还是过失时，应按照"存疑时有利于被告人"的原则，推定行为人对加重结果具有过失，而不是推定行为人对加重结果具有故意。①

三　"结果加重犯说"之提倡

我国台湾地区"刑法"第 125 条规定：

---

①　这个问题还涉及故意和过失之间的关系。当有证据证明行为人对危害结果具有罪过，但是无法确认是故意还是过失的时候，能不能根据"存疑时有利于被告人"的原则而径直认定行为人的罪过为过失？如果认为故意和过失是互斥的关系，那么在无法认定行为人的主观方面是故意还是过失的时候，就应该按照"存疑时有利于被告人"的原则，既不能认定行为人对结果具有故意，也不能认定行为人对结果具有过失；如果认为故意和过失不是互斥的关系，两者仅具有责任量级上的差别，故意是过失在罪过的量上的升级，那么在无法确认行为对结果是故意还是过失的时候，可以认定行为人对结果具有过失。为了避免讨论失焦，本书无意对此问题展开论述，但是初步认为，故意和过失并非互斥的关系。

"有追诉或处罚犯罪职务之公务员，为下列行为之一者，处一年以上七年以下有期徒刑：

一、滥用职权为逮捕或羁押者。

二、意图取供而施强暴胁迫者。

三、明知为无罪之人，而使其受追诉或处罚，或明知为有罪之人，而无故不使其受追诉或处罚者。

因而致人于死者，处无期徒刑或七年以上有期徒刑。致重伤者，处三年以上十年以下有期徒刑。"

《日本刑法典》第 195 条规定：

"执行或者辅助执行审判、检察或者警察职务的人员，在执行其职务之际，对被告人、犯罪嫌疑人或者其他人实行暴行、凌辱或者虐待行为的，处七年以下惩役或者监禁。

依照法令对被监禁的人进行看守、护送的人员，对被拘禁的人实行暴行、凌辱或者虐待行为的，与前项同。"

《日本刑法典》第 196 条规定：

"犯前两条（指第 195、196 条——笔者注）之罪，因而致人死伤的，与伤害罪比较，依照较重的刑罚处断。"

我国台湾地区"刑法"和《日本刑法典》都对逼供致人死伤规定了结果加重犯。既然前述法律拟制说、注意规定说、转化犯说和可反驳的推定犯说均无法合理解释刑法第 247 条后段的性质，能否类比台湾地区"刑法"和《日本刑法典》，将"致人伤残、死亡的，依照本法第二百三十四条、第二百三十二条的规定定罪从重处罚"理解为结果加重犯呢？我们认为，答案是肯定的。

我国 1979 年刑法第 136 条规定："严禁刑讯逼供。国家工作人员对人犯实行刑讯逼供的，处三年以下有期徒刑或者拘役。以肉刑致人伤残的，以伤害罪从重论处。"该条将"以肉刑的方式逼取证言导致被害人伤残"拟制为"伤害罪"。而 1997 年刑法第 247 条后段的表述为：刑讯逼供、暴力取证"致人伤残、死亡的，依照本法第二百三十四条、第二百三十二条的规定定罪从重处罚"，为将之解释为结果加重犯提供了空间。我们既可将该规定解释为"依照故意伤害罪、故意杀人罪定罪从重处罚",也可将之解释为"按照刑法第234、232条规定的法定刑定罪从重处罚"。

《日本刑法典》关于结果加重犯的很多条文都采取这种"取刑不取罪"的立法方式。例如,该法第219条规定:"犯前两条之罪(遗弃、保护责任者遗弃等——笔者注),因而致人死伤的,与伤害罪比较,依照较重的刑罚处罚。"旧中国刑法(1928年)分则对结果加重犯的规定也有两种模式:一是对行为人无故意之结果,明确规定较重法定刑。该法第240条第4项:"犯强奸罪因而致被害人于死者,处死刑或无期徒刑,因而致重伤者,处无期徒刑。"二是比照重罪之刑。该法第307条第2项规定:"犯堕胎罪因而致妇女于死或重伤者,比较故意伤害罪从重处断。"我国1997年刑法也有不少法条采取了这种"取刑不取罪"的立法方式。第157条规定:"武装掩护走私的,依照本法第一百五十一条第一款的规定从重处罚。"① 该规定并不意味着只要武装掩护走私就认定为走私武器、弹药罪、走私核材料罪或者走私假币罪,而应根据武装掩护走私的物品确定罪名,只是比照第151条第1款、第4款确定刑罚。例如,行为人武装掩护走私国家禁止进出口的珍稀植物及其制品的,不构成走私武器、弹药罪、走私核材料罪或者走私假币罪,而构成走私国家禁止进出口的货物、物品罪,但依照第151条第1款量定刑罚。刑法第144条规定,生产、销售有毒、有害食品"致人死亡或者有其他特别严重

---

① 刑法第151条规定:"走私武器、弹药、核材料或者伪造的货币的,处七年以上有期徒刑,并处罚金或者没收财产;情节特别严重的,处无期徒刑,并处没收财产;情节较轻的,处三年以上七年以下有期徒刑,并处罚金。

走私国家禁止出口的文物、黄金、白银和其他贵重金属或者国家禁止进出口的珍贵动物及其制品的,处五年以上十年以下有期徒刑,并处罚金;情节特别严重的,处十年以上有期徒刑或者无期徒刑,并处没收财产。情节较轻的,处五年以下有期徒刑,并处罚金。

走私珍稀植物及其制品等国家禁止进出口的其他货物、物品的,处五年以下有期徒刑或者拘役,并处或者单处罚金;情节严重的,处五年以上有期徒刑,并处罚金。

单位犯本条规定之罪的,对单位判处罚金,并对其直接负责的主管人员和其他直接责任人员,依照本条各款的规定处罚。"

情节的，依照本法第 141 条的规定处罚"①。该规定并不意味着生产、销售有毒、有害食品致人死亡或者对人体健康造成特别严重危害的，构成生产、销售假药罪，而仅是借用生产、销售假药罪的法定刑。有人可能提出这样的疑问：刑法第 157 条规定的是"依照……从重处罚"，而刑法第 247 条后段规定的是"依照……定罪从重处罚"，后者有"定罪"二字。我们认为，"定罪"在此处仅具有语感上的意义，不能解释为"依照故意伤害罪、故意杀人罪从重处罚"。我们经常使用"以盗窃罪定罪处罚"的表述，其与"以盗窃罪处罚"并没有什么区别。

　　刑法规定结果加重犯的实质根据是基本犯罪具有导致加重结果内在的、固有的危险，而刑法第 238 条（非法拘禁罪）、第 247 条（刑讯逼供罪、暴力取证罪）、第 248 条（虐待被监管人罪）、第 292 条（聚众斗殴罪）、第 333 条（非法组织卖血罪）的基本犯罪行为均具有导致被害人伤残（重伤）、死亡的内在危险。只有将这些法条中有关"致人伤残（重伤）、死亡的，依照本法第二百三十四条、第二百三十二条的规定定罪从重处罚"的规定解释为结果加重犯，才能体现这种内在的危险，才能实现刑罚的均衡。如果不将这些规定解释为结果加重犯，必将面临这样的诘问：同样是具有导致加重结果高度危险的行为，为什么故意伤害、抢劫、强奸等犯罪规定了结果加重犯，而刑讯逼供、暴力取证、虐待被监管人等犯罪却没有规定结果加重犯？作这样区别的实质根据是什么？

　　将刑法中的该类规定解释为结果加重犯还有利于充分评价行为的性质。以刑讯逼供罪为例，根据"罪过转化说"，行为人刑讯逼供致人死亡的，认定为故意杀人罪一罪，从刑罚效果上看，仅保护了个人的生命权，看不到"刑讯逼供"的影子。如果将第 247 条后段的规定

---

　　① 刑法第 141 条规定：生产、销售假药的，处三年以下有期徒刑或者拘役，并处罚金；对人体健康造成严重危害或者有其他严重情节的，处三年以上十年以下有期徒刑，并处罚金；致人死亡或者有其他特别严重情节的，处十年以上有期徒刑、无期徒刑或者死刑，并处罚金或者没收财产。本条所称假药，是指依照《中华人民共和国药品管理法》的规定属于假药和按假药处理的药品、非药品。

理解为结果加重犯，则会避免评价的缺失。"法律拟制说"也存在这样的问题，特别是基本犯罪所侵害的法益与加重结果所侵害的法益性质不同时尤其如此。以强迫卖血罪为例，如果认为强迫卖血导致被害人伤害的构成故意伤害罪，强迫卖血罪法条所要保护的"国家对血液制品的管理秩序和不特定多数人的身体健康"的法益便无从体现。如果将该规定理解为结果加重犯则可以同时兼顾"国家对血液制品的管理秩序和不特定多数人的身体健康"的法益以及"特定人的身体健康"的法益。

根据本书的立场，行为人刑讯逼供过失致人重伤或者死亡的，按照刑讯逼供罪的结果加重犯定罪处罚，法定刑参照故意杀人罪和故意伤害罪（包括故意伤害罪结果加重犯）。行为人故意致人重伤或者故意杀人的，视情况以刑讯逼供罪、故意杀人罪（故意伤害罪）数罪并罚或按想象竞合犯原理从一重罪处罚。该结论可能面临这样的责问：既然是结果加重犯，为何不直接规定"致人重伤、死亡的处……"，而费劲引用故意伤害罪、故意杀人罪的法定刑？我们认为，采取此种立法模式能起到威慑的刑事政策作用。刑讯逼供过失致人死亡引用故意杀人罪的刑罚，彰显了刑法对司法人员利用职务形成的优势导致被害人死亡行为的强烈反对态度，有利于实现一般预防的目的。

四　"结果加重犯说"之贯彻

（一）聚众斗殴致人重伤、死亡

刑法第292条第2款规定：聚众斗殴，致人重伤、死亡的，依照本法第二百三十四条、第二百三十二条的规定定罪处罚。基于刑法谦抑、限制死刑等方面的考虑，实务界普遍认为，只有行为人对重伤、死亡结果具有故意才能适用本规定。

江苏省高级人民法院、江苏省人民检察院、江苏省公安厅2002年10月25日《关于办理涉枪涉爆、聚众斗殴案件具体应用法律若干问题的意见》指出：聚众斗殴致人重伤、死亡的，在适用《刑法》第234条和第232条时，要结合案件具体情况，对照故意伤害和故意杀人两个罪名的具体犯罪构成来认定，不能简单地以结果定罪。行为人具有杀人故意，实施了杀人行为，即使仅造成被害人重伤的，也可以依照《刑法》第232条定罪处罚；行为人仅具有伤害故意，造成被害人死亡的，应依照《刑法》第234条定罪处罚。行为人对杀人和伤害后果均有预见，并持放任态度的，也可以结果定罪。① 该规定似乎将刑法第292条第2款理解为注意规定。

上海市高级人民法院2006年9月5日出台的《关于办理聚众斗殴案件的若干意见》也指出："聚众斗殴的转化犯是指行为人在聚众斗殴的过程中，致人重伤或死亡的，对行为人不以聚众斗殴罪而是以故意伤害罪或故意杀人罪定罪处罚的情况。构成聚众斗殴罪的转化犯，需具备以下四个条件：（1）行为人的行为构成聚众斗殴罪。（2）发生了'重伤、死亡'的危害结果。（3）'重伤、死亡'的危害结果是在聚众斗殴过程中发生。如果聚众斗殴的行为已经结束，行为人又故意重伤他人或者致他人死亡，应当直接认定故意伤害罪或者故意杀人罪；先行的聚众斗殴构成犯罪，应当追究刑事责任的，予以数罪并罚。（4）行为人主观上出于故意。如果行为人出于过失，不能适用转化犯的规定。"

张明楷教授认为，刑法第292条第2款的规定为法律拟制。"因为'斗殴'一词明显不包含杀人的情形（能否包含重伤的故意，也值得研究），当人们用相互斗殴形容某种事态时，显然不是指相互残杀。换言之，既然是'斗殴'，行为人主观上便没有杀人的故意，客观上也不是杀人的行为；如果行为人具有杀人的故意与行为，就理当直接适用刑法第232条，刑法第292条便没有设置第2款的必要。第

---

① 江苏省高级人民法院、江苏省人民检察院、江苏省公安厅2009年出台的《关于办理聚众斗殴案件适用法律若干问题的意见》（苏高法〔2009〕56号）基本上延续了该观点："聚众斗殴致人重伤、死亡的转化定罪。（一）聚众斗殴致人重伤、死亡的，在适用《刑法》第二百三十四条和第二百三十二条时，要结合案件具体情况，遵循主客观相一致的原则，对照故意伤害和故意杀人两个罪名的具体犯罪构成来认定，不能简单地以结果定罪。（二）聚众斗殴中，行为人对杀人和伤害后果均有预见，并持放任态度的，则可以结果定罪。（三）构成聚众斗殴罪的转化犯，致人重伤、死亡的危害结果是发生在聚众斗殴过程中，如果聚众斗殴行为已经结束，行为人又产生杀人、伤害故意并实施行为致他人重伤或死亡的，应以聚众斗殴罪与故意伤害罪或故意杀人罪数罪并罚。"

292 条第 2 款的文言，明显属于法律拟制的表述，即只要聚众斗殴致
人重伤、死亡，就应认定为故意伤害罪、故意杀人罪。"①

　　将第 292 条第 2 款理解为注意规定或所谓的"罪过转化型的转化
犯"将面临一系列问题：首先，聚众斗殴过程中故意伤害、故意杀人
的行为完全符合故意伤害罪、故意杀人罪的构成要件，司法人员一般
不会产生误解，没有提醒注意的必要，更没有规定为转化犯的必要。
其次，如果将该款规定理解为注意规定，对聚众斗殴过失致人重伤、
过失致人死亡的，势必采取想象竞合原理进行处理，必然导致刑罚失
衡。聚众斗殴罪的基本法定刑为"三年以下有期徒刑、拘役或者管
制"，过失致人死亡罪的基本法定刑为"三年以上七年以下有期徒
刑"，聚众斗殴致人死亡的，只能认定为过失致人死亡罪，在"三年
以上七年以下有期徒刑"的范围内量定刑罚。而刑法第 292 条第 1 款
规定，具有"多次聚众斗殴的；聚众斗殴人数多，规模大，社会影响
恶劣的；在公共场所或者交通要道聚众斗殴，造成社会秩序严重混乱
的；持械聚众斗殴的"情形之一，对首要分子和其他积极参加的，
"处三年以上十年以下有期徒刑"。很明显，聚众斗殴致人死亡的法益
侵害性要比这四种情形都严重，如果法定刑更低，不符合刑法的公
平、正义原则。

　　正如前文所言，基于保障人权、罪刑法定、刑法稳定的考虑，将
某一规定解释为法律拟制，是其他解释路径均走不通之后的最后选
择，必须有十分充分的理由。我们认为，聚众斗殴过失致人死亡与故
意杀人之间存在非常宽的"鸿沟"，不具有利用法律拟制消弭两者之
间差异的实质理由。事实上，聚众斗殴行为具有导致重伤、死亡结果
的高度危险，具有规定结果加重犯的实质理由。我们认为，刑法第
292 条第 2 款应为结果加重犯的规定，其本意为："聚众斗殴，致人
重伤、死亡的，分别依照故意伤害罪、故意杀人罪的法定刑定罪处
罚"，即"聚众斗殴，致人重伤的，处三年以上十年以下有期徒刑；

---

① 　张明楷：《刑法分则的解释原理》（第二版），中国人民大学出版社 2011 年版，第
658—659 页。

致人死亡的，处死刑、无期徒刑或者十年以上有期徒刑。"与故意伤害罪（致人重伤）、抢劫罪（致人重伤）的规定类似，聚众斗殴罪（致人重伤）对重伤结果既可以是故意的（故意的结果加重犯），也可以是过失的（过失的结果加重犯）。与抢劫罪（致人死亡）的规定类似，聚众斗殴罪（致人死亡）对死亡结果既可以是故意的（故意的结果加重犯）①，也可以是过失的（过失的结果加重犯）。仅举一例：

被告人王立刚、王立东二人在北京市丰台区开业经营东北饺子王饭馆，饭馆的员工都是东北老乡，有何立伟、马加艳等人。2006年10月6日中秋节晚上，在饭馆门前王立刚组织员工一起吃饭喝酒。同时，在东北饺子王饭馆斜对面经营休闲足疗中心的朱峰也在同老乡胡乐、李小笛、郭庭权、邱建军、周红等人一起吃饭、喝酒。10月7日2时许，王立刚因胡乐用脚猛踢路边停车位的牌子声响很大而与胡乐发生口角。胡乐感觉自己吃亏了，对王立刚等人大喊"你们等着"，就跑回足疗中心。王立刚见胡乐跑回去，怕一会儿他们来打架吃亏，就到饭馆厨房拿了一把剔骨尖刀，何立伟从厨房拿了两把菜刀，马加艳拿了一把菜刀。在准备好后，王立东对员工讲"咱们是做生意的，人家不来打架，咱们也别惹事，他们要是来打，咱们就和他们打"。胡乐回到足疗中心对朱峰等人说外面有人打他，去厨房拿了一把菜刀出去和王立刚等人打架，朱峰等人也分别拿炒菜铁铲、饭勺等东西一同出去打架。王立刚等人见对方六七个人手持武器过来了，也就携刀迎上去。王立东先进行劝阻、说和，被对方围起来打，后双方打在一起。王立刚被胡乐用菜刀砍伤左小臂（轻微伤）。王立刚持剔骨尖刀砍伤胡乐左臂（轻微伤）、李小笛左臂及左前胸（轻伤），胡乐、李小笛受伤后跑回足疗店。王

---

①　这里存在一个"聚众斗殴"的故意与"杀人"的故意是否兼容的问题。前文已经介绍，张明楷教授认为"斗殴"不包含杀人的情形。本书认为，聚众斗殴时，参与人处于"混战"状态，不可能精准地控制犯罪的结果。参与人不计后果地相互施加暴力，对死亡结果至少具有间接故意。因此，不能认为"聚众斗殴"的故意排斥"杀人"的故意。

立刚又和朱峰对打，朱峰持炒菜铲子砍伤王立刚左前额，王立刚持剔骨尖刀扎入朱峰右胸背部，朱峰受伤后也跑回足疗店。胡乐等人跑回足疗店后，看朱峰后背流血很多，遂从足疗店出来去医院。此时，站在饭馆门口的王立刚等人看到后，马加艳说："他们出来了，去砍他们去"，马加艳持菜刀砍伤周红腰部，王立刚持刀砍伤郭庭权的头部二处，致其轻微伤。后民警接警赶至现场及时制止了王立刚一方的追打行为。朱峰因被尖刀扎伤右胸背部，深达胸腔，造成右肺破裂，致急性失血性休克，经抢救无效死亡。[①]

关于本案，北京市第二中级人民法院认为被告人王立刚、马加艳、王立东、何立伟构成故意伤害罪，四人为共同犯罪，王立刚为主犯，其他三人为从犯。本书不同意该结论。王立刚等人的行为属于典型的聚众斗殴行为，致人死亡的，应以聚众斗殴罪定罪处罚，刑罚引用故意杀人罪的法定刑。

（二）非法组织卖血罪、强迫卖血罪

刑法第333条规定："非法组织他人出卖血液的，处五年以下有期徒刑，并处罚金；以暴力、威胁方法强迫他人出卖血液的，处五年以上十年以下有期徒刑，并处罚金。

有前款行为，对他人造成伤害的，依照本法第二百三十四条的规定定罪处罚。"

就非法组织卖血罪而言，按照"注意规定说""罪过转化说"的观点，只有行为人对伤害结果有故意才适用该款。但是，被组织卖血者往往是自愿的，行为人通常没有伤害被组织卖血人员的故意，伤害结果一般是过失或者无罪过行为导致的，本款便沦为"僵尸条款"。我们认为，该条第二款是结果加重犯的规定，非法组织卖血的，应区分以下不同的情形：

【情形1】非法组织卖血，没有造成被害人伤害、死亡的，按照

---

① 案例载中华人民共和国最高人民法院刑事审判第一、二、三、四、五庭主办：《中国刑事审判指导案例·侵犯公民人身权利、民主权利罪》，法律出版社2009年版，第367页。

刑法第 333 条第 1 款定罪处罚。

【情形2】非法组织卖血，过失造成被害人轻伤的，应以非法组织卖血罪定罪处罚，仍然适用刑法第 333 条第 1 款规定的基本法定刑，不适用刑法第 333 条第 2 款的规定引用故意伤害罪的法定刑。非法组织卖血罪的基本法定刑为"五年以下有期徒刑，并处罚金"，而故意伤害致人轻伤的法定刑为"三年以下有期徒刑、拘役或者管制"。基于刑罚均衡的考虑，非法组织卖血过失致人轻伤的，适用非法组织卖血罪的基本法定刑比较合适。也就是说，单就非法组织卖血罪而言，第 333 条第 2 款规定的"伤害"不包括"轻伤"的情形。

【情形3】非法组织卖血，过失造成被害人重伤的，法定刑引用刑法第 234 条关于故意伤害致人重伤的有关规定，以非法组织卖血罪，在"三年以上十年以下有期徒刑"的范围内定罪处罚。

【情形4】第 333 条第 2 款没有规定非法组织卖血过失导致他人死亡的情形，可能的解释结论：

一是行为同时构成非法组织卖血罪（基本犯罪）和过失致人死亡罪，根据想象竞合原理，从一重罪，以过失致人死亡罪，在"三年以上七年以下有期徒刑"的范围内定罪处罚。

二是将第 333 条第 2 款规定的"伤害"解释为包含"死亡"，非法组织卖血过失致人死亡的，引用故意伤害罪（致人死亡）的刑罚，在"十年以上有期徒刑、无期徒刑或者死刑"的范围内，以非法组织卖血罪定罪处罚。

第一个解释思路很明显会造成刑罚失衡。非法组织卖血过失致人重伤的，在"三年以上十年以下有期徒刑"的范围内定罪量刑，而法益侵害更加严重的非法组织卖血过失致人死亡反而接受更轻的刑罚（三年以上七年以下有期徒刑），不符合公平、正义原则，因此不可取。根据入罪举轻以明重的当然解释原则，本书初步认同第二个解释思路。

强迫卖血的，应区分以下不同的情形：

【情形5】强迫他人出卖血液，没有造成被害人重伤、死亡后果的，按照刑法第 333 条第 1 款定罪处罚。

【情形 6】强迫他人出卖血液，过失造成被害人轻伤的，应以强迫卖血罪定罪处罚，仍然适用刑法第 333 条第 1 款规定的基本法定刑，不适用刑法第 333 条第 2 款的规定引用故意伤害罪的法定刑。理由与非法组织卖血过失致人轻伤的情形一致。①

【情形 7】强迫他人出卖血液，过失造成被害人重伤的，应该以强迫卖血罪定罪处罚，仍然适用刑法第 333 条第 1 款规定的基本法定刑，不适用刑法第 333 条第 2 款的规定引用故意伤害罪（致人重伤）的法定刑。因为，强迫卖血罪的基本法定刑为"五年以上十年以下有期徒刑，并处罚金"，高于故意伤害致人重伤的法定刑（三年以上十年以下有期徒刑）。

【情形 8】强迫他人出卖血液，过失造成被害人死亡的，引用故意伤害罪（致人死亡）的刑罚，在"十年以上有期徒刑、无期徒刑或者死刑"的范围内，以非法强迫卖血罪定罪处罚。理由与非法组织卖血过失致人轻伤的情形一致。

【情形 9】以暴力方式强迫他人出卖血液，故意致人重伤的，应该以强迫卖血罪定罪处罚，仍然适用刑法第 333 条第 1 款规定的基本法定刑，不适用刑法第 333 条第 2 款的规定引用故意伤害罪（致人重伤）的法定刑。因为，强迫卖血罪的基本法定刑为"五年以上十年以下有期徒刑，并处罚金"，高于故意伤害致人重伤的法定刑（三年以上十年以下有期徒刑）。但是，如果能够认定以故意造成他人重伤的方式强迫他人卖血的行为符合"以特别残忍的手段致人重伤造成严重残疾的"，应以引用刑法第 234 条第 2 款后段的法定刑，在"十年以上有期徒刑、无期徒刑或者死刑"的范围内，以强迫卖血罪定罪处罚。【情形 8】包含"以致人重伤的故意，强迫他人出卖血液，过失造成被害人死亡"的情形。由于故意杀人与强迫卖血是不"兼容"的，因此不必讨论"以杀人的方式强迫他人卖血"的

---

① 相同观点参见张明楷《故意伤害罪探疑》，载《中国法学》2001 年第 3 期，第 129—131 页。

情形。

（三）非法拘禁罪

刑法第 238 条规定："非法拘禁他人或者以其他方法非法剥夺他人人身自由的，处三年以下有期徒刑、拘役、管制或者剥夺政治权利。具有殴打、侮辱情节的，从重处罚。

犯前款罪，致人重伤的，处三年以上十年以下有期徒刑；致人死亡的，处十年以上有期徒刑。使用暴力致人伤残、死亡的，依照本法第二百三十四条、第二百三十二条的规定定罪处罚。

为索取债务非法扣押、拘禁他人的，依照前两款的规定处罚。

国家机关工作人员利用职权犯前三款罪的，依照前三款的规定从重处罚。"

对于该条第二款前段为结果加重犯的规定，理论上没有争议，但对第二款后段的性质则存在较大争议。张明楷教授认为，第二款后段为法律拟制，只要非法拘禁的行为人使用暴力致人死亡，即便其没有杀人的故意，也应认定为故意杀人罪。他将非法拘禁使用暴力致人死亡分为四种情形：（1）没有使用超出拘禁行为所需范围的暴力的，仍然适用第 2 款前段的规定，以非法拘禁罪的结果加重犯论处；（2）在非法拘禁的过程中，产生杀人故意实施杀人行为的，不适用第 2 款的规定，直接认定为非法拘禁罪和故意杀人罪，数罪并罚；（3）非法拘禁使用超出拘禁行为所需暴力致人死亡，而没有杀人故意的，适用第 2 款后段的规定；（4）故意实施伤害行为过失导致被害人死亡的，适用第 2 款后段的规定，认定为故意杀人罪。①

该观点存在以下两个问题：第一，刑法第 238 条第 2 款后段并未将"使用暴力"限定为"使用超出拘禁行为所需范围的暴力"，做这样的限制有违反罪刑法定原则之嫌。此外，如何区分"拘禁行为所需范围的暴力"和"超出拘禁行为所需暴力"也是个问题。例如，捂嘴防止被害人喊叫、用绳索捆绑、将被害人打晕到底是

---

① 参见张明楷《刑法学》（第四版），法律出版社 2011 年版，第 792—793 页。

哪类暴力，标准是模糊的。第二，按照"法律拟制说"的观点，非法拘禁过程中故意杀人的，数罪并罚，因为"非法拘禁罪是持续犯，当拘禁行为成为犯罪时，就已经既遂。在非法拘禁既遂并持续期间，行为人侵犯被害人的另一法益，理当认定为独立的新罪。例如，在非法拘禁期间强奸被害人的，当然应以非法拘禁罪与强奸罪实行并罚。"① 同理，非法拘禁过程中故意伤害被害人的（即以伤害故意实施所谓"超出拘禁行为所需暴力"），不论是否造成被害人死亡的结果，理当以非法拘禁罪与故意伤害罪数罪并罚。但"法律拟制说"却将非法拘禁过程中故意伤害致人死亡单独拎出来，拟制为故意杀人罪，立场难谓一致。事实上，非法拘禁罪与故意伤害致人死亡数罪并罚的法定刑甚至要高于故意杀人罪，为何要将"非法拘禁过程中故意伤害致人死亡"拟制为"故意杀人罪"，说理不足。

另一种观点认为，刑法第 238 条第 2 款后段的规定为注意规定，即在非法拘禁过程中，暴力行为只有符合故意伤害罪、故意杀人罪的犯罪构成才能适用本规定，进而以故意伤害罪、故意杀人罪定罪处罚。但"注意规定说"同样面临质疑：第一，"注意规定说"势必造成"非法拘禁 + 故意伤害（故意杀人）= 故意伤害（故意杀人）"的结局，使得非法拘禁行为没有获得评价。第二，为什么应当数罪并罚的两个犯罪要"合并"为一个犯罪，"注意规定说"并没有给出令人信服的论据。

我们认为，刑法第 238 条第 2 款前段和后段的规定均为结果加重犯的规定，前段为一般性规定，后段为特别性规定，后段是前段的补充。非法拘禁的过程中，没有使用暴力但致人重伤、死亡的，适用前段的规定。非法拘禁的过程中使用暴力致人重伤的，以非法拘禁罪定罪处罚，但引用故意伤害罪的法定刑；非法拘禁的过程中使用暴力致人死亡的，以非法拘禁罪定罪处罚，但引用故意杀人罪的法定刑。具体而言，非法拘禁致人重伤（伤残）、死亡有以下几种情形：

---

① 参见张明楷《刑法学》（第四版），法律出版社 2011 年版，第 792 页。

序号	情形	适用条文	刑罚	适例
1	非法拘禁，未使用暴力，致人重伤，对重伤结果具有过失	第238条第2款前段	三年以上十年以下有期徒刑	被害人逃跑时，从窗户跳下摔伤
2	非法拘禁，未使用暴力，致人重伤，对重伤结果具有故意	第238条第2款前段①	三年以上十年以下有期徒刑	明知长期将他人关押于地下室会造成他人精神失常，仍执意为之，导致被害人精神崩溃
3	非法拘禁，未使用暴力，致人死亡，对死亡结果具有过失	第238条第2款前段	十年以上有期徒刑	被害人逃跑时，从窗户跳下摔死②
4	非法拘禁，未使用暴力，致人死亡，对死亡结果具有故意③	第232条	死刑、无期徒刑或者十年以上有期徒刑	将他人关押于小荒岛上，任其自生自灭，被害人被饿死
5	非法拘禁，使用暴力，致人重伤，对重伤结果具有过失	第238条第2款后段	引用故意伤害罪（致人重伤）的法定刑	被害人因被捆绑导致小腿截肢
6	非法拘禁，使用暴力，致人重伤，对重伤结果具有故意	第238条第2款后段	引用故意伤害罪（致人重伤）的法定刑	行为人明知长期捆绑行为会导致被害人腿部血液不通而有截肢风险而放任这种结果的发生
7	非法拘禁，使用暴力，致人死亡，对死亡结果具有过失	第238条第2款后段	引用故意杀人罪的法定刑	行为人为了防止被害人逃跑、喊叫而捂住被害人的嘴，过失导致被害人窒息死亡
8	非法拘禁，使用暴力，致人死亡，对死亡结果具有故意	第238条第2款后段	引用故意杀人罪的法定刑	行为人明知长期捆绑具有导致被害人死亡的风险而放任这种结果的发生

---

①　行为同时符合故意伤害罪的犯罪构成。根据刑法第234条有关"本法另有规定，依照规定"的规定，应适用第238条第2款前段。

②　再举一例：成都西部汽车城股份有限公司西安分公司经理田磊销售给刘小平4辆汽车，总计价款435000元，刘仅付130500元。田磊多次向刘索要未果。1999年7月初，田磊找到万德友、丁光富、廖木方等人到延安向刘小平讨债。1999年7月6日晚9时许，田磊、廖木方与被害人刘小平饭后同车去宾馆，在宾馆附近田磊让路边等候的万德友、丁光富上车。刘小平询问干什么，廖木方拿出刀子威胁刘小平不许闹，掉转车头向西安方向驶去。车开出延安后，田磊害怕刘小平闹，停下车在刘的右臂注射"冬眠灵"2支，致刘睡着。次日早5时许在西安境内刘小平醒后，田磊让万德友给刘注射"冬眠灵"1支，刘又睡着。车驶入四川境内刘醒后，廖木方、万德友二人又给刘注射1支"冬眠灵"。当车要过四川剑门关时，田磊害怕交警查车，再次让万德友给刘注射"冬眠灵"1支。7月8日凌晨2时许，车到达四川省新都县石板滩镇胜利村时，四人将刘抬到廖木方相识的范某家地下室，此时，刘已气息微弱。后田磊、万德友二人回到成都修车，廖木方、丁光富在范家休息。7月8日中午12时许，田、廖、万、丁到地下室发现刘小平已经死亡。参见《田磊等绑架案——为索取债务劫持他人并致人死亡的行为如何定性》，载中华人民共和国最高人民法院刑事审判第一、二、三、四、五庭主办：《中国刑事审判指导案例·侵犯公民人身权利、民主权利罪》，法律出版社2009年版，第465~468页。

③　关于该情形的讨论参见本书第三章第二节的论述。

非法拘禁罪中的"暴力"应仅限于为了剥夺他人人身自由而实施的暴力，这是体系解释的必然结论，也是非法拘禁罪规范保护目的的内在要求。在非法拘禁的过程中，实施所谓"超出拘禁行为所需的暴力"，如果构成故意伤害罪或故意杀人罪，应数罪并罚。例如，行为人将被害人拘禁后，以伤害故意致被害人重伤的，应以非法拘禁罪和故意伤害罪（致人死亡）数罪并罚。

（四）虐待被监管人罪

刑法第 248 条规定：虐待被监管人"致人伤残、死亡的，依照本法第二百三十四条、第二百三十二条的规定定罪从重处罚"。一种观点认为，该规定为注意规定，只有在行为完全符合故意杀人罪犯罪构成时，才能认定为故意杀人罪。[①] 行为人殴打或者体罚虐待被监管人，过失致被害人重伤或死亡的，构成虐待被监管人罪，属于"情节特别严重"，应在三年以上十年以下有期徒刑的范围内对行为人进行量刑处罚。[②] 一种观点认为，该规定为法律拟制，只要虐待被监管人的行为致人伤残、死亡的，即使没有伤害与杀人的故意，也应该认定为故意伤害罪、故意杀人罪。[③]

我们认为本条是虐待被监管人罪的结果加重犯。虐待被监管人致人伤残的，仍以虐待被监管人罪定罪处罚，法定刑引用刑法第 234 条的规定，行为人对于伤残的结果既可以是故意的，也可以是过失的。虐待被监管人致人死亡的，仍以虐待被监管人罪定罪处罚，法定刑引用刑法第 232 条的规定。由于"虐待"与"杀人"不兼容，因此不包括对死亡结果具有故意的情形。仅举一例：1985 年 2 月 15 日，某劳改农场看守人员刘某发现犯人张某在食堂偷吃麻酱，便强迫张某继续吃下两碗麻酱，不吃就打。张某由于口渴，又多喝一些水。当晚，

---

① 参见利子平、詹红星《"转化型故意杀人罪"立论之质疑》，载《法学》2006 年第 5 期，第 110—116 页。相同观点参见于旦《侵犯公民人身权利、民主权利罪重点疑点难点问题判解研究》，人民法院出版社 2005 年版，第 352—353 页。

② 参见高铭暄、马克昌主编《中国刑法解释·下》，中国社会科学出版社 2005 年版，第 1712—1713 页。

③ 参见张明楷《刑法分则的解释原理》，中国人民大学出版社 2004 年版，第 263—264 页。

张某肚胀疼痛难忍，在送医途中死亡。经查，张某系食用麻酱及饮水过多而胀死。[①] 根据现行刑法的规定，刘某构成虐待被监管人罪，由于过失导致被害人死亡，因此引用故意杀人罪的法定刑。

[①]　参见周振想、张秉法主编《新刑法罪案与审判实务精解·中》，中国方正出版社1999年版，第1695页。

参考文献

一 中文著作

1. 鲍遂献、雷东生：《危害公共安全罪》，中国人民公安大学出版社1999年版。

2. 蔡墩铭：《刑法总论（修订七版）》，三民书局2007年版

3. 蔡墩铭：《刑法总则争议问题研究》，五南图书出版股份有限公司1988年版。

4. 蔡圣伟：《刑法问题研究（一）》，元照出版有限公司2008年版。

5. 蔡枢衡：《中国法理自觉的发展》，清华大学出版社2005年版。

6. 陈家林：《共同正犯研究》，武汉大学出版社2004年版。

7. 陈朴生：《刑法专题研究》，三民书局1988年版。

8. 陈兴良、周光权：《刑法学的现代展开》，中国人民大学出版社2006年版。

9. 陈兴良：《刑法哲学》，中国政法大学出版社1992年版。

10. 陈兴良：《罪名指南》（上册），中国政法大学出版社2000年版。

11. 陈兴良主编：《刑法学》（第二版），复旦大学出版社2009年版。

12. 陈子平：《刑法总论》，中国人民大学出版社2009年版。

13. 储槐植：《美国刑法》，北京大学出版社2005年版。

14. 戴炎辉编著：《唐律通论》，正中书局1964年版。

15. 冯军：《刑事责任论》，法律出版社1996年版。

16. 甘添贵：《刑法各论》（上），三民书局2009年版。

17. 高铭暄、马克昌：《刑法学》，北京大学出版社、高等教育出版社

2010 年版。

18. 高铭暄、马克昌主编：《中国刑法解释·下》，中国社会科学出版社 2005 年版。

19. 高铭暄、王作富主编：《新中国刑法的理论与实践》，河北人民出版社 1988 年版。

20. 高铭暄、赵秉志主编：《新中国刑法立法文献资料总览》，中国人民公安大学出版社 1998 年版。

21. 高铭暄：《新中国刑法学研究综述》，河南人民出版社 1986 年版。

22. 高铭暄等主编：《中华法学大辞典·刑法学卷》，中国检察出版社 1996 年版。

23. 高仰止：《刑法总则精义》，五南图书出版股份有限公司 1999 年版。

24. 顾肖荣：《刑法中的一罪与数罪问题》，学林出版社 1986 年版。

25. 郭莉：《结果加重犯结构研究》，中国人民公安大学出版社 2013 年版。

26. 国家法官学院，中国人民大学法学院编：《中国审判案例要览 2009 年刑事审判案例卷》，人民法院出版社、中国人民大学出版社 2010 年版。

27. 国家法官学院、中国人民大学法学院编：《中国审判案例要览 2003 年刑事审判案例卷》，人民法院出版社、中国人民大学出版社 2004 年版。

28. 韩忠谟：《刑法原理》，作者自版 1992 年版。

29. 洪福增：《刑法之理论与实践》，刑事法杂志社 1988 年版。

30. 侯国云、白岫云：《新刑法疑难问题解析与适用》，中国检察出版社 1998 年版。

31. 黄常仁：《刑法总论：逻辑分析与体系论证》，新学林出版股份有限公司 2009 年版。

32. 黄翰义：《案例刑法讲义》，新学林出版股份有限公司 2012 年版。

33. 黄荣坚：《基础刑法学》（上），中国人民大学出版社 2009 年版。

34. 黄荣坚：《基础刑法学》（下），中国人民大学出版社 2009 年版。

35. 黄荣坚：《刑罚的极限》，元照出版有限公司 1998 年版。

36. 黄荣坚：《刑法问题与利益思考》，中国人民大学出版社 2009 年版。

37. 姜伟：《犯罪形态通论》，法律出版社 1994 年版。

38. 柯耀程：《变动中的刑法思想》，中国政法大学出版社 2003 年版。

39. 黎宏：《日本刑法精义》，中国检察出版社 2004 年版。

40. 黎宏：《刑法总论问题思考》，中国人民大学出版社 2007 年版。

41. 李邦友：《结果加重犯基本理论研究》，武汉大学出版社 2001 年版。

42. 林东茂：《危险犯与经济刑法》，五南图书出版股份有限公司 1996 年版。

43. 林东茂：《刑法综览》，中国人民大学出版社 2009 年版。

44. 林山田：《2005 年刑法修正总评》，元照出版有限公司 2007 年版。

45. 林山田：《刑法通论》（下），北京大学出版社 2012 年版。

46. 林钰雄：《新刑法总则》，元照出版有限公司 2006 年版。

47. 林钰雄：《刑法与刑诉之交错适用》，中国人民大学出版社 2009 年版。

48. 刘明祥：《错误论》，法律出版社、日本成文堂联合出版 1996 年版。

49. 卢宇蓉：《加重构成犯罪研究》，中国人民大学出版社 2004 年版。

50. 马克昌主编：《犯罪通论》，武汉大学出版社 1999 年版。

51. 马克昌主编：《刑法学》，高等教育出版社 2003 年版。

52. 邱忠义：《刑法通则新论》，元照出版有限公司 2007 年版。

53. 阮齐林：《刑法学》，中国政法大学出版社 2008 年版。

54. 邵晏生：《中国刑法通论》（上册），陕西人民出版社 1994 年版。

55. 舒慧明主编：《中国金融刑法学》，中国人民公安大学出版社 1997 年版。

56. 苏俊雄：《刑法总论（二）》，作者发行，1997 年版。

57. 唐世月：《数额犯论》，法律出版社 2005 年版。

58. 王作富主编《刑法学》（第二版），中国人民大学出版社 2009 年版。

59. 鲜铁可：《新刑法中的危险犯》，中国检察出版社 1998 年版。

60. 肖中华：《侵犯公民人身权利罪疑难解析》，上海人民出版社 2007 年版。

61. 谢瑞智：《法律百科全书——刑法》，作者本人发行 2008 年版。

62. 许玉秀：《当代刑法思潮》，中国民主法制出版社 2005 年版。

63. 许玉秀：《主观与客观之间》，春风煦日编辑小组出版 1997 年版。

64. 杨仁寿：《法学方法论》，中国政法大学出版社 1999 年版。

65. 于国旦：《侵犯公民人身权利、民主权利罪重点疑点难点问题判解研究》，人民法院出版社 2005 年版。

66. 余剑主编：《刑法总则》，法律出版社 2000 年版。

67. 余振华：《刑法深思·深思刑法》，元照出版有限公司 2005 年版。

68. 张丽卿：《刑法总则理论与运用》，五南图书出版股份有限公司 2007 年版。

69. 张明楷：《法益初论》，中国政法大学出版社 2003 年版。

70. 张明楷：《外国刑法纲要（第二版)》，清华大学出版社 2007 年版。

71. 张明楷：《未遂犯论》，法律出版社和日本成文堂联合出版 1997 年版。

72. 张明楷：《刑法分则的解释原理（第二版)》，中国人民大学出版社 2011 年版。

73. 张明楷：《刑法学（第三版)》，法律出版社 2007 年版。

74. 张明楷：《刑法学教程》，北京大学出版社 2010 年版。

75. 张穹主编：《修订刑法条文实用解说》，中国检察出版社 1997 年版。

76. 赵秉志、肖中华、左坚卫：《刑法问题对谈录》，北京大学出版社 2007 年版。

77. 赵秉志：《犯罪未遂的理论与实践》，中国人民大学出版社 1987 年版。

78. 赵秉志主编：《外国刑法原理（大陆法系)》，中国人民大学出版社 2000 年版。

79. 赵秉志主编：《疑难刑事问题司法对策》，吉林人民出版社 1999 年版。

80. 赵国强：《澳门刑法总论》，澳门基金会 1998 年版。

81. 赵廷光：《中国刑法原理》，武汉大学出版社 1992 年版。

82. 中华人民共和国最高人民法院刑事审判第一、二、三、四、五庭主办：《中国刑事审判指导案例·侵犯公民人身权利、民主权利罪》，法律出版社 2009 年版。

83. 周光权：《刑法总论》，中国人民大学出版社 2007 年版。

84. 周冶平：《刑法总论（第六版）》，作者发行 1981 年版。

85. 周振想、张秉法主编：《新刑法罪案与审判实务精解·中》，中国方正出版社 1999 年版。

二　中文译著

1. ［德］安塞尔姆·里特尔·冯·费尔巴哈：《德国刑法教科书》，徐久生译，中国方正出版社 2010 年版。

2. ［德］冈特·斯特拉韦腾特、洛塔尔·库伦：《刑法总论·犯罪论》，杨萌译，法律出版社 2006 年版。

3. ［德］汉斯·海因里希·耶塞克、托马斯·魏根特：《德国刑法教科书》，徐久生译，中国法制出版社 2001 年版。

4. ［德］卡尔·拉伦茨：《法学方法论》，陈爱娥译，商务印书馆 2003 年版。

5. ［德］考夫曼：《类推与"事物本质"——兼论类型理论》，学林文化事业有限公司 1999 年版。

6. ［德］克劳斯·罗克辛：《德国刑法学·总论》（第一卷），王世洲译，法律出版社 2005 年版。

7. ［德］乌尔斯·金德霍伊泽尔：《刑法总论教科书（第 6 版）》，蔡桂生译，北京大学出版社 2015 年版。

8. ［德］约翰内斯·韦赛尔斯：《德国刑法总论》，李昌珂译，法律出版社 2008 年版。

9. ［韩］金日秀、徐辅鹤：《韩国刑法总论》，郑军男译，武汉大学出版社 2008 年版。

10. ［美］约书亚·德雷斯勒：《美国刑法精解》，王秀梅等译，北京大学出版社 2009 年版。

11. ［日］川端博：《刑法总论二十五讲》，余振华译，元照出版有限公司 1999 年版。

12. ［日］大谷实：《刑法各论》，黎宏译，法律出版社 2003 年版。

13. ［日］大谷实：《刑法总论》，黎宏译，法律出版社 2003 年版。

14. ［日］大塚仁：《刑法概说（各论）》，冯军译，中国人民大学出版社 2003 年版。

15. ［日］福田平、大塚仁主编：《日本刑法总论讲义》，李乔等译，辽宁人民出版社 1986 年版。

16. ［日］木村龟二主编：《刑法学词典》，顾肖荣等译，上海翻译出版公司 1991 年版。

17. ［日］前田雅英：《日本刑法各论》，董璠与译，五南图书出版股份有限公司 2000 年版。

18. ［日］山口厚：《从新判例看刑法》（第 2 版），付立庆，刘隽译，中国人民大学出版社 2009 年版。

19. ［日］山口厚：《刑法总论（第二版）》，付立庆译，中国人民大学出版社 2011 年版。

20. ［日］西田典之：《日本刑法各论》，刘明祥、王昭武译，中国人民大学出版社 2007 年版。

21. ［日］西田典之：《日本刑法总论》，刘明祥、王昭武译，中国人民大学出版社 2007 年版。

22. ［意］杜里奥·帕多瓦尼：《意大利刑法学原理》，陈忠林译评，中国人民大学出版社 2004 年版。

23. ［英］H. L. A 哈特：《法律的概念》，中国大百科全书出版社 1996 年版。

三　中文论文

1. 蔡蕙芳：《德国法上结果加重犯归责理论之研究——以伤害致死罪为例》，载《刑事法学新趋势——Lothar Philipps 教授七轶祝寿论文集》，神州图书出版有限公司 2004 年版。

2. 蔡蕙芳：《结果加重犯之共犯问题》，载《月旦法学杂志》2005 年第 3 期。

3. 蔡蕙芳：《结果加重犯之未遂问题》，载《自由·责任·法：苏俊雄教授七轶祝寿论文集》，元照出版有限公司 2005 年版。

4. 蔡蕙芳：《伤害致死罪之适用——最高法院判例与学说之评释》，载《台湾本土法学》第 61 期。

5. 蔡蕙芳：《英美法上重罪谋杀罪原则的介绍与评价》，载《刑事法学之理想与探索（第二卷）·刑法各论——甘添贵教授六轶祝寿论文集》，学林出版社 2002 年版。

6. 陈洪兵：《"致人重伤、死亡"类型化研究》，载《兰州学刊》2012 年第 3 期。

7. 陈朴生：《结果加重犯之责任要素》，载《法令月刊》第 28 卷第 3 期。

8. 陈兴良：《转化犯和包容犯：两种立法例之比较》，载《中国法学》1993 年第 3 期。

9. 陈子平：《结果加重犯——以"最高法院"90 年度台上字第 4594 号判决为主轴对近年相关判例判决之评释》，载《台湾本土法学》第 35 期。

10. 初炳东、许海波、邢书恒：《论新刑法中的包容犯与转化犯》，载《法学》1998 年第 6 期。

11. 初炳东：《刑讯逼供致人伤残、死亡的定罪及证明责任》，载《法学论坛》2005 年第 1 期。

12. 储槐植：《论罪数不典型》，载《法学研究》1995 年第 1 期。

13. 邓子滨：《罪过三分法的实践意义——以分化理论为切入点》，载屈学武主编：《刑法理论研究新视界》，中国社会科学出版社 2008 年版。

14. 丁胜明：《刑法教义学研究的中国主体性》，载《法学研究》2015 年第 2 期。

15. 冯军：《非法拘禁罪的司法认定——兼论检察官办案中的总体感觉和刑法教义》，载《国家检察官学院学报》2012 年第 4 期。

16. 冯军：《刑法中的自我答责》，载《中国法学》2005 年第 3 期。

17. 高金桂：《结合犯与加重结果犯之纠葛》，载《月旦法学教室》第 68 期。

18. 顾肖荣：《试论结果加重犯》，载上海社会科学院法学研究所编：《法治论衡：上海社会科学院法学研究所论文精选》，上海社会科学院出版社 2008 年版。

19. 洪福增：《加重结果犯》，载蔡墩铭主编：《法学论文选辑 8——刑法总则论文选集》，五南图书出版股份有限公司 1984 年版。

20. 黄惠婷：《结果加重犯之"直接关联性"》，载《台湾本土法学》2005 年第 4 期。

21. 纪俊乾：《从实务观点论加重结果犯之运用》，载《政大法学评论》第 50 期。

22. 金泽刚：《结果加重犯的结果及其未遂形态问题》，载《上海交通大学学报》2001 年第 2 期。

23. 柯耀程：《论结果加重犯》，载《罪与刑——林山田教授六十岁生日祝贺论文集》，五南图书出版股份有限公司 1998 年版。

24. 劳东燕：《规范的保护目的与结果加重犯的界定》，载陈泽宪主编《刑事法前沿（第四卷）》，中国人民公安大学出版社 2008 年版。

25. 黎宏：《如何理解放火罪两个法条之间的关系》，载《检察日报》2005 年 4 月 7 日。

26. 李洁：《析交通肇事罪的罪过形式》，载《人民检察》1998 年第 11 期。

27. 利子平、詹红星：《"转化型故意杀人罪"立论之质疑》，载《法学》2006 年第 5 期。

28. 林山田：《论结果加重犯》，载《台湾本土法学》2007 年第 10 期。

29. 林亚刚：《论结果加重犯的若干争议问题》，载《法学评论》2004 年第 6 期。

30. 林钰雄：《第三人行为介入之因果关系及客观归责》，载《台湾本土法学》第 80 期。

31. 刘宪权、桂亚胜：《论我国新刑法中的结合犯》，载《法学》2000 年第 8 期。

32. 龙洋：《论转化犯立法的理论根据》，载《法律科学》2009 年第 4 期。

33. 陆诗忠：《反思与重构：对结合犯概念的再思考》，载《河南社会科学》2008 年第 4 期。

34. 马克昌：《结果加重犯比较研究》，载《武汉大学学报（社会科学版）》1993 年第 6 期。

35. 马克昌：《试论结合犯兼谈抢劫罪的未遂》，载《法学》1982 年第 8 期。

36. 聂妍铧：《也论结果加重犯的特征和成立条件》，载《法学杂志》2008 年第 4 期。

37. 齐文远、李晓龙：《论不作为犯中的先行行为》，载《法律科学》1995 年第 5 期。

38. 邵栋豪等：《加强基础理论研究　寻求刑责最适点——关于结果加重犯理论和实践的调研报告》，载《人民法院报》2012 年 5 月 31 日。

39. 宋建立、逄锦温：《试论结合犯在我国的现状及取向》，载《法学论坛》1996 年第 3 期。

40. 孙军工：《〈关于审理交通肇事刑事案件具体运用法律若干问题的解释〉的理解与适用》，载《刑事审判参考（第 3 卷上）》，法律出版社 2002 年版。

41. 谭京凯、洪建平：《论放火罪的停止形态——从焚烧本人财物引发火灾的情形说起》，载《中国检察官》2010 年第 10 期。

42. 田媛：《非法拘禁罪司法认定中的疑难问题研究》，载陈平、刘明详：《刑事司法疑难问题研究》，中国社会科学出版社 2011 年版。

43. 王成祥：《转化型故意杀人罪的立法思考》，载《求索》2009 年第 6 期。

44. 王皇玉：《结果加重犯之因果关系》，载《月旦法学教室》第 145 期。

45. 王尚文、王婧华：《论"抢劫致人重伤、死亡"》，载《中国人民公安大学学报》2003 年第 3 期。

46. 王效文：《加重结果犯之性质与构造——评最高法院九十八年台上字第 5310 号刑事判决》，载《月旦裁判时报》第 5 期。

47. 王彦等：《论转化犯的概念与基本特征》，载《国家检察官学院学报》1999 年第 1 期。

48. 王燕飞：《转化犯理性认识及立法完善》，载《当代法学》2002 年第 2 期。

49. 王作富、党剑军：《论我国刑法中结果加重犯的结构》，载《政法论坛》1995 年第 2 期。

50. 王作富：《认定抢劫罪的若干问题》，载《刑事司法指南（第 1 辑）》，法律出版社 2000 年版。

51. 吴江：《刑法分则中注意规定与法律拟制的区分》，载《中国刑事法杂志》2012 年第 11 期。

52. 吴学斌、吴声：《浅析交通该肇事罪中"因逃逸致人死亡"的含义》，载《法律科学》1998 年第 6 期。

53. 吴学斌：《我国刑法分则中的注意规定与法定拟制》，载《法商研究》2004 年第 5 期。

54. 吴振兴、李韧夫：《结果加重犯无未遂探论》，载《当代法学》1993 年第 2 期。

55. 吴振兴：《我国刑法中结果加重犯新探》，载《刑事法新论集萃·何鹏教授八十华诞纪念文集》，法律出版社 2005 年版。

56. 肖开权：《谈结合犯与结果加重犯——兼与马克昌同志商榷》，载《法学》1983 年第 4 期。

57. 肖中华：《论转化犯》，载《浙江社会科学》2000 年第 3 期。

58. 谢彤：《我国刑法中抢劫罪的暴力是否包括故意杀人》，载《华侨大学学报（哲学社会科学版）》2003 年第 3 期。

59. 徐育安：《故意认定之理论与实务——以杀人与伤害故意之区分难题为核心》，载《中研院法学期刊》第 10 期（2012 年 3 月）。

60. 徐育安：《间接故意理论之发展——兼论不确定故意、未必故意与附条件故意》，载《东吴法律学报》第 21 卷第 3 期。

61. 许成磊：《先行行为可以为犯罪行为》，载《法商研究》2005 年第 4 期。

62. 许发民：《结果加重犯的构成结构新析》，载《法律科学》2006 年第 2 期。

63. 许玉秀：《当代刑法理论之发展》，载《当代刑事法学之理论与发展》，学林文化事业有限公司 2002 年版。

64. 杨旺年：《转化犯探析》，载《法律科学》1992 年第 6 期。

65. 杨阅：《浅论我国刑法中结果加重犯的解读与误读》，载《黑龙江教育学院学报》2006 年第 3 期。

66. 叶名怡：《重大过失理论的构建》，载《法学研究》2009 年第 6 期。

67. 于改之：《也论先行行为的范围》，载《河南省政法管理干部学院学报》2001 年第 5 期。

68. 于同志：《结果加重犯基本问题研究——王某某强奸案法律适用问题探讨》，载谢望原、赫兴旺主编《中国刑法案例评论》。

69. 喻伟：《结合犯新探》，载《中国法学》1990 年第 5 期。

70. 苑民丽、聂立泽：《抢劫罪既遂与未遂区分标准新探》，载《暨南学报（哲学社会科学版）》2009 年第 4 期。

71. 张明楷：《'客观的超过要素'概念》，载张明楷等著：《刑法新问题探究》，清华大学出版社 2003 年版。

72. 张明楷：《不作为犯中的先前行为》，载《法学研究》2011 年第 6 期。

73. 张明楷：《故意伤害罪探疑》，载《中国法学》2001 年第 3 期。

74. 张明楷：《结果加重犯的认定——评北京市高级人民法院〔2006〕京高刑终字第 451 号判决》，载《中国法律评论·第一卷》，法律出版社 2007 年版。

75. 张明楷：《结果与量刑：结果责任、双重评价、间接处罚之禁止》，载《清华大学学报（哲学社会科学版）》2004 年第 6 期。

76. 张明楷：《论升格法定刑的适用依据》，载《法律适用》2015 年第 4 期。

77. 张明楷：《论以危险方法杀人案件的性质》，载《中国法学》1999 年第 6 期。

78. 张明楷：《行政违反加重犯初探》，载《中国法学》2007 年第 6 期。

79. 张明楷：《严格限制结果加重犯的范围与刑罚》，载《法学研究》2005 年第 1 期。

80. 张先钦：《抢劫财物过程中致人死亡案件的定罪和处罚》，载《中央政法管理干部学院学报》1996 年第 3 期。

81. 张小虎：《转化犯基本问题探究》，载《现代法学》2003 年第 6 期。

82. 赵秉志、许成磊：《刑讯逼供罪中"致人伤残、死亡"的理解与认定》，载《河南省政法管理干部学院学报》2004 年第 2 期。

83. 赵秉志：《不作为犯罪的作为义务应采四来源说——解析不作为犯罪的作为义务根据之争》，载《检察日报》2004 年 5 月 20 日。

84. 赵炳贵：《转化犯与结果加重犯——兼谈刑讯逼供罪的立法完善》，载《中国刑法事法杂志》2001 年第 1 期。

85. 郑逸哲：《"未遂行为"与"结果加重构成要件"》，载《月旦法学教室》第 37 期。

86. 郑逸哲：《论结果加重犯》，载《法制现代化之回顾与前瞻》，月旦出版社股份有限公司 1997 年版。

87. 周光权：《论主要罪过》，载《现代法学》2007 年第 2 期。

88. 周铭川：《结果加重犯争议问题研究》，载《中国刑事法杂志》2007 年第 5 期。

89. 周少华：《现行刑法中的转化犯之立法检讨》，载《法律科学》
2000 年第 5 期。

90. 宗德钧：《论我国刑法中的注意规定和特别规定及其司法认定》，
载《犯罪研究》2003 年第 1 期。

四　外文著作

1. 〔日〕福田平：《刑法总论》，有斐阁 1984 年版。

2. 〔日〕冈野光雄：《刑法中因果关系的理论》，成文堂 1977 年版。

3. 〔日〕泷川幸辰：《刑法各论》，世界思想社 1951 年版。

4. 〔日〕木村龟二：《刑法总论》，有斐阁 1984 年版。

5. 〔日〕内藤谦：《刑法总论讲义（下）I》，有斐阁 1991 年版。

6. 〔日〕内田浩：《结果的加重犯的构造》，信山社 2005 年版。

7. 〔日〕平野龙一：《刑法总论（二）》，有斐阁 1975 年版。

8. 〔日〕齐藤信宰：《刑法讲义（总论）》，成文堂 2001 年版。

9. 〔日〕前田雅英：《刑法总论讲义》，东京大学出版会 2006 年版。

10. 〔日〕山中敬一：《刑法各论》，成文堂 2004 年版。

11. 〔日〕藤木英雄：《刑法讲义总论》，弘文堂 1975 年版。

12. 〔日〕町野朔：《刑法总论讲义案 I》，信山社 1995 年版。

13. 〔日〕团藤重光：《刑法纲要各论》（第 3 版），创文社 1990
年版。

14. 〔日〕丸山雅夫：《结果加重犯论》，成文堂 1990 年版。

15. 〔日〕西田典之、山口厚、佐伯仁志：《判例刑法各论》（第五
版），有斐阁 2009 年版。

16. 〔日〕西原春夫：《刑法总论（上卷）》，成文堂 1995 年版。

17. 〔日〕香川达夫：《结果加重犯之本质》，庆应通信 1978 年版。

18. 〔日〕小野清一郎：《刑法讲义总论》，有斐阁 1928 年版。

19. 〔日〕野村稔：《未遂犯的研究》，成文堂 1984 年版。

20. 〔日〕正田满三郎：《刑法体系总论》，良书普及会 1979 年版。

后　记

岁去若吐箭，年逝如跳丸。距离此书形成初稿已有六载。如今样书摆在面前，五味杂陈、百端交集。本想博士研究生毕业后总会挤出时间，对自己的第一本专著字斟句酌、精雕细刻，让这本书内容更丰富一些、逻辑更严谨一些、观点更新颖一些、语言更生动一些，以不负导师韩玉胜教授的谆谆教导、不负妻女的殷殷期望。但六年过去了，除了法条稍有更新、结构略有变化、文字微有调整外，仍然原汁原味地保留了博士论文的原貌。对此，只能自我安慰："写书就像拍摄电影，始终是一门遗憾的艺术。"可能，下一本书会给我弥补遗憾的机会。感谢为这本书的出版提供诸多支持的师长（特别是韩玉胜教授、孙壮志研究员、刘仁文研究员、马援副研究员）、领导（特别是张英伟组长和胡乐生副组长、公茂虹副组长、高波副组长）、同事（特别是张恒源）、好友（特别是李志坚、亢舒）及中国社科出版社的编辑们（特别是田文编辑），没有你们的帮助，这本书不可能面世。

2016 年 3 月 1 日